差别化政策的
理论与实践研究

The theory and practice of
differentiation policy

耿新　著

中国社会科学出版社

图书在版编目（CIP）数据

差别化政策的理论与实践研究／耿新著 . —北京：中国社会科学
出版社，2019.10
ISBN 978-7-5203-5166-9

Ⅰ.①差…　Ⅱ.①耿…　Ⅲ.①农村-扶贫-经济政策-研究-中国
Ⅳ.①F323.8

中国版本图书馆 CIP 数据核字（2019）第 201438 号

出　版　人	赵剑英	
责任编辑	宫京蕾	
责任校对	秦　婵	
责任印制	郝美娜	
出　　　版	中国社会科学出版社	
社　　　址	北京鼓楼西大街甲 158 号	
邮　　　编	100720	
网　　　址	http：//www.csspw.cn	
发 行 部	010-84083685	
门 市 部	010-84029450	
经　　　销	新华书店及其他书店	
印刷装订	北京君升印刷有限公司	
版　　　次	2019 年 10 月第 1 版	
印　　　次	2019 年 10 月第 1 次印刷	
开　　　本	710×1000　1/16	
印　　　张	16	
插　　　页	2	
字　　　数	268 千字	
定　　　价	85.00 元	

目　　录

导　论

世界上，许多国家的国民结构为多民族、多族裔（移民）。甲骨文中的"族"，是早期象征氏族社会中的一种军事单位。后来，由氏族逐渐分化为由地缘关系结成的部落，进而形成国家的过程中变成了统治阶级的常备武装力量。中文汉字"族"字在逐步丧失其军事单位含义的同时，彰显了对人类群体、自然万物的分类意义，形成中国最古老的分类口径，即"类族辨物"分类体系的核心。"类族辨物"指以"族"字所具有的同类相"聚"和成"群"的含义，来区分人、动物、植物等，即所谓"类聚百族、群分万形"。其中"民族"一词则指不同"族"属的民众，即以血缘、状貌、姓氏、语言、生活习俗、社会归属、居住地域等要素加以区分的群体。这些不同特征的群体，既包括了自我认同，也包括了他者的识别，产生了"同族""我族""异族""他族"的观念①。毛泽东针对我国国情明确指出："科学的分析是可以的，但是政治上不要去区分哪个是民族，哪个是部族或部落。"② 我国的民族识别不以人口多少、经济社会发展程度来划分民族群体，这是各民族政治地位一律平等原则彻底性的集中体现。

我国是一个统一的多民族国家，民族关系对于国家稳定、社会经济的发展意义重大。人口较少民族的民族数量占 56 个民族的一半，28 个民族

---

① 郝时远：《中国特色解决民族问题之路》，中国社会科学出版社 2016 年版，第 92—93 页。

② 黄光学、施联朱：《中国的民族识别——56 个民族的来历》，民族出版社 2005 年版，第 81 页。

的总人口在全国总人口中却仅占 0.14%①，这样悬殊的人口数量的比例使得民族平等经常被提及，并可能成为敏感话题②。28 个民族人数虽然不多，但聚居程度很高，民族间的共处、交融成为关乎民族团结统一的大事。人口较少民族分布广，且大都处于边疆地区、西部地区、落后地区，谈及我国的区域发展必然涉及这些民族的发展，谈及发展差距必然涉及滞后的民族，因此扶持人口较少民族发展的政治意义凸显。

人口较少民族在发展中常遇到发展水平不平衡不充分、发展诉求多样化、民族文化差异化等诸多现实问题，亟须国家专项扶持。新中国成立以来特别是国家实施扶持人口较少民族发展规划以来，人口较少民族政治权利得到极大提升，经济社会持续快速发展，生活水平得到明显改善。由于自然禀赋、发展水平、历史传统、文化价值等方面的差异化和异质性，决定了扶持人口较少民族发展政策不能采用"一刀切"的方式，必须因族举措、因地制宜、分类施策。

一　研究缘起

马克思和恩格斯在《费尔巴哈》中指出："各民族之间的相互关系取决于每一个民族的生产力、分工和内部交往的发展程度。"③ 只要存在民族差别，就会有民族间这样或那样的矛盾，就会产生民族问题，如因语言使用、生活条件、风俗习惯、心理状态、宗教信仰的差异而产生的矛盾，以及民族间因经济发展程度不同而产生的矛盾等④。《中华人民共和国宪法》第四条规定的"各民族一律平等"既包含政治上的平等，也包含经济、文化上的平等以及事实上的平等。在扶持发展过程中，人口较少民族往往被视作统一的利益共同体，容易忽视族群内部不同利益群体间的差异以及同一地区不同文化、社会、经济利益群体在各种愿望和诉求方面的差异⑤。

---

① 根据《"十三五"促进民族地区和人口较少民族发展规划》，人口较少民族指全国总人口在 30 万人以下的 28 个民族，全国第六次人口普查时 28 个人口较少民族总人口为 189 万人。

② 杨龙：《中国区域经济发展的政治分析》，黑龙江人民出版社 2004 年版，第 25 页。

③ 《马克思恩格斯选集》，人民出版社 1972 年版，第 25 页。

④ 金炳镐：《民族理论通论》，中央民族大学出版社 2007 年版，第 333 页。

⑤ 黄建生、高朋、黄晓赢等：《社会评估与民族地区发展——〈云南省扶持人口较少民族发展规划（2006—2010 年）〉实施过程的社会评估》，人民出版社 2013 年版，第 3 页。

（一）　民族间发展水平不平衡

在生产力水平较低的历史时期，不同民族的人口规模标志着其在经济活动和军事力量上的实力，代表着其在征收赋税、动员作战物资和兵员方面的潜力，众多的人口可使一个大民族在与另一个小民族发生军事冲突时在短期内取得巨大优势，也可以使它在与民族长期对峙时具有更强的持久力。所以各民族的人口绝对数量和人口的相对规模，是民族在人口差异方面的重要指标①。

历史上的文明古国大多是在人口稠密地区兴起和发展起来的。在科技发展水平有限的前资本主义社会，生产力的发展主要依靠劳动者的数量来实现，而人口数量的多寡便成为一个民族发展与兴旺的重要表现②。一个民族的人口规模往往与其经济文化实力正相关，进而决定了其在民族之间的竞争力。生产市场和消费市场的产生和发展，均依赖于一定数量有生产能力和消费能力的人口规模来支撑③。市场经济条件下，人口密集地区的生产、贸易、服务、教育和文化水平发展相对迅速一些，由于人口较少民族多地处所在地域的偏僻地带，远离商品市场和要素市场，难以产生规模经济效益。人口较少民族地区经济发展的总量很低，有的甚至微乎其微。

（二）　民族间文化差异明显

民族文化的创造与传播与其人口数量、规模及素质关系密切，接受文化产品的人口数量越少，形成规模化的文化市场和文化效益就越困难④。人口较少民族文化是一种依赖于环境的“简单文化”，其文化直接源于生活的自然环境与社会环境，较容易受制于环境约束，适应急剧变化环境的能力较差⑤。由于市场狭小，缺乏经济实力和现代传媒手段的支持，一旦生存环境发生变化，其表层文化就容易丧失或消亡。人口较少民族文化存续基础较差、存续能力较弱；抵御外来文化冲击的能力不强；文化修复能

---

① 马戎：《民族社会学——社会学的族群关系研究》，北京大学出版社 2016 年版，第299 页。

② 周平：《民族政治学》，高等教育出版社 2003 年版，第 37 页。

③ 王铁志：《人口规模带来的特殊问题——以德昂族为例》，《黑龙江民族丛刊》2006 年第3 期。

④ 同上。

⑤ 何群：《环境与小民族生存——鄂伦春文化的变迁》，社会科学文献出版社 2006 年版，第 78—80 页。

力较弱。

随着现代化的进程加快，人口较少民族传统文化面临的形势依然相当严峻，尤其是一些地区优秀传统文化传承困难、文化失传现象较为突出，直接影响到中华民族文化的多样性。人口较少民族聚居村群众文化生活相对滞后，通过广播、电视、报纸图书等大众媒体接受信息的能力贫乏。2014 年，全国 2119 个人口较少民族聚居的行政村中没有合格文化室和农家书屋的比例高达 22.4%，没有体育健身和民族文化活动场所的比例高达 44.1%，35.4%的人口较少民族聚居村未通宽带①。可见，人口较少民族聚居区存在两个贫困（物质贫困和精神贫困）、两个封闭（经济封闭和信息封闭）的突出矛盾。

随着社会变迁和主流文化的双重压力，人口较少民族常常被排挤出文化交流与发声的范围，民族文化特色存续的空间越来越小，面临着文化衰弱甚至消亡的危机。一些人口较少民族地区文化变迁的速度惊人，传统文化流失的速度也远远超出预期。仅从村寨建筑外貌和能看到的民族文化元素来看，人口较少民族村寨与其他村寨之间差异不大。文化变迁朝着不利于优秀传统文化保持的方向发展。一些地方的民族文化成为政府进行招商引资的旅游牌。即使耗费巨资兴建的猎民村和风情园，也多因生存环境和生态环境的变化而难以为继，猎民后代脱离原有文化氛围，难以较好地传承优秀民族文化，风情园成为吸引游客而搭建的工具，失去了展现和弘扬民族文化的功能。有的民族文化在日常生活中逐渐消失，成为一个民族共同的历史，仅能在记忆深处寻觅②。新疆维吾尔自治区奇台县塔塔尔族的"撒班节"被列为第三批国家级非物质文化遗产名录，但具有塔塔尔族特色的民族建筑却十分罕见，很少人身穿民族服饰，民族歌舞也只有在重大节日时才见得到。

人口数量多少在两个方面影响双语的使用：兼用什么语言和兼用语言的能力。在我国，一般是人口多的民族的语言容易被人口少的民族所兼用。因为一个民族的人口多少常与其经济文化发展水平成正比，即人口多的民族，其社会、经济、文化的发展水平大多比人口少的民族高（少数

---

① 数据来源：2011—2015 年国家民委扶持人口较少民族发展动态监测系统资料。

② 张广才：《城镇化视域下黑龙江人口较少民族文化田野调查与研究——以鄂温克族、达斡尔族、锡伯族、柯尔克孜族为例》，黑龙江大学出版社 2016 年版，第 3—4 页。

情况除外)①。汉族人口在我国占绝大多数，经济文化相对发达，所以人口较少民族中都有一部分人兼用汉语。如维吾尔语在新疆使用人数多、使用区域广，居住在新疆及邻近省的少数民族，包括柯尔克孜族、塔塔尔族、乌孜别克族、塔吉克族、锡伯族、撒拉族都有部分人兼用维吾尔语；同时塔塔尔族、锡伯族、乌孜别克族、柯尔克孜族、达斡尔族等民族也有部分人兼用哈萨克语；兼用蒙古语的有达斡尔族、鄂温克族、鄂伦春族、柯尔克孜族等民族②。

（三）民族间发展诉求多样化

民族平等指不同民族地位相同，拥有同等的权利，即各民族地位、待遇、权利和利益的平等③。民族平等是马克思主义民族理论的基本原则，是党的民族政策的基石。列宁提出革命后要首先实现各民族在政治权利和法律地位上的"法律上的平等"，然后通过优惠政策努力帮助各落后民族发展起来，最后达到各民族间"事实上的平等"④。从民族政治生活来看，各民族的政治生活是不一样的，具有复杂的多样性。受民族的文化、历史传统、生存环境、生产力水平、发展程度、内部结构、族际关系等多因素影响，每个民族均形成了自己独特的政治生活。在世界民族之林中，无法找到政治生活完全相同的两个民族⑤。事实上的不平等是我国复杂多样的民族问题中一个最基本的问题，法律虽已明确规定各民族政治上一律平等，以平等地位参加政治活动，但经常会因经济发展水平落后、文化程度低等而影响了其政治上实现平等的程度⑥。

人口较少民族未得到国家专项政策扶持时，与汉族或者其他少数民族相比，呈现"弱势""边缘化"的特点，被扶持后加强了自我认同感，树立了自己也是中华民族重要一员的信心，尤其是在得到外界和其他民族给

---

①　何俊芳：《中国少数民族双语研究：历史与现实》，中央民族大学出版社 1998 年版，第137 页。

②　同上书，第 98 页。

③　金炳镐：《民族理论通论》，中央民族大学出版社 2007 年版，第 480 页。

④　马戎：《民族社会学——社会学的族群关系研究》，北京大学出版社 2016 年版，第514 页。

⑤　周平：《民族政治学》，高等教育出版社 2003 年版，第 2 页。

⑥　刘尚洪、杨莉：《试论我国民族间事实上的不平等问题》，《甘肃理论学刊》2004 年第1 期。

予的积极帮扶后，对外部世界产生了好感，逐步消除了对发达地区的排斥心理①。

在一个实行民主选举制的现代社会里，人口较多的民族可以动员本民族选民的选票而在选举中影响和决定权利与资源的分配②。人口数量较少容易导致各级政府中没有代表人物或代表较少，基层的问题和意见难以反映上去，发展诉求易被忽视，并影响到发展空间的扩大、经济利益的实现和文化发展机会的获得。加之居住分散、发展落后，人口较少民族大多为温饱和生计奔波，政治参与意愿不强、参与频率和影响力有限，参与范围局限在村组内，即使参与也多是被动参与③。如云南省德宏州德昂族当上领导干部的机会较少，项目建设、扶持资金首先考虑居住在坝区的汉族和傣族，德昂族因在半山区居住而受益较少或政策迟滞④。

当前，人口较少民族与其他兄弟民族发展水平的差距十分显著，要实现各民族事实上的平等权利，国家必须通过帮助、照顾甚至牺牲部分局部利益来支持人口较少民族加快发展，促进各民族最终实现事实上的平等。扶持人口较少民族发展政策正体现了"中华民族一家亲、同心共筑中国梦"的理念。

二 研究价值

从空间区位上看，人口较少民族地区在国家发展格局中具有特殊重要的战略地位。从军事上看，人口较少民族地区多处于边境地区，是国防安全的前沿阵地和军事战略屏障区。从地缘经济上看，人口较少民族地区是我国重要的战略资源储备与保障区，是贫困高发区，是全面建成小康社会的"短板"，更是对外开放的前沿阵地。从地缘文化上看，历史上多种文化在此交流互通，人口较少民族地区是多元文化的交汇区，是我国传统文化多样性最典型区域，是原生态民族文化的发源地和传承地。从地缘生态

---

① 罗明军：《云南特有七个人口较少民族扶贫绩效调查研究》，中国社会科学出版社 2015 年版，第 120 页。

② 马戎：《民族社会学——社会学的族群关系研究》，北京大学出版社 2016 年版，第 299 页。

③ 谭万霞：《人口较少民族权益保障之立法思考》，《广西民族研究》2011 年第 3 期。

④ 《中国人口较少民族发展研究丛书》编委会：《中国人口较少民族经济和社会发展调查报告》，民族出版社 2007 年版，第 402 页。

上看，人口较少民族地区是国家最重要的生态平衡与保障区，是生物多样性的典型区域[①]。

（一）理论价值

1. 为丰富差别化政策研究提供理论素材和鲜活资料

本著作尝试用民族学、经济学、人口学、地理学、政策学等跨学科的理论视角以扶持人口较少民族发展政策为重点来分析和研究差别化政策，提出基于人口较少民族间自然禀赋的异质性、生计方式的多样化、民族文化的差异性、致贫原因的多元化、发展水平的不平衡、人力资源的差距性、扶持发展的多层次性等因素，扶持政策必须体现分类指导和差别化。分类扶持应坚持民族因素与区域因素相结合的原则，注重处理好外部帮扶与人口较少民族内生发展间的关系，希望本研究能为进一步丰富扶持人口较少民族发展政策体系做些尝试。

2. 为研究扶持人口较少民族政策提供新的研究视角

本研究系统梳理了新中国成立以来扶持人口较少民族发展政策的演进历程，发现人口较少民族间发展不平衡与发展落后的成因既有经济因素，又有社会、文化、心理、观念、制度等非经济因素。人口较少民族发展水平的差异是由多种因素综合造成的，也是整体演进的结果。此外，本研究综合运用层次分析法、问卷调查、深度访谈等研究方法，采用国家民委扶持人口较少民族动态监测系统数据、田野调查数据、统计资料等多种数据进行分析，力图进一步丰富扶持人口较少民族发展问题的研究视角和手段。

（二）实践价值

实施好差别化扶持是一项长期而艰巨的历史任务，如何更好地发挥扶持人口较少民族发展政策的效果，关系到能否有效促进人口较少民族地区又好又快发展，关系到"全面实现小康，少数民族一个都不能少，一个都不能掉队"承诺的兑现。

1. 差别化政策在政治上体现了"小民族大政策，小民族大扶持"

人口较少民族成分多，但人口基数小、居住分散，看起来对国家的政治和经济的影响有限，其特殊的发展诉求和权益容易被忽视。但从政治上

---

① 郑长德：《中国少数民族地区的后发赶超与转型发展》，经济科学出版社2014年版，第1—2页。

来看，扶持人口较少民族发展有利于巩固国家统一、维护边疆稳定、促进民族团结，也有利于展示我国不分民族大小、人口多少、历史长短，一律平等的民族平等政策，充分体现了社会主义制度的优越性①。人口较少民族地区的发展水平普遍较低，短时间内投入一定的项目资金后，其发展面貌明显改观，扶持效果非常显著，树立了党不让任何一个民族在发展中掉队的形象，极大地增强了党和政府在人口较少民族群众中的凝聚力和号召力。"一个都不能少、一个都不能掉队"既反映了整体与部分的矛盾关系，又恰如其分地表达了整体对局部的关心。目前，每个人口较少民族无论人口数量多少，都有本民族的全国人大代表和政协委员。

扶持人口较少民族政策深受群众的衷心拥护，被称为"德政工程"，是"小民族大政策，小民族大扶持"。这充分显示了中国共产党对待民族和民族问题不因其人口多少和发展程度的先后而有所区别，体现了党和国家始终关注、关心、关怀人口较少民族发展，体现了各民族在政治、法律、经济、文化、社会生活上拥有平等的权利，充分保障了各民族的权益和主人翁地位，体现了中华民族的博大胸怀。差别化扶持人口较少民族发展的政策在国际上产生了良好的政治和外交效果，其国外的政治影响力不可小视，有利于宣传我国的民族政策。

2. 差别化政策在经济上有助于"小民族大进步，小民族大发展"

"各民族共同团结奋斗发展，共同繁荣发展"是新时代中国特色社会主义的目标追求，加快相对滞后的人口较少民族跨越式发展是实现"两个共同"民族工作主题的重要组成部分。在国家财力受约束时，促进民族团结最易见效的方法是对部分民族实施优惠性制度，可以防止各民族间的差距进一步加大。把影响人口较少民族发展的问题找准找对，项目设计科学合理，措施得力，国家需要投资的总额也不大，建设周期也不长，但扶持政策能在短时间内呈现明显的成效。人口较少民族聚居程度高，解决了人口较少民族聚居村的发展问题，有助于实现整族脱贫，并由此带动本地区其他民族的发展，这一思路与国家"整村推进"的扶贫方针是相契合的。

3. 差别化政策在实践上有助于"小政策大绩效，小政策大目标"

新中国成立以来，特别是国家实施扶持人口较少民族发展专项规划以

---

① 《中国人口较少民族发展研究丛书》编委会：《中国人口较少民族经济和社会发展调查报告》，民族出版社 2007 年版，第 32—33 页。

来，在国家的关心重视、发达地区的大力支持和人口较少民族的自力更生与艰苦奋斗下，人口较少民族地区经济和社会发展发生了深刻变化，生活水平得到显著提升。在政策实践过程中，也出现了扶持方式"一刀切"、扶持对象划分简单机械、扶持模式同质化等弊端，既影响了政策的效果发挥，又在一定程度上影响了民族关系。人口较少民族的发展问题十分复杂，表现在类型多样、发展不平衡、制约因素各异等各个方面，摸准不同类型民族的特点并提出切合实际的对策建议并非易事。因此，通过实证分析扶持人口较少民族发展政策，及时总结和归纳差别化政策的实施效果，将有利于人口较少民族地区经济的可持续发展，有助于更好地提高政策绩效和群众满意度，有利于相关政策的修订与完善。

三　文献综述

（一）国外研究综述

扶持"小民族""土著民""原住民""初民"发展是国外政府非常重视和着力解决的难题。各国根据不同民族的历史起点、发展目标实施了有针对性的差别化政策，大致有不承认政策、强制同化政策、一体化政策、保护区政策等。各个民族国家的少数民族政策各有特色，但基本上都不能将少数民族作为一个民族整体加以对待，更不能将它们与国族平等地加以对待，少数民族总是处于弱势地位[1]。

资本主义国家用商品经济的自由竞争、等价交换等原则来处理民族关系，宣扬所谓"种族优胜劣汰论"，采用"熔炉政策""同化政策"等来抹杀小民族的特殊诉求。有的国家的"多元文化"政策虽比"同化政策"有进步，但"多元文化"政策主要面对先进发达民族。因难以保持本民族的语言文字、文化传统、风俗习惯和宗教信仰，一些少数民族、土著民族正日趋衰亡[2]。从实行同化政策逐渐过渡到帮扶小民族和多元文化主义政策，均因政策缺乏针对性而存在较大的局限性与不彻底性；各个国家意识到应在遵循民族发展规律的前提下扶持小民族发展。虽然与世界上其他国家的"原住民""土著""部落"等一些相对弱势的民族相比，我国人口较少民族在生存状况、政治地位、发展目标上有较大的差异，但国外的

---

① 周平：《民族政治学》，高等教育出版社 2003 年版，第 63 页。

② 杨荆楚：《社会主义市场经济与民族关系的几个问题》，《民族研究》1994 年第 5 期。

扶持政策仍值得我国借鉴。

1. 政治扶持政策。国外把认可小民族、土著民族的政治权利以及民族权益合法化、制度化作为制定扶持政策的首选。一是制度化保障"自治权利"。拉丁美洲各国政府扶持印第安人的政策均由各国的印第安研究所来制定，这些政府对印第安人强制实行同化与一体化政策[①]。何塞·格里古列维奇（Исай Григорьевич）认为企图通过"一体化"来解决印第安人问题将最终导致民族灭绝[②]。大卫·C. 霍克斯（David C. Haw kes，2002）认为联邦制国家要解决原住民"自决"问题必须满足原住民更大自治的要求，可以在土著人口占多数的地区成立原住民自治政府[③]。二是制度化保障享有均等的政治参与机会。要使原住民能充分参与国家决策，联邦立法机构中应安排更多比例的原住民席位，或成立原住民议会[④]。印度宪法规定："表列种姓"和"表列部落"有权要求在政府部门中工作，中央一级和二级职员的设置应根据部落民的人口比例，为其保留一定的职位。中央政府可直接雇用部分部落民在中央政府担任一定职务，并在晋级考试中为部落民保留名额。在国会人民院全部议席和各联邦议会的议席中，为表列部落保留席位[⑤]。

2. 经济扶持政策。经济扶持政策是许多国家改善少数民族民生的有效手段，也是消弭民族间现实不平等的重要手段。奥特曼（Altman）认为优惠的公共政策、制度安排和资源管理是保障澳大利亚土著人发展空间和可持续发展的重要条件[⑥]。约翰·泰勒（John Taylor）和马丁·贝尔

① 谭冬梅：《扶持人口较少民族发展的政策及其实践研究——以广西毛南族为例》，硕士学位论文，广西民族大学，2012 年。

② ［苏联］何塞·格列古列维奇：《美洲印第安人：被奴役的道路，解放的道路》（下），朱伦译，《民族译丛》1986 年第 6 期。

③ ［加］大卫·C. 霍克斯：《原住民：自治和政府间关系》，周子平译，《国际社会科学杂志》2006 年第 2 期。

④ 同上。

⑤ 贾娅玲：《印度少数民族政策及其对我国的启示》，《湖北民族学院学报》（哲学社会科学版）2007 年第 2 期。

⑥ Altman, J. C., "Economic Futures on Aboriginal Land in Remote and Very Remote Australia: Hybrid Economies and Joint Ventures", in D. Austin - broos and G. macdonald（ed.），*Culture, Economy and Governance in Aboriginal Australia*，Sydney：University of Sydney Press，2005，pp. 111 - 134.

（Bell Martin）指出土著民搬迁要研究地域多元性特点、特殊文化取向和结构因素以及搬迁中的社会公正性；澳大利亚、新西兰、加拿大和美国的土著民均受国家政策对资源再分配的影响①。

3. 社会扶持政策

一是"肯定性行动"（Affirmative Action）政策。20 世纪 60 年代，美国为消除对少数族裔和女性等弱势群体在就业、教育等领域的歧视和不公平而采取的优惠措施，要求一切为政府而工作或受联邦政府资助的企业、大学和其他机构采取差别对待原则来确保因种族、肤色、宗教、性别、国籍等差异而不被雇用，且在受雇用时不遭受不平等待遇，但该政策未能确保有关单位服从。1970 年，美国联邦政府要求有关单位向少数族裔等提供与其在当地劳动力或人口中的比例相吻合的工作份额。后来，肯定性行动逐渐成为一项补偿性计划，对少数族裔和妇女在升学、接受政府贷款、奖助学金、就业或晋升上实施照顾和优先，以补偿其竞争能力的不足，克服种族压迫和歧视所造成的劣势②。南非、印度等国也以"肯定性行动"对少数民族采取了若干优惠政策：在国家宪法和政治架构中采取"去民族化"取向（即"色盲"宪法），依赖于宪法平等原则及反歧视法律制度的司法适用，在教育和就业领域给予政策优惠③。印度对少数民族地区政治、教育、就业、资源开发与保护、农村建设以及社会保障上给予政策帮扶，并取得了较好的成效。"肯定性行动"政策的核心只是用形式上的平等和表面化的优惠取代了以前法律上的不平等，各种隐性的歧视仍广泛存在于社会且并未全部解决弱势群体面临的困难和难题④。

二是学校教育。巴西宪法"确保在印第安人基础教育中使用印第安人语言"，并通过"培训印第安人学校教师项目"和"资助一、二、三年级印第安人学生项目"等措施，采用印第安语对许多印第安人村落扫盲。

①　John，Taylor & Bell，Martin，Population Mobility and Indigenous，*People in Australia and North America*，London & New York：Routledge，2004，p. 5.

②　张敏杰：《美国的"肯定性行动"及对中国社会政策的启示》，《浙江学刊》2007 年第 5 期。

③　杜社会：《少数民族优惠政策制度分析与模式比较——对"中国民族政策何处去？"的回应》，《西南民族大学学报》（人文社会科学版）2014 年第 7 期。

④　张敏杰：《美国的"肯定性行动"及对中国社会政策的启示》，《浙江学刊》2007 年第 5 期。

北欧多个国家为保护民族语言，在普通学校中均增加萨米语言和文化课程，为语言和文化的复兴提供了一定条件。瑞典约克莫克为萨米人建立的大学，从实际需求出发来开展教学以更好地传承萨米人的语言和文化[①]。依照《印第安人控制印第安教育》报告，加拿大联邦政府要求按印第安人的文化观念培养印第安儿童以提供有效的学校教育，并由父母与地方当局负责教育，印第安人直接参与教育改革并自主管理学校。美国成立了相当数量的土著社区学院，通过政府与当地民族的力量来发展教育。一些国家为土著人划出保留地，通过土著语言教育等措施来保护其原生态文明。新西兰中小学的语文课上，学生可以学习英语或毛利语（土著语言）。

三是社会教育。加拿大的科迪冈——泽比的印第安人保留地，采用机构化方式开展社会教育，设立土著文化和教育委员会，通过专业机构来保护其历史、语言及传统文化。并为当地居民提供多样化的社会教育，如设立保留地博物馆和文化中心以展示渔猎、织布、娱乐、食物采集技术等。印第安人在适应自然过程中形成的有形与无形的文化宝库得以有效保存，使静态文化动态化、抽象文化具体化，通过多元社会教育的方式来有效传承[②]。

四是有条件的现金资助计划。20世纪90年代以来，拉美国家为推动贫困人口的人力资本发展，通过自助自救实施扶贫，其中成效最大的是"有条件的现金资助计划"。该计划是拉美19个国家中所有类似扶贫项目的总称，各国的子计划各异，其中影响较大的为墨西哥的"机会计划"、巴西的"家庭津贴计划"和智利的"智利团结计划"。"以金钱换行动"是该计划的关键，政府逐月直接发给贫困家庭现金；而贫困家庭需按照"社会契约"送子女上学、定期体检或改善子女饮食。其最大的创新之处是将政府由单一扶贫责任变为政府和受惠家庭的共同责任，把扶贫与提升减贫能力相结合，潜在地培养了社会资本和人力资本[③]。该计划经过实践被证明在提高人力资源、扶贫上成效显著，并被引入印度尼西亚、摩洛哥、巴基斯坦[④]。

---

① 程秋棠：《北欧萨米人及历史变迁》，硕士学位论文，华东师范大学，2009年。

② 郭建民：《政治学视野下的扶持人口较少民族发展政策研究——以广西环江毛南族自治县为例》，硕士学位论文，中央民族大学，2011年。

③ 郭存海：《拉美扶贫新思维值得借鉴》，《人民论坛》2008年第1期。

④ 郑皓瑜：《论拉丁美洲国家教育扶贫政策在消除贫困代际传递中的作用》，《山东社会科学》2016年第4期。

　　4. 多元文化主义政策。多元文化主义既是一种社会思潮，也是一项公共政策，主要用于表示在多元文化的社会里处理多民族、多文化之间关系的一套新的思想和方法①。米歇尔·韦维尔卡（Michel Wieviorka）认为，作为政策的多元文化主义是指在民主社会中需要考虑文化差异因素，它将承认问题提上议事日程，从而既可以保证它与普遍价值之间的兼容性，又不把它强加给那些并不合适的群体或个人②。然而，各国的情况各异，实施多元文化主义政策的系统性、侧重点、价值导向也有很大差别。20 世纪 70 年代，加拿大、瑞典、澳大利亚等国家在长期的同化政策失败后不得已选择多元文化政策，政策选择有明显的被动性，但其政策体系和结构较为完整。80 年代后，德国、英国、法国、荷兰、比利时选择文化多元主义政策有明显的经济功利性，主要是为解决经济发展高峰期引进的外籍劳工与本国人的矛盾而部分地采纳了该政策。美国州政府和教育机构也实施了一定程度的多元文化主义，其政策多体现在自由多元主义和个人权利的自由主义框架中，土著民、少数族裔移民、法裔加拿大人从该政策中受益，被纳入"文化承认"范围。这些国家的政策内容涉及国家对少数民族的承认与帮助，消除歧视与社会平等，多元文化主义教育、消费、专门机构和其他政府部门等；在实际享受的权利上，土著人取得了基于土地权利和历史上不公正待遇的补偿，享受到一定形式的自治权利；其他少数族裔也享受到政治参与、经济发展、文化承认、大众传播等方面的权利和自由。总的看来，该政策的基本政治诉求是反对民族歧视，追求社会公正与种族平等以及多元民族文化和谐共存③。它使得上述国家的少数民族获得了一定的权利和自由，这较好地减缓和改善了紧张的民族关系。由于这些政策出台的历史动机不同以及一些国家的民族势力极为强大，导致上述政策总处于不确定状态。近年来，一些欧洲国家的首脑和政要相继宣布多元文化主义政策已彻底失败或死亡④。

　　综上，国外实施的这些照顾措施使小民族、土著民族在入学、就业、承包合同等方面获得了较大优惠，但在一个追求公平竞争的社会，依靠民

---

　　① 杨洪贵：《澳大利亚多元文化主义研究》，西南交通大学出版社 2007 年版，第 39 页。

　　② ［法］米歇尔·韦维尔卡：《多元文化主义是解决方法吗？》，载李丽红《多元文化主义》，浙江大学出版社 2011 年版，第 38 页。

　　③ 熊文钊：《民族法学》，北京大学出版社 2012 年版，第 443 页。

　　④ 周少青：《多元文化主义视阈下的少数民族权利问题》，《民族研究》2012 年第 1 期。

族、肤色而非能力获得机会毫无疑问会引起巨大争议，这种不拘泥于平等规则的特殊补偿照顾措施从严格意义上是对其他民族的逆向歧视①。

（二）国内研究综述

相对而言，国内研究人口较少民族的成果主要集中在民族文化、民族特性、民族意识、民族关系和民族政治上。从扶持人口较少民族发展的差别化政策的视角来分析，国内研究成果主要分为：

1. 实施差别化政策的原因

任廷贵（1987）指出民族地区区情和国情的巨大差别是坚持区别对待、分类指导的重要依据②。郭家翼（2003）认为民族地区总体发展水平低、严重不平衡的实际是分类指导的原因③。"云南各民族的历史、地理、经济、社会、文化差异大，发展极不平衡。云南民族工作部门在实践中总结的分类指导，因地、因族制宜的方法非常符合云南民族地区的实际。这个工作方法经过不断深化，对大类划分政策难以具体涉及的部分民族和地区，又细化为'一族一策、一山一策、一族几策'的特殊政策。"④ 云南省社科联（2005）指出，分类指导理论上符合马克思主义"实事求是、一切从实际出发、具体问题具体分析"的精神，符合区位理论和区域经济理论；实践上符合民族众多、自然条件和社会发展状况复杂、生产力发展水平不平衡的现状。曾豪杰（2011）认为，少数民族与汉族在文化传统、经济状况、教育水平等方面存在差异，少数民族的人才资源开发需要具体民族具体分析和具体对待，不宜搞"一刀切"和"大一统"模式。因族开发战略符合物质统一性原理和事物发展的矛盾规律⑤。张周平（2011）指出，历史原因和发展现状导致不同区域的自然资源、资源禀赋条

---

① 孙伟：《美国肯定性行动中的逆向歧视——以巴基案为例》，北京法院网（http://bjgy. chinacourt. org/article/detail/2015/08/id/1697430. shtml），2015 年 8 月 27 日。

② 任廷贵：《坚持区别对待分类指导原则，支持少数民族地区加速经济发展》，《广西农村金融研究》1987 年第 1 期。

③ 郭家骥：《全面建设小康社会与云南民族地区的分类指导》，《云南社会科学》2003 年第 1 期。

④ 格桑顿珠、纳麟：《云南民族地区发展报告 2003—2004》，云南大学出版社 2004 年版，第 68 页。

⑤ 曾豪杰：《少数民族人才资源因族开发战略研究——理论建构及对红河哈尼族人才资源开发的实际分析》，云南大学出版社 2011 年版，第 47 页。

件和发展水平千差万别，实施差别化政策是培养自我发展能力的关键①。李若青（2011）指出云南省人口较少民族地区情况各不相同，必须给予不同民族、不同村寨不同的指导，制定不同的措施，有针对性地促进人口较少民族的发展②。张志远（2015）认为 28 个人口较少民族自然条件、生存环境和发展程度存在差异，贫困治理应结合实际，防止"一刀切"③。

2. 差别化政策的依据

姜德华等（1989）认为没有公认的分类依据和原则，可考虑三个原则划分贫困类型：大的自然条件、社会经济条件地域组合的类似性；有决定意义的主导因素；发展方向、途径和措施的一致性。这既考虑了贫困类型的基础，又考虑了工作的目的性④。王铁志（2006）分析并认为德昂族与景颇族、傣族、汉族群众的结构性差异体现在：经济发展（产业结构、经费投入、科技应用、经营管理）、教育发展（教育历史、语言障碍）和社会发展阶段⑤。柳建文（2009）指出提升地区发展绩效的有效路径是"分层分类"（对不同发展水平和阶段的地区实行不同倾向的政策；对不同地理位置和社会自然条件给予差异性激励）、"异质异构"（根据不同地方的发展条件和比较优势来划分权利；依据不同地方的发展水平和发展任务来界定职责）⑥。张晓琼（2011）针对新中国成立初期云南民主改革分类指导的实践，指出少数民族社会经济形态的多样性、社会发展程度的差异性和历史文化的特殊性是分类扶持的历史背景和客观依据⑦。罗明军（2015）按自然区域、气候环境和经济社会发展程度，将云南省 7 个特有

①　张周平：《实施差别化政策，增强西部自我发展能力》，《前进论坛》2011 年第 5 期。

②　李若青：《云南扶持人口较少民族发展政策的实践启示》，《云南行政学院学报》2011 年第 3 期。

③　张志远：《多民族聚居地区贫困治理的社会政策视角——以布朗山布朗族为例》，中国社会科学出版社 2015 年版，第 14 页。

④　姜德华、张耀光、杨柳等：《中国的贫困地区类型与开发》，旅游教育出版社 1989 年版，第 38—39 页。

⑤　王铁志：《人口较少民族发展的结构性差异——以德昂族经济和社会发展为例》，《黑龙江民族丛刊》2006 年第 1 期。

⑥　柳建文：《"分层分类"与"异质异构"——中国西部大开发的政治经济调控》，民族出版社 2009 年版，"前言"第 13—14 页。

⑦　张晓琼：《建国初期中国共产党分类指导少数民族地区民主改革略论——以云南为个案的历史考察》，《满族研究》2011 年第 2 期。

民族分为解决温饱型、基础设施建设型和促进发展型①。田钒平（2018）认为自然地理环境差异和区域经济发展水平差异是我国对民族自治地方制定和实施差别化政策的客观基础②。

3. 差别化的主要类型

林耀华归纳了 20 世纪 50 年代民族地区的三种经济文化类型：采集渔猎经济文化类（赫哲族、鄂伦春族和部分鄂温克族）、畜牧经济文化类（裕固族、塔吉克族和部分鄂温克族）、农耕经济文化类（俄罗斯族、乌孜别克族、塔塔尔族、保安族、撒拉族和部分裕固族、门巴族、珞巴族、独龙族、怒族、基诺族、普米族、毛南族、部分高山族)③。洪朝栋等（2000）归纳了云南人口较少民族的四种发展模式：丽江模式（依托玉龙雪山高山风光、丽江古城和东巴文化的人文景观的旅游扶贫）、基诺山模式（发展教育、推广农业科技的科教扶贫模式）、德宏模式（发挥地缘和口岸优势发展模式）、怒江模式（交通扶贫模式）等，并指出以差别为基础的多样性能消除同类竞争④。周平（2003）指出无论民族的本质还是外部形式，都找不到完全相同的两个民族。根据民族发展的历史进程可分为蒙昧民族、野蛮民族、文明民族等；从民族所处的社会阶段来看，可分为原始民族、古代民族、近代民族、现代民族等；从宗教信仰来看，可分为伊斯兰教民族、基督教民族、佛教民族等；从民族语言的系属关系来看，可分为印欧语系民族、汉藏语系民族、满—通古斯语族民族、突厥语族民族等；从全球地理位置来看，可分为东方民族、西方民族、北方民族、南方民族等；从民族居住的地理环境来看，可分为海洋民族、森林民族、草原民族、山地民族等；从民族的生产和生活方式来看，可分为采集狩猎民族、游牧民族、渔猎民族、农耕民族、商业民族、工业民族等⑤。

李岚（2004）将人口较少民族的经济组织按发育程度高低分为四种

① 罗明军：《云南特有七个人口较少民族扶贫绩效调查研究》，中国社会科学出版社 2015 年版，第 154 页。

② 田钒平：《民族自治地方差别支持政策的内在缺陷与完善对策研究》，载《中国法学会民族法学研究会会员代表大会暨学术研讨会论文集》，2018 年。

③ 林耀华：《民族学通论》，中央民族学院出版社 1990 年版，第 90—98 页。

④ 洪朝栋、沈志锦：《云南少数民族地区的现代化发展》，民族出版社 2000 年版，第 139—150 页。

⑤ 周平：《民族政治学》，高等教育出版社 2003 年版，第 26 页。

类型；①俄罗斯族、塔塔尔族、高山族、乌孜别克族、京族、撒拉族、鄂温克族等民族的经济组织相对发展较快，处于从店铺、集市、手工作坊向企业、商店、运输公司等近代经济组织的过渡阶段。②毛南族、阿昌族、基诺族、普米族、门巴族、保安族等民族的经济组织不如前者发展快，正处于从流动商贩、铁匠、木工、石匠等专业商人和手工业者向店铺、集市和各种手工作坊的过渡阶段。③鄂伦春族、赫哲族、独龙族、怒族、布朗族、德昂族、裕固族、塔吉克族等民族，正从以农为主的自给自足家庭向以农为主兼营家庭副业、半农半牧和半农半商家庭过渡阶段。④珞巴族处于以农为主的家庭阶段①。普永生（2004）将人口较少民族的社会形态发育程度分为经济社会发展较快型、经济社会发展较慢型、经济社会发展滞后型三种类型②。吴海鹰等（2005）使用经济发展、人类发展、民族传统文化结构、人居环境等指标变量，采用数据分析和灰聚类评估方法，将人口较少民族的贫困程度分为区位屏蔽型、经济活动模式转轨型、社会发育滞后型、多元要素共生型和特殊因素诱发型共五种贫困类型，并认为人口较少民族的贫困与族群差异有关③。王文长（2008）以长江并溯支流岷江及青藏高原东南缘为分界线将人口较少民族分为北方民族、南方民族，并指出青藏高原、西北地区、东北地区差异较大，对各民族社会、经济、生活的影响各不相同；南方少数民族分布较集中，地理条件较为相近。草原畜牧业在北方占比较大，民族性格较粗犷、豪放；农业在南方山区占较大比重，民族性格相对细腻、温和④。

　　韩彦东（2008）将人口较少民族贫困区域分为三类：①西南喀斯特山区贫困区域，指独龙族、基诺族、阿昌族、布朗族聚居的滇东南山区以及怒族、独龙族、普米族聚居的横断山区。②青藏高原贫困区域，指撒拉族、门巴族、珞巴族聚居的西藏高寒山区以及撒拉族、保安族聚居的青海高寒山区。③蒙新干旱区贫困区域，指鄂伦春族聚居的内蒙古高原东南沙

---

① 李岚：《影响我国人口较少民族经济发展的原因分析》，《黑龙江民族丛刊》2004 年第 1 期。

② 普永生：《当代中国人口较少民族经济发展研究》，博士学位论文，中央民族大学，2004 年。

③ 吴海鹰、马夫：《我国人口较少民族的贫困与扶贫开发》，《云南社会科学》2005 年第 1 期。

④ 王文长：《民族视角的经济研究》，中国经济出版社 2008 年版，第 59—60 页。

化区以及塔吉克族聚居的新疆西部干旱区①。李娜（2010）将人口较少民族地区的地理分布划分为五类：西南石山岩溶地区、西北荒漠化地区、北方黄土高原地区、西藏高寒山区、其他地区（林区腹地、山区、海岛）②。王晓飞（2012）将人口较少民族贫困分为三种类型：①温饱型。毛南族、裕固族、赫哲族、基诺族4个民族处于温饱线和发展线之间，其人均纯收入满足温饱后，尚有从简单再生产向扩大再生产转化和发家致富的投资费用。他们已具备脱贫条件和发展基础，返贫率小。②度日型。鄂伦春族、鄂温克族、撒拉族、普米族、保安族5个民族生活水平处于温饱线与特困线之间，仅能满足基本温饱需求，进行简单再生产，脱贫的稳定性不强。③生存型。塔吉克族、珞巴族、门巴族、怒族、独龙族、德昂族、布朗族、阿昌族8个民族处于特困线以下，人均年纯收入难以达到满足最低生理需要的最低费用。脱贫难度大，返贫率高③。吴楚克（2015）认为应针对不同地区（边疆地区或内陆地区、聚居或散居区）和不同宗教信仰提出不同的发展思路和解决办法④。

4. 差别化政策的内容

差别化政策提出时间不长，相关研究多见于土地政策、金融政策和扶贫政策中。温军（1998）将民族经济政策分为特殊照顾政策（财政优惠政策、税收优惠政策、人口教育政策）、产业发展政策（工业发展政策、农业发展政策、民族贸易政策）、扶贫开发政策（宽松政策、开发计划和设立专项资金）、开放联合政策（经济联合政策、对口支援政策、对外开放政策）等；这些产生于计划经济的优惠政策随着市场经济的运行，其政策的执行程度不断下降，亟须巩固、调整、改进与完善⑤。郭家骥（2003）认为对山区的部分景颇族的扶持应重点解决其温饱问题，使其基本脱贫。除执行原有的特殊扶持政策，还要制定新的教育、科技、文化、

---

① 韩彦东：《基于可持续发展的人口较少民族地区扶贫开发研究》，博士学位论文，中国人民大学，2008年。

② 李娜：《人口较少民族扶贫开发政策实施研究》，硕士学位论文，中央民族大学，2010年。

③ 王晓飞：《中国人口较少民族的贫困问题及扶持政策研究——以独龙族为例》，硕士学位论文，中央民族大学，2012年。

④ 吴楚克：《应区分民族问题的不同类型》，《中国民族报》2015年9月11日。

⑤ 温军：《中国民族经济政策的形成、演变与评价》，《民族研究》1998年第6期。

卫生、生态等特殊优惠政策；对山区和高寒山区的基诺族、阿昌族、布朗族、德昂族、普米族、独龙族、怒族等民族以及部分景颇族的扶持，将已制定的扶持 7 个特有民族温饱和农业产业化扶贫、基础设施扶贫、科教扶贫、文化扶贫、人才培养扶贫等政策扩大到所有民族①。普永生（2004）提出应设立人口较少民族经济发展项目、教育发展项目、文化发展项目、卫生建设项目②。格桑顿珠（2004）归纳了从 1998 年起对云南省贡山独龙江乡、潞西三台山乡德昂族、景洪基诺山乡和勐海布朗山乡等实施的综合扶贫，开展"三免费"义务教育，坚持"一山一策""一族一策""一族几策"的特殊扶持措施③。

荣仕星（2009）指出人口较少民族发展不平衡，对交通、经济、技术落后地区，应协调经济社会发展开发与环境保护；对京族、赫哲族等富裕地区，应注重发展经济与国际贸易，建立现代企业制度，实现资本、技术、地域优势和人才培养相协调；将经济发展与保护民族文化相结合④。李娜（2010）指出以草原畜牧业为主业的民族应积极保护和建设草原，实现以草定畜和增草增畜的均衡，并发展肉类深加工、毛纺织和服装业；以林木产业为主业的，应发展经济林及加工业，深加工水果和干果；以烟草种植、土特产品和药材加工等为优势产业的，应开发民族特色旅游景点发展旅游业；居住在大中城市的民族应发展高新技术产业⑤。张冬梅（2010）指出应制定专项规划，安排专项资金和优惠贷款等扶持人口较少民族，对独龙族、怒族等绝对贫困民族实施以工代赈、项目带动和整村推进政策；对边境民族实施兴边富民政策；根据各民族地理区位与民族文化差异，制定因族、因地制宜的经济政策⑥。耿焰（2011）从少数人差别权

---

① 郭家骥：《全面建设小康社会与云南民族地区的分类指导》，《云南社会科学》2003 年第 1 期。

② 普永生：《当代中国人口较少民族经济发展研究》，博士学位论文，中央民族大学，2004 年。

③ 《坚持分类指导，加快人口较少特有民族脱贫发展步伐——访云南省民族事务委员会主任格桑顿珠》，《今日民族》2004 年第 12 期。

④ 荣仕星：《中国民族地区公共政策研究》，人民出版社 2009 年版，第 332 页。

⑤ 李娜：《人口较少民族扶贫开发政策实施研究》，硕士学位论文，中央民族大学，2010 年。

⑥ 张冬梅：《中国民族地区经济政策的演变与调整》，中国经济出版社 2010 年版，第 133 页。

利的视角分析，认为差别性包括少数人与公民权利的差别、少数人之间的差别、权利诉求的差别、权利实施路径的差别等，差别权利的实践包括少数人的差别自治权利、习俗权利、语言权利、群体代表权利和融入帮助权利等①。

刘兴全等（2011）提出应发挥自然资源的优势发展特色农牧业；发挥地域、区位、资源、文化、民族5个特色，实施"一乡一业、一村一品"，高标准、高起点发展绿色、特色和附加值高的产业，发展特色经济，打造多元发展格局②。李忠斌（2012）指出应根据每个民族人力资源开发的异质性开设课程，灵活掌握教学方法③。黄建生等（2013）按政策目的民族地区的发展项目划分为资源型项目和改善民生的扶持型项目④。李英勤（2013）指出引进外部力量与增强区域内生发展动力相结合、以区域发展带动扶贫开发和生态建设、区域发展与扶贫开发和生态建设有机结合、融扶贫开发和生态建设于区域发展中⑤。李焱（2013）归纳了云南扶持人口较少民族政策为计划生育政策、婚姻家庭政策、教育文化政策、医疗卫生政策、就业政策、经济政策等⑥。罗黎明（2015）提出对5类人口较少民族精准施策：对资源匮乏型采取生态移民；对基础设施落后型加大建设支持力度；对能力缺乏型加大培训力度；对自然灾害频发型建立灾害应急预案，助其重建家园；对边境等特殊区域型由国家财政买单⑦。王德强等（2015）提出要分类指导，创新

---

① 耿焰：《少数人差别权利研究——以加拿大为视角》，人民出版社 2011 年版，第 71—286 页。

② 刘兴全、肖琼、智凌燕等：《成就、问题与思路：北方人口较少民族全面建设小康社会实证分析——对保安族、裕固族、鄂伦春族、鄂温克族和赫哲族的调查研究》，《新疆大学学报》（哲学·人文社会科学版）2011 年第 4 期。

③ 李忠斌：《人口较少民族人力资源开发战略研究》，湖北科学技术出版社 2012 年版，第 65—66 页。

④ 黄建生、高朋、黄晓赢等：《社会评估与民族地区发展——〈云南省扶持人口较少民族发展规划（2006—2010 年）〉实施过程的社会评估》，人民出版社 2013 年版，《绪论》第 4 页。

⑤ 李英勤：《贵州人口较少民族区域发展、扶贫开发与生态建设良性互动机制探析》，《凯里学院学报》2013 年第 4 期。

⑥ 李焱：《云南省人口较少民族人口政策研究》，硕士学位论文，吉林大学，2013 年。

⑦ 罗黎明：《全面实现小康　一个民族都不能少》，国家民委网站（http://www.seac.gov.cn/art/2015/5/26/art_ 4603_ 228886. html），2015 年 5 月 26 日。

办学模式，大力发展民族教育：大力发展职业教育和职业技能培训；举办人口较少民族预科班，开展订单式培养扩大高考招生规模，提高其高考升学率；各级各类教育应突出民族团结教育和民族文化传承教育①。吴楚克（2015）认为人口仅几万人的民族的文化和生活发展的重要性要超过认同问题；跨界民族存在民族问题的核心是民族认同与国家认同的关系，经济发展不是解决问题的最佳或唯一途径②。郝时远（2016）认为中国的民族政策本身就是立足于国家统一基础上适应多样性的差别性政策。改革开放之初，东部对西部的对口支援机制对促进少数民族及其聚居区的发展具有重大意义，这是改革开放的全国统一布局中对民族地区给予的差别化政策。自1984年，国家对西藏自治区实行了农区"土地归户使用，自主经营，长期不变"，牧区"牲畜归户，私有饲养，自主经营，长期不变"的政策，即是差别化政策的集中体现③。田钒平（2018）指出，为消除差别支持政策的内在缺陷可能带来的消极影响，对自然资源和地理区位均有优势的民族自治地方，应继续加强自然资源开发、边境贸易等政策的支持力度，发挥比较优势；对两者有劣势的地方，应根据各地经济发展的实际实施不同的替代政策④。

5. 差别化政策的绩效评价

学者们大多肯定了扶持人口较少民族政策取得的成绩，如基础设施显著改善、结构调整步伐加快、人民生活明显改善、社会事业稳步推进和发展能力逐步增强等（李若青，2008；李娜，2010；刘杨，2012；李英勤，2013；马咏红，2013）。同时指出了政策实施存在的突出问题，如解决力度不强、政策针对性和指导性不准、实践程度存在较大差距和政策评价不全面等问题（阿娜尔，2010；贾玉超；2010，李若青，2011；谭冬梅，2012；王晓飞，2012）。

通过建立客观的指标体系来评价一个国家（地区）的发展水平正日益成为学者们研究的热点。李若青（2011）从政治发展、经济发展、社

①　王德强、王峰：《云南人口较少民族发展转型研究：特征、影响因素及实证分析》，《西南民族大学学报》（人文社会科学版）2015年第9期。

②　吴楚克：《应区分民族问题的不同类型》，《中国民族报》2015年9月11日。

③　郝时远：《中国特色解决民族问题之路》，中国社会科学出版社2016年版，第15页。

④　田钒平：《民族自治地方差别支持政策的内在缺陷与完善对策研究》，载《中国法学会民族法学研究会会员代表大会暨学术研讨会论文集》，2018年。

会发展、民族发展、民族文化发展、民族理论发展六个一级指标、23 个二级指标构建扶持人口较少民族发展政策实践评价指标①。柏振忠等（2013）从经济发展、人民生活、社会和谐、社会发展 4 个一级指标、14 个二级指标、35 个三级指标构建少数民族事业发展综合评价监测指标体系②。雷振扬（2013）从政策制定（政策目标、政策方案、政策系统）、政策实施、政策绩效 3 个维度评估《扶持人口较少民族发展规划（2005—2010 年）》，并指出评估指标构成和评估方法应兼顾价值评估（如对国家认同、民族关系的影响与量化分析、人均纯收入、基础设施改善等），将技术性评估范式与价值性评估范式有机结合起来③。朱玉福（2015）采用 83 项指标评估了 640 个人口较少民族聚居村"四通五有三达到"的完成情况，采用问卷调查、访谈方式评价了群众对政策的了解度和满意度④。

（三）研究述评

综上所述，国内外的研究成果颇丰，丰富了差别化政策和扶持人口较少民族发展问题的认识，但现有研究尚存在如下值得改进的地方：

1. 从研究对象来看，现有成果从学理上分析和剖析差别化政策的深度和广度不够。主要表现为介绍政策内容居多，对政策制定、执行和评估的理论分析略显薄弱。对具体的民族与地区研究的多，对全部 28 个民族间的差异、不同地区间的差异研究的少。

2. 从研究方法来看，定性研究多，定量研究少。现有研究中，对人口较少民族地区发展水平开展定量评价的少，有的只凭主观判断而不是依据具体指标的测度，得出的结论也难以令人信服，构建人口较少民族地区发展水平评价指标体系已迫在眉睫。此外，研究差别化政策与其他政策之间的特殊性不够充分，运用多学科方法进行系统分析有待加强。

3. 从政策梳理来看，资料还不够翔实，归纳还不够深入。共时研究

---

① 李若青：《云南扶持人口较少民族发展政策的实践对策研究》，硕士学位论文，云南大学，2011 年。

② 柏振忠、段超：《少数民族事业发展综合评价监测体系研究——以广西壮族自治区的实证为例》，《民族研究》2012 年第 6 期。

③ 雷振扬：《关于建立健全民族政策评估制度的思考》，《民族研究》2013 年第 5 期。

④ 朱玉福：《中国扶持人口较少民族发展的理论与政策实践研究》，民族出版社 2015 年版，第 215—238 页。

的多，历时研究的少，特别没有系统归纳新中国成立以来扶持人口较少民族政策的演变历程与特点，从而缺乏全面、系统的历史考察；探讨政策规律及其历史经验上尚需加强。

4. 从政策建议来看，多为一般性的经济层面扶持，较少涉及激活人口较少民族发展的内生动力。对不同类型民族发展的异质性研究不够，提出的政策建议共性多、个性少，未能满足差别化发展的现实诉求。

四　概念界定

(一)　人口较少民族

从字面上看，"人口较少"的概念似乎与数量有关联，"较少"与"较多"本身就是数量多少的问题，一些区域性人权公约也将"数量"作为构成"少数人"的要素①。数量是界定人口较少民族的因素，但绝非界定的关键性指标。数量上，"人口较少"有一定的群体性特点，但未必存在明确的数量标准。因为如果将数量作为界定的关键性因素，那究竟数量为多少才是少数人的标准呢？对此，法律不会界定一个统一标准，各国的法律实践也没规定统一的标准②。

苏联民族学界使用"小民族"来指人数较少的民族，在研究"小民族和少数民族""苏联共产党的列宁民族政策与北方小民族"时提出了"小民族"的概念。国民政府时期的政策文本中体现了"扶持弱小民族"的思想③。姜永兴（1988）指出国外对经济实力弱、人口少的民族泛指"弱小民族"，而"弱小民族"本身带有歧视性，跟国内的"少数民族"存在本质区别④。耿焰（2011）将少数人的类型划分为4种：（1）少数民族、少数族裔、族群及其成员；（2）土著人；（3）移民；（4）其他类型的少数人，包括外籍劳工、迁徙工人等⑤。尽管我国没有"少数人"的概念，但还是有少数人的，因为我国少数民族符合国际法

---

① 如欧洲人权公约确立的"少数人"指在数量上居于少数，在人种、宗教或语言方面具有不同于其他人的特征，含有维护他们文化、传统、宗教或语言倾向的国民。

② 耿焰：《少数人差别权利研究——以加拿大为视角》，人民出版社2011年版，第40页。

③ 王希恩：《中国民族识别的依据》，《民族研究》2010年第5期。

④ 姜永兴：《小民族发展趋势初探》，《黑龙江民族丛刊》1988年第2期。

⑤ 耿焰：《少数人差别权利研究——以加拿大为视角》，人民出版社2011年版，第45—51页。

的少数人的概念与特征要求，这就决定了我国对少数人权利的法律保护主要体现为少数民族（也包括人口较少民族）权利的法律保护①。罗明军（2015）认为人口较少民族概念的提出原因在于：①人口数量较少是基本特征，但每个民族都是中华民族中的重要成员，其生存与发展是社会各界关注的焦点。②大部分民族处于整体贫困，因为地理位置、生态环境和历史发展等制约，整体贫困成为人口较少民族的另一特征。③民族传统文化的多样②。"人口较少民族"是一个动态的相对概念，也是一个不断发展的概念。

1. "人口较少民族"是个相对概念

迄今为止，"人口较少民族"尚未形成一个科学、统一的定义。马克思在论述民族平等理论时，将发达民族、大民族以外的少数民族视为"弱小民族"③。其共同特点为：一是真正意义上的"原住民"。小民族是其所生活地区最早定居的人，并长期在此生存繁衍，他们与世无争，后来被人发现或关注。二是这些民族的人口数量相对全国占人口绝大多数的主体民族来说要少很多。如第六次全国人口普查时，28个人口较少民族的人口为189万人，占全国总人口的0.14%。不仅如此，人口较少民族之间人口数量相差也很悬殊，土族的人口数量（289565人）是塔塔尔族（3556人）的81.4倍。有的人数本来很少（如印度安达曼人），或被后来的强者剿灭（如赫雷罗人被入侵的德国人杀害），或因缺乏免疫力被入侵者身上携带的疾病所害（如印第安人被西班牙殖民者所害），或在发展过程中逐渐丧失民族特征，被主体民族吸收同化。三是往往具有不同于人口多数民族的民族特征。人口较少民族的特征主要体现在社会和文化方面，在文化背景、价值观念、社会环境、居住地域（乃至语言和宗教）上体现差异性。他们大多有自己的宗教信仰，大多是语言上的少数人。四是生产生活方式古老而简单，对自然索取和破坏较少。五是地理位置、政治权利、社会发展等均处于社会边缘区。因为被边缘化，与其他民族交往较少，卷入争斗或战争相对较少，未受到或较少受到自然的侵扰，生产方式

---

① 李步云、孙世彦：《人权案例选编》，高等教育出版社 2008 年版，第 261 页。

② 罗明军：《云南特有七个人口较少民族扶贫绩效调查研究》，中国社会科学出版社 2015 年版，第 22 页。

③ 马俊毅、席康乾：《论"族格"——试探民族平等与民族自治、民族自决的哲学基础》，《民族研究》2007 年第 1 期。

相对简单。根据弱肉强食的现代标准，他们往往是弱者；难以威胁到他人，也难以被别人重视，有时不得不经受权力的任意蹂躏。因为处于社会发展边缘，经常被遗忘，其处境堪忧，现代化浪潮将其卷来卷去；其文化堪忧，易受到主流文化的冲击，并被强势文化吞噬，或遭受急剧变迁；其生存堪忧，传统生产方式难有施展的空间，简单淳朴的生活方式难以为继①。

无论是"小民族""小小民族"或"少小民族"提法均为一般性描述，初期未形成严格的科学概念和明确的划分标准。刘建文（1990）指出我国的小民族有3个特征：（1）人口数量是人数较少的民族。根据我国实际，将其定义为人口10万人以下的民族。（2）分布上多位于偏僻的贫困地区，发展水平和社会组织程度较低。（3）小民族缺乏与其他民族并驾齐驱的发展能力②。费孝通1997年在第二届社会学人类学高级研修班上谈及鄂伦春族文化存亡问题时，称其为"小民族"。1999年，费孝通在调研赫哲族发展时指出要帮助赫哲族这样的"小民族"加快发展，并从人口和文化的因素来界定"弱小民族""小民族"的特点为"根蒂不深，人数又少"。

2000年，国家民委启动了"中国人口较少民族经济和社会发展调查研究"项目，并首先使用了"人口较少民族"的概念，明确了人口数量标准是10万以下（1990年第四次全国人口普查）。2001年，《关于扶持人口较少民族发展问题的复函》首次以国务院文件形式使用"人口较少民族"的概念。2005年《国务院实施〈中华人民共和国民族区域自治法〉若干规定》首次以法规形式使用"人口较少民族"的概念③。

2. "人口较少民族"概念内涵是动态发展的

20世纪80年代末90年代初，党和国家领导人认为人口较少民族无论从理论上还是政策法规上都没有特定的含义，而是根据国家发展实际而定的。"十一五"规划是以人口总数为标准（2000年第五次全国人口普查），即10万人以下的22个民族被确定为人口较少民族。实际上，10万人不是一个绝对精准的标准，当时毛南族（10.7166万人）和撒拉族

---

① 何群：《土著民族与小民族生存发展问题研究》，中央民族大学出版社2006年版，第5—6页。

② 刘建文：《建立我国小民族学刍议》，《青海社会科学》1990年第3期。

③ 李俊杰等：《民族经济政策与民族地区发展》，民族出版社2013年版，第155—156页。

（10.4503 万人）人口均已超过 10 万，但仍然将毛南族和撒拉族列入扶持范围。因为人口超过标准几千人，其现实生存情况与 10 人万以下的民族并无本质差别。当然，单凭"人口少"不足以概括人口较少民族社会发展的特殊性。当时，以 10 万人进行粗线条的划分确实很有必要，否则研究对象的范围难以确定，实践中更难以开展扶持工作。

随着国家经济的不断发展，从制定政策的需求出发，逐步将需要扶持的民族纳入政策范围。到了出台《扶持人口较少民族发展规划（2011—2015 年）》时，国家的综合经济实力有了显著的发展，想把覆盖面扩大一些，标准由人口在 10 万以下提升到 30 万以下，变成了 28 个人口较少民族，新增了景颇族、达斡尔族、仫佬族、锡伯族、土族、柯尔克孜族 6 个民族。这时，28 个民族的全国总人口数量为 169.5 万人，占全国人口数量的比例为 0.13%。

"人口较少民族"范围的扩大，很大程度上是"十一五"期间经济社会发展比较效应的结果。一是随着我国城镇和农村人均纯收入的提高和生活质量的改善，衡量贫困人口的底线也相应地有所提高；二是 22 个人口较少民族在经过第一轮扶持发展后，其总体发展程度的平均水平等同或超过了新增加的 6 个人口较少民族，形成了"人口较少民族"的新平台；三是这 28 个人口较少民族中，脱贫致富的问题比例均高于全国和民族区域自治地方的平均水平[1]。所以人口较少民族从学术上和政策上来说没有固定不变的定义和概念，是根据国家的经济实力来确定的[2]。

（二）人口较少民族地区

区域指一定空间，有特定政治、自然和经济意义的地域范围。政治上主要指行政区，自然上指自然区，经济上指综合经济与部门经济区[3]。"区域在某种方式上与其他地区有差别，称为区域的不同地区都是假定具有一些共同特性的组合"[4]。区域内部具有一定程度的同质性（Homogene-

---

[1]　郝时远：《中国特色解决民族问题之路》，中国社会科学出版社 2016 年版，第 202 页。

[2]　罗黎明：《全面实现小康 一个民族都不能少》，国家民委网站（http://www.seac.gov.cn/art/2015/5/26/art_ 4603_ 228886. html），2015 年 5 月 26 日。

[3]　柳建文：《"分层分类"与"异质异构"——中国西部大开发的政治经济调控》，民族出版社 2009 年版，第 18 页。

[4]　［美］理查德·哈特向（Richard Hartshorne）：《地理学性质的透视》，黎樵译，商务印书馆 1997 年版，第 129—130 页。

ity），这种同质性可能是地理、经济或文化的，这与区域划分指标相关，划分指标越多元，区域内部的匀质性越高。

经济活动总是发生在具体的空间范围内，根据人口较少民族特点和需求进行分类扶持也是在特定的区域环境内（即人口较少民族地区）。历史上的民族迁徙及人口流动，形成了人口较少民族"大杂居、小聚居"交错而居的格局。这种分布格局的形成，既与其民族起源有关，更与其历史上的社会、政治、经济和战争等因素的影响有关。人口较少民族地区既是某一区域概念，又包含政治内涵，是民族因素与区域因素相结合的产物。

依据《扶持人口较少民族发展规划（2011—2015年）》，人口较少民族地区空间范围指：内蒙古、辽宁、吉林、黑龙江、福建、江西、广西、贵州、云南、西藏、甘肃、青海、新疆13个省（区）和新疆生产建设兵团的人口较少民族聚居区，包括2119个人口较少民族聚居的行政村、71个人口较少民族的民族乡、16个人口较少民族的自治县、2个人口较少民族的自治州。人口较少民族聚居区内28个人口较少民族的人口数量为153.5万人，占28个民族全国总人口的90.6%。可以看出，人口较少民族主要分布在我国的西部地区、陆路边疆地区，同时在内地、东部地区、沿海地区略有分布。我国的人口较少民族自治地方可以分为3种类型：一是以规模较大，聚居地域广阔的地方，建立人口较少民族自治州。二是在省区内的其他聚居性人口较少民族，分别依据人口规模、聚居程度和地理分布建立自治县（旗）。三是在省区内的两个或多个人口较少民族散杂区，建立两个或多个人口较少民族共同自治的县（旗）。依据这样的原则，全国范围内的人口较少民族自治地方包括2个人口较少民族自治州和16个人口较少民族自治县。其中2个民族联合自治的自治州为德宏傣族景颇族自治州，2个民族联合自治的自治县有4个（贡山独龙族怒族自治县、兰坪白族普米族自治县、大通回族土族自治县、民和回族土族自治县），3个民族联合自治的自治县有1个（即积石山保安族东乡族撒拉族自治县），4个民族联合自治的自治县有1个（即双江拉祜族佤族布朗族傣族自治县）。

（三）差别化扶持

差别化扶持是基于不同地区、不同民族或同一民族内部发展不平衡的现实，依据各自的历史基础、文化传统、风俗习惯、地理环境、经济水平、教育程度等方面的特殊性来选择适合人口较少民族自身发展的思路和对策[①]，采取不同措施并加快经济发展的区域发展模式[②]；是依据不同的自然生态环境和社会发育程度，实施适合不同需求发展的指导政策[③]。分类是区分不同性质、不同类别给予差别化政策扶持。不同民族及其聚居区的发展路径不同，表现为扶持政策上应优先发挥本区域的特色资源和区域优势。总之，差别化扶持体现人口较少民族发展的方方面面，是具体问题具体分析的发展观，体现了民族因素与区域因素相结合的特点。

（四）差别化政策

从世界范围来看，美国、德国、印度等许多国家都对本国一些特定群体曾经实行或仍在实行一些特殊的照顾性政策，这些政策在不同的国家称呼尽管不同，但与差别化政策在形式和内容上多有相似之处。从比较社会学的角度，无论是政策实施主体、政策内容、政策持续时间或引起的争议，美国的"肯定性行动"对我国的启发借鉴意义最大。

新中国成立后，中国共产党确立了"各民族一律平等"的总原则，并根据各民族的历史背景和发展现状，确定了"帮助各少数民族的人民大众发展其政治、经济、文化、教育的建设事业"的方略。随后，党和政府作出一系列制度性安排，在政治、经济、社会、文化、教育等多个领域，出台了内容丰富、形式多样的包括人口较少民族在内的民族优惠政策。如政治上实行民族区域自治制度，充分保障了各少数民族的政治权利；经济上采取转移支付、税收减免、对口支援、扶贫开发、优惠贷款等，积极发展经济；文化教育上采取包括少数民族语言文字、建立民族院校、考试加分、优秀录取等，促进少数民族整体教育水平的提高。此外，还对少数民族的宗教节日、丧葬习俗、人口迁移、计划生育等实行倾斜性政策，充分保障少数民族的各项权利，促进民族地区经济社会发展。

新中国成立初期，党和政府在正式文件中使用对少数民族的"帮

---

① 曾豪杰：《少数民族人才资源因族开发战略研究——理论建构及对红河哈尼族人才资源开发的实际分析》，云南大学出版社2011年版，第194页。

② 洪朝栋、沈志锦：《云南少数民族地区的现代化发展》，民族出版社2000年版，第151页。

③ 张晓琼：《人口较少民族实施分类发展指导政策研究——以云南布朗族为例》，民族出版社2011年版，第102页。

助"①、"照顾"②、"补助"③ 等表述。此后，有学者采用"民族倾斜政策""民族倾向性政策""少数民族优惠政策"等不同表述，多数学者采用"民族优惠政策"的表述。如王希恩（2016）将民族优惠政策分为两类：一是因各民族间实施存在不平等而对处于社会经济弱势地位的少数民族进行补偿的"优惠政策"；二是基于文化多样性和尊重少数民族文化而对少数民族特殊对待的"特殊政策"④。

差别化政策正式出现于 2014 年中央民族工作会议上，如"对边疆地区、贫困地区、生态保护区实行差别化的区域政策""充分考虑民族地区的特殊性，在土地使用、金融服务、资本市场建设等方面给予差别化支持"等。差别与差距是有区别的一组概念。差别是民族的属性和特点，如各民族不同的语言、宗教信仰、生活习俗、文化传统、心理特征等。由于不同民族间存在差异，才会区分不同的聚居区类型。从根本上讲，民族间的差异是难以消除的，只要存在民族，就必然存在差别化的属性和特点，如各民族不同的语言、宗教信仰、生活习俗、文化传统乃至心理特征等。差距是因为经济社会发展水平的差异而导致其受教育水平及收入的区别，通过差别化政策可能缩小差距。平等是"差别"间的平等、"差别"间的团结，也是基于"差距"的互助和由此政策而形成的和谐结果。民族政策本质上是"差别化"理念的制度化和政策化。新民主主义时期，中国共产党坚持"差别化"理念去团结和动员各族人民，建立了统一的多民族的社会主义国家。社会主义建设时期，也靠这个理念团结各族人民。习近平总书记指出：多民族是我国的一大特色，也是我国发展的有利因素。各民族所拥有的各种差异，就是这种优势所在和体现，是国家发展的一大有利因素 。强调和发挥这一优势和潜能，既是实现各民族共同富裕的重要保证，也是践行社会主义核心价值观的重要内容。

扶持人口较少民族发展规划与政策的制定既要考虑经济学意义，更离不开政治权衡，其中对政治环境的理解是制定政策的最基本要素。综上，扶持人口较少民族发展政策是政府针对人口较少民族地区所实施的差别化

①　《民族政策文件汇编》（第二编），人民出版社 1958 年版，第 64 页。

②　如自 1953 年开始，国家对少数民族地区农牧业实行轻税照顾。

③　如自 1955 年起，国家设置少数民族地区补助费。

④　王希恩：《问题、视野及道路——关于当前中国民族问题的几点认识》，《西北师范大学学报》（社会科学版）2016 年第 5 期。

政策，是宏观促进人口较少民族地区发展的有效方式和举措。扶持人口较少民族政策主要指经济政策，并兼顾社会、教育、人口等具体政策。

五　研究思路与方法

（一）研究思路

课题研究将遵循"理论分析—政策梳理—实证研究—政策建议"的逻辑思路，研究框架见图1：

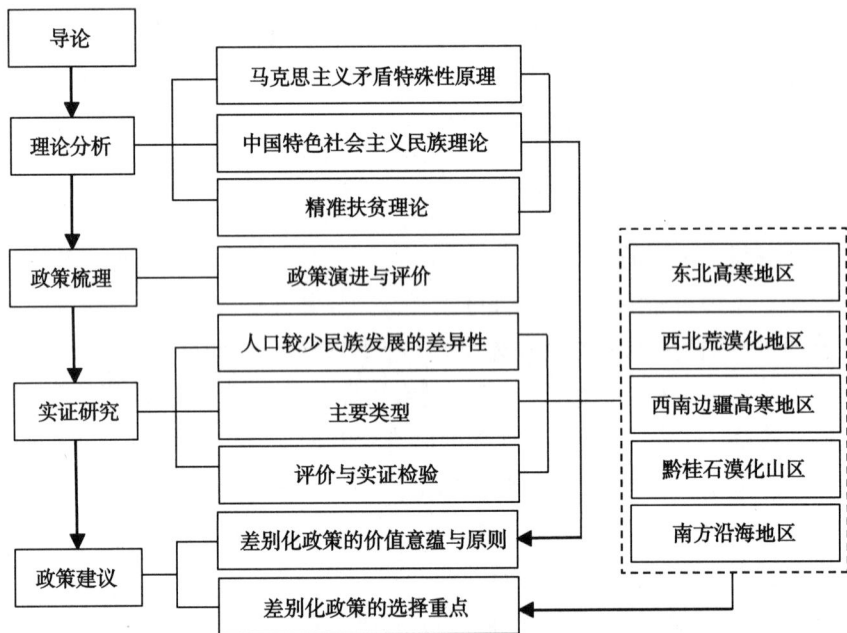

图1　研究思路图

（二）研究方法

1. 文献研究法。通过各种渠道收集与整理国内外相关文件、论著、媒体报道和典型案例，广泛查阅了相关文献以充分掌握人口较少民族发展的研究资料。为更好地学习扶持人口较少民族发展政策的精神，著者参加并认真研读了"扶持人口较少民族研讨会"（2015年5月25日，武汉）和"人口较少民族地区民委系统干部监测统计培训班"（2016年12月29日，大连）的会议材料，系统分析了"十一五"以来国家和各地区制定的扶持人口较少民族发展规划。

2. 比较分析法。比较研究首先体现在把研究对象（人口较少民族）

的特点、要素等进行对比以找出共同点与差别点，并对人口较少民族划分不同的类型。纵向上，分析新中国成立以来扶持人口较少民族发展政策的演变，总结政策演变的特点与启示，从历史视角来研究扶持人口较少民族发展政策的共性和特性问题。横向上，将人口较少民族地区的数据与全国及当地平均水平进行比较，剖析人口较少民族地区发展的短板和瓶颈，在借鉴国外扶持政策经验教训的基础上，为政策的完善创新提供建议和参考。

3. 田野调查法。课题组先后赴德昂族、景颇族、阿昌族、布朗族、京族、毛南族、仫佬族、鄂伦春族、俄罗斯族、达斡尔族、赫哲族、乌孜别克族、塔塔尔族、锡伯族、柯尔克孜族、塔吉克族、撒拉族、土族共18个人口较少民族聚居区进行深入的田野调查，调研地点共涉及云南、广西、黑龙江、新疆、青海5个省（区）以及2个人口较少民族自治州、5个人口较少民族自治县、9个人口较少民族民族乡。通过走村入户访谈，发放调查问卷，掌握了大量第一手资料。为使研究对象更具典型性和代表性，本研究选择了新生鄂伦春族乡、街津口赫哲族乡、独龙族乡作为典型范例进行重点分析。通过召开座谈会、参与观察等质性研究方法，了解收入、贫困发生率等经济数据，以及听取这些民族讲述存在的特殊性困难等内容。这样能更全面科学地识别贫困人群及其贫困特征，调查深入细致，起到"解剖麻雀"的作用。

4. 深入访谈法。课题组先后随国家民委经济发展司扶贫处于2014年对云南省、广西壮族自治区扶持人口较少民族发展"十二五"规划开展中期评估，2016年调研青海省、黑龙江省扶持人口较少民族"两个率先"建设情况，这些田野调查为系统掌握扶持人口较少民族发展政策在地方的实践程度奠定了较为扎实的基础。通过召开座谈会，了解各地"扶持人口较少民族发展工作领导小组"成员单位实施政策与措施的通达性及有效性。听取省一级相关部门关于人口较少民族的分布和发展情况、扶持经验与成效、存在的问题及建议，并选择典型调研点；在县、乡一级相关部门了解项目实施现状、经验得失、存在的困难等；访谈群众及相关利益群体，了解群众对差别化政策的看法、评价及下一步的发展诉求。

5. 定量分析法

（1）数据分析法。利用SPSS 17.0软件对调查问卷进行量化分析，研究扶持人口较少民族发展政策的实施状况、满意度及影响因素等。通过分析国家民委扶持人口较少民族发展动态监测系统、各地统计年鉴与统计公报、政府工作报告的相关数据，比较分析政策实施前后的绩效差异。

（2）层次分析法。采用三级指标体系，构建评价指标标准化模型，评价5种类型的人口较少民族聚居区的发展水平，并由此提出差别化支持政策。

第一章

差别化政策的理论基础

第一节　马克思主义矛盾特殊性原理

辩证唯物主义认为矛盾是对立统一的，是一般与个别、共性与个性、绝对与相对的关系或统一体。人口较少民族发展问题本身就是一个大矛盾，具有普遍性和特殊性，也是共性与个性的统一体。这就一定要坚持马克思主义的思想路线，一切从实际出发，实事求是。运用具体问题具体分析这一马克思主义活的灵魂和最精髓，这是马克思主义认识论的根本要求和具体体现。其哲学依据是马克思主义矛盾特殊性原理，这就要求具体分析矛盾的特点，用不同的方法和政策解决不同的矛盾。

"对加快少数民族和民族地区的发展，既要有高度的历史责任感和紧迫感，又要从实际出发，按客观规律办事。"[①] 从实际出发，就不能"一刀切"，应根据每个行政地理单元、每个民族的特点去创造性地落实政策；按客观规律办事，就是要切实把握发展的必然过程，而不是以人为想象或激进愿望，去简化发展的过程，或简单移植其他地区的发展经验[②]。从实际出发即从变化的客观实际、特点的社会历史条件出发，根据客观世界的本来面目去认识世界而不附加任何的主观成分。从事实问题出发就是要探索事物的内部联系及其发展的规律性，认识事物的本质是民族政策制定、完善与创新的最基本原则[③]。

---

① 朱镕基：《加快少数民族和民族地区发展，把民族团结进步事业推向新世纪》，载国家民族事务委员会、中共中央文献研究室《民族工作文献选编（1990—2002 年）》，中央文献出版社2003 年版，第 219 页。

② 郝时远：《中国特色解决民族问题之路》，中国社会科学出版社 2016 年版，第 194 页。

③ 李俊杰等：《民族经济政策与民族地区发展》，民族出版社 2013 年版，第 2 页。

历史唯物主义和辩证唯物主义认为发展是不平衡的，"不平衡"包括发展速度、发展水平、发展实力上的差距。人口较少民族虽然人口数量少，但分布地域广泛、自然环境复杂多样，经济水平和文化观念各异，扶持人口较少民族发展靠一个文件、一个政策、一个办法解决不了所有问题。不同的情况要用不同的手段、不同的政策。支持人口较少民族差别化发展政策及其实践，体现了将马克思主义民族理论与我国具体实际相结合，体现了根据不同民族发展情况来因族举措、因地制宜，体现了实事求是的精神。扶持人口较少民族发展政策是整个国家民族政策的重要组成部分，从宏观上来说，同一般国民经济发展政策的实质是一致的，旨在加快经济发展，提高人口较少民族群众的生活水平，缩小与其他地区的差距。但同一般的经济政策相比，又在政策环境、政策主体、政策内容上具有特殊性。

一　政策环境上的特殊性

民族因素是多民族国家公共政策运行中不可忽视的环境因素。世界上，国民结构为多民族、多族裔（移民）的国家比比皆是，都存在着不同复杂程度的民族环境。作为一个多民族国家，各民族的发展很不平衡、不充分，客观存在的民族环境因素要求政府必须制定切实可行的差别化政策并有效实施。新中国成立以来，我国民族政策的实施取得了很大成效，同时，国家制定和实施公共政策时充分考虑了民族因素。我国经济环境的特殊性对差别化扶持政策提出了特殊要求：（1）虽然各时期民族经济政策的内容有所不同，但更多地受国家发展战略的影响。原先在计划经济时期对民族地区的一些优惠政策逐渐失效，人口较少民族的发展也要遵循市场经济的一般规律。因此，只有将人口较少民族经济发展模式、发展战略与国家的发展战略结合起来，才能更有效地促进人口较少民族跨越式发展。（2）差别化政策的制定与实施效果深受文化和生态环境的影响。因此，在实行市场经济时，要坚持公平导向，除国家加大对人口较少民族地区发展政策的倾斜力度外，还要制定符合市场经济规律的优惠政策。

二　政策主体和内容上的特殊性

对人口较少民族进行单独研究，并提出有针对性的差别化政策，在类型学上具有一定的特殊性。人口较少民族发展面临的困难，或多或少都与这些民族所处的自然地理环境和民族特点有联系。人口较少民族的特殊性主要表现在：

1. 从经济发展来看，人口较少民族发展主要受地理环境的制约和传统生计方式的影响。我国地域辽阔，边疆地区自然资源丰富，形成了许多独特的经济条件。如生态环境和生物品种的多样性，导致了依赖当地资源生存的人口较少民族形成了多样的生计方式，有的形成了与民族发展高度融合的产业。像生活在大兴安岭地区的鄂温克族擅长饲养驯鹿；生活在三江平原地区的赫哲族擅长渔猎业；南方山地民族的独龙族、怒族从事刀耕火种的山地农业。这些生计方式的产生和延续与人口规模小和一定的环境承载力密不可分。当人口压力增加和环境资源改变后，传统生产方式就难以为继，需要进行产业结构调整或转产。转产不仅意味着整个民族要放弃传统的生产方式，而且意味着某些传统文化传承的断裂。对一个民族而言，这无疑是一次历史性转变。顺利实现这种转变，需要从学理上进行探究①。

2. 从文化发展来看，影响人口较少民族文化发展首要因素是人口数量。人口较少民族文化特色各异，是中华文化的重要组成部分。在现实中，不同民族文化遇到的问题和发展机遇各不相同。由于受众面小，缺乏经济实力和现代传媒手段的支持，人口较少民族文化的发展空间和影响有限。如国家法律虽规定了各民族有使用和发展本民族语言文化的自由，但一个人口很少的民族，在使用本民族语言进行教学和新闻出版等方面遇到的问题，与人口超百万人的民族遇到的问题是截然不同的。尤其是文化进行产业化经营时，人口较少民族的文化发展常缺乏经济利益的驱动，面临着比人口较多民族更大的困难。"多元一体"格局彰显了人口较少民族在中华民族的重要地位，不因人口数量少而可有可无，更不能漠视人口较少民族的文化保护与传承。

3. 从社会发展来看，人口较少民族所处地理环境较为封闭，生活方式较为落后。新中国成立后，人口较少民族同步进入社会主义社会，生产关系发生重大变革。但与现代化的要求相比，"等靠要"思想仍普遍存在，一些落后的观念和思维仍制约着其发展进程。全球化和现代化意味着知识化、专业化、工业化和城镇化，也意味着社会组织化程度更高以及社

---

① 王铁志：《德昂族经济发展与社会变迁》，民族出版社 2007 年版，《序》第 6 页。

会结构变得更复杂。而有的民族经济结构和社会结构较为简单，群体规模小，比起那些以集约农业为主，或有工商业基础的民族来说，要实现这种转变就更为困难。

我国民族地区地域辽阔，各民族经济发展水平和传统文化不尽相同，在制定扶持人口较少民族政策时，既要考虑政策的普遍性、统一性，又要考虑政策的特殊性、灵活性。如民族平等、民族团结政策带有原则性，必须坚持普遍性原则，维护政策的统一性。但在制定发展民族经济、民族文化等方面的具体政策时，为了政策目标的顺利实现，还要考虑政策的特殊性和灵活性。如果只强调政策的统一性，就很难兼顾各地的特殊情况。改革开放以来，在实事求是思想路线指引下，国家有关部门在制定涉及人口较少民族的全国性政策时，一般都在政策条文中对民族地区如何执行进行特殊规定，或规定由民族地区根据本地区实际，按有关法律法规提出意见或方案，报请有关部门批准后变通执行或不执行。中央及其有关部门在制定专门的民族政策时，也尽可能考虑不同地区的情况，如农区与牧区、内地与边境地区等，以增强政策的针对性。

2014年中央民族工作会议指出，既不能忽视民族差异用行政手段强行推进，也不能无视民族共性放弃引导，尊重民族差异而不强化差异，保持民族特性而不强化特性，促进各民族交往交流交融。我国的民族政策有其实施范围的特殊性，同时又融入国家政策的普遍性。扶持人口较少民族政策是国家统一的经济发展政策之一，其体现的规模和意义并非是政策"倾斜"或"照顾"的结果，而是根据人口较少民族特点及其文化价值比较的产物，是对"各民族为中华文化的发展进步做出了自己贡献"的证明[1]。

新中国成立以来，党和政府始终关心帮扶人口较少民族发展，制定了一系列差别化扶持政策。当前，人口较少民族地区的主要矛盾是群众日益增长的美好生活需要和不平衡不充分的发展之间的矛盾。差别化扶持政策的主要任务是提升发展水平、增强发展内生动力、传承弘扬传统文化[2]。

---

① 国家民族事务委员会、中共中央文献研究室：《民族工作文献选编（2003—2009年）》，中央文献出版社2010年版，第341页。

② 青觉、严庆、沈桂萍：《现阶段中国民族政策及其实践环境研究》，社会科学文献出版社2011年版，第137—138页。

第二节　中国特色社会主义民族理论

新中国成立后，党和国家制定和实施了民族平等、民族团结、民族区域自治、各民族共同发展繁荣等一整套中国特色的民族政策，包括人口较少民族在内的各民族的政治、经济、文化、社会等方面发生了翻天覆地的变化，充分体现了社会主义制度和党的民族政策的巨大优越性。2013 年，习近平总书记在全国宣传思想工作会议上指出，每个国家和民族的历史传统、文化积淀、基本国情不同，其发展道路必然有着自己的特色。2014 年，习近平总书记在中央民族工作会议上，将这套法律、制度、政策高度概括为"中国特色解决民族问题的正确道路"，这是共产党立足于"尊重历史、符合国情、顺应人心"作出的历史抉择①，是中国特色社会主义道路的有机组成部分。

当今世界民族问题最核心的是发展问题，发展问题最核心在于实现平等，而消除不平等要依靠特殊政策、实施优惠性政策。列宁讲只有用不平等的原则才能消除各民族经济、文化事实上的不平等。斯大林认为"事实上的不平等仍然是一切不满和摩擦的根源"②。一般来说，社会公共政策是覆盖社会问题某一领域，以解决这一专门领域的普遍性问题为己任的。而民族政策几乎覆盖了社会管理领域的各项工作，它是为专门解决有关领域一般政策解决不了的少数民族特殊问题而制定的的特殊政策。准确把握民族问题的特殊性决定了民族政策的得失和民族工作的成败③。

我们党历来高度重视民族问题，坚持把马克思主义同我国民族问题的具体实际相结合，走出了一条中国特色解决民族问题的正确道路。国家宪法规定各民族一律平等，这个平等包括政治上的平等、经济上的平等、文化上的平等和事实上的平等。新中国成立后，党和国家在坚持民族平等团结的基础上，把"两个共同"作为中国特色社会主义民族理论和民族政策的根本立场和最终归宿。历来主张各民族无论大小、人口多少、发展水平

---

① 郝时远：《中国特色解决民族问题之路》，中国社会科学出版社 2016 年版，第 15 页。

② 中共中央马克思、恩格斯、列宁、斯大林著作编译局：《斯大林全集》（第 5 卷），人民出版社 1957 年版，第 200—201 页。

③ 王铁志：《新时期民族政策的理论与实践》，民族出版社 2001 年版，第 306 页。

高低，都应在党的领导下走共同发展的道路，让各族群众得到发展和进步。

毛泽东在解决中国民族问题的过程中，提出了一切从实际出发，实事求是，注意少数民族的特殊性，正确处理民族问题上的两类不同性质的矛盾等思想，是对马克思主义民族理论的重要发展。原则性和灵活性、共同性和特殊性相结合，是毛泽东民族工作方法的一大特点。"少数民族在政治、经济、文化上都有自己的特点"。"少数民族问题有共同性，也有特殊性"①。"共同的就适用共同的条文，特殊的就适用特殊的条文"②。"按照各民族不同地区的不同情况进行工作"③ 是毛泽东民族工作原则和方法的重要方面。周恩来指出："帮助少数民族经济和文化的发展，使各民族能够逐步达到实际上的平等，是我们历来所主张和执行的政策"，"如果少数民族在经济上不发展，那就不是真正的平等。所以，要使各民族真正平等，就必须帮助少数民族发展经济"④。帮助发展少数民族经济是邓小平的一贯思想，他十分注重少数民族地区因地制宜发展经济，强调要制定符合少数民族和民族地区实际的政策。在确定西南民族地区经济政策时，邓小平指出："我们对少数民族地区确定了一个原则，就是在汉族地区实行的各方面的政策，包括经济政策，不能照搬到少数民族地区去，要区分哪些能用，哪些修改了才能用，哪些不能用。要在少数民族地区研究出另外一套政策，诚心诚意地为少数民族服务"。⑤ 1980 年，他在谈到农村政策时说："所谓因地制宜，就是说那里适宜发展什么就发展什么，不适宜发展的就不要去硬搞。像西北的不少地方，应该下决心以种牧草为主，发展畜牧业。……从当地具体条件和群众意愿出发，这一点很重要。……宣传好的典型时，一定要讲清楚他们是在什么条件下，怎样根据自己的情况搞起来的，不能把他们说得什么都好，什么问题都解决了，更不能要求别的地方不顾自己的条件生搬硬套。"⑥ 江泽民立足于发展是第一要务，指

①　毛泽东：《关于中华人民共和国宪法草案》，1954 年 6 月 14 日。

②　同上。

③　《毛主席接见西藏国庆观礼团时的讲话》，《新华日报》1954 年 7 月。

④　周恩来：《要尊重少数民族的宗教信仰和风俗习惯》，载中共中央文献研究室、中共新疆维吾尔自治区委员会《新疆工作文献选编（1949—2010）》，中央文献出版社 2010 年版，第 145 页。

⑤　《邓小平文选》（第 1 卷），人民出版社 1994 年版，第 167 页。

⑥　《邓小平文选》（第 2 卷），人民出版社 1994 年版，第 316—317 页。

出："加快发展少数民族和民族地区的经济文化等各项事业，促进各民族的共同繁荣，这既是少数民族和民族地区人民群众的迫切要求，也是我们社会主义民族政策的根本原则。"① 胡锦涛指出："坚持因地制宜、因族举措、分类指导，制定并实施符合少数民族和民族地区实际的政策措施"。② 民族地区正是坚持了自身特点，因地制宜，发展既有特色又取得了伟大成就。党的十八大以来，以习近平总书记为核心的党中央高度重视少数民族和民族地区的发展问题，先后提出"全面实现小康，少数民族一个都不能少，一个都不能掉队"③、"维护一统而又重视差别的理念，对中华民族的形成和发展至关重要"④ 等一系列科学论断；为新时代促进人口较少民族地区跨越式发展开拓了新视野，提供了强有力的理论支撑。

西部大开发政策是典型的差别化政策。西部地区是我国最复杂的地区，自然地理、生态环境、气候条件多样、民族众多、文化殊异、经济方式多样。但总体上发展水平较低，城镇疏远、交通闭塞、农牧业人口比重高且教育程度低，等等。在复杂多样的发展环境中，国家确立的西部大开发政策既在总体上体现了东西部区域性的差别化特点，又在西部大开发政策总体一致的基础上针对不同地区、不同民族的特殊性。这种针对地区、区位、民族等不同条件，实行因地制宜、因族制宜的差别性政策，使西部大开发政策形成了点面结合、纵横交错的差别化有机结合⑤。其中，以专项政策覆盖了"兴边富民行动"的线性区域，"扶持人口较少民族发展"的点状区域、"集中连片特困地区"的重点区域。同时对各自治区和少数民族人口规模较大的省份，也实施了差别化的区域政策。诸如《国务院关于进一步促进宁夏经济社会发展的若干意见》（2008）、《国务院关于进一步促进广西经济社会发展的若干意见》（2009）、《国务院办公厅关于进

---

① 江泽民：《加强各民族大团结　为建设有中国特色的社会主义携手前进》，载刘先照等，民族出版社 1994 年版，第 251 页。

② 胡锦涛：《在中央民族工作会议暨国务院第四次全国民族团结进步表彰大会上的讲话》，《人民日报》2005 年 5 月 28 日。

③ 《习近平同志帮助福建少数民族群众脱贫致富纪事》，新华网（http://news.xinhuanet.com/politics/2015-11/23/c_ 1117222089. htm），2015 年 11 月 23 日。

④ 巴特尔：《奋力实现中华民族一家亲 同心共筑中国梦——深入学习贯彻习近平总书记关于民族工作的重要论述》，《求是》2017 年第 9 期。

⑤ 郝时远：《中国特色解决民族问题之路》，中国社会科学出版社 2016 年版，第 194—195 页。

一步支持甘肃经济社会发展的若干意见》（2010）、《国务院关于进一步促进内蒙古经济社会又好又快发展的若干意见》（2011）、《国务院关于支持云南省加快建设面向西南开放重要桥头堡的意见》（2011）、《国务院关于进一步促进贵州经济社会又好又快发展的若干意见》（2012）等文件精神，正是这种差别化区域政策的体现。而这些组合性政策所覆盖的区域，都是少数民族聚居程度高、民族区域自治地方最集中的地区。总之，西部大开发战略的实施既有总体的方针政策，又有专项的政策和规划，具有统一与多样、宏观与微观政策组合的特点。在这种政策组合中，针对各少数民族聚居地区的因地制宜政策，形成了西部大开发战略中引人瞩目的差别化区域政策①。其中既有针对省区的专项政策指导，又有针对西藏、新疆地区的特殊政策安排；既有解决西部地区普遍性问题，如贫困问题的国家统一政策，又有针对特定区位、特定民族的专项政策实践，其中"扶持人口较少民族发展""兴边富民行动"等政策最具代表性。

最初，国家对总人口65万人的22个少数民族实施专项扶持政策，其特殊意义不仅在扶贫，因为65万人在全国7000多万贫困人口中也可谓"微不足道"。但如果从中华民族大家庭来看，这22个民族数量占56个民族的比例达到了40%。因此，扶持人口较少民族发展政策的核心是为了实现各民族一律平等，这是我国民族平等观的基本内涵，也是中华民族大家庭成员"一个也不能掉队"的国家政策保障②。扶持人口较少民族发展恰恰体现了用不平等的原则来解决并实现平等问题，让人口较少民族实现跨越式发展和和高质量发展。从这个意义上说，扶持人口较少民族发展不仅是经济上的帮扶，而且体现了宪法"各民族一律平等"的精神，体现了党的民族理论和民族政策的宗旨。

第三节　精准扶贫理论

2013年11月，习近平总书记在湘西十八洞村首次提出了"精准扶贫"理论。精准扶贫的最基本要义是扶贫要实事求是，因地制宜，分类

---

① 郝时远：《中国特色解决民族问题之路》，中国社会科学出版社2016年版，第212—213页。

② 同上书，第201页。

指导，扶贫政策和举措要因户施策，关键是实现从"大水漫灌"到"精准滴灌"①。精准扶贫包括"六个精准"，涉及扶持对象精准、项目安排精准、资金使用精准、措施到户精准、因村派人精准、脱贫成效精准6个关键环节。2015年，习近平总书记提出的"四个一批"的分批分类扶贫思想是精准扶贫理论的基础工具②：（1）发展生产和就业脱贫一批。即通过业务培训和培育，因地制宜制定特色产业，帮助一批具备产业条件的贫困户迅速脱贫。（2）移民搬迁安置一批。即对居住自然条件恶劣、"一方水土养活不了一方人"、不具备基本脱贫条件的贫困户，分批搬迁到交通相对便利、自然条件相对较好的地区。（3）低保兜底一批。对劳动能力低下或丧失劳动能力的贫困户，通过民政救助等方式来保障其基本生活。（4）医疗救助扶持一批。缓解贫困户的医疗压力，杜绝因病致贫、因病返贫。精准扶贫是方向，也是不断反复和深化的探索过程。致贫因素极其复杂，应抓住"因贫施策"这个精髓③。

扶持人口较少民族发展政策既要认真考虑各地自然环境对发展的制约因素，也要关注特定区域特定民族的具体需求，即不同地域的人口较少民族的贫困治理应着眼长远、立足现实，处理好共性与个性的关系，力争做到"一山一策""一族一策"，在贫困治理中进一步凸显针对性和时效性。

扶持人口较少民族发展既是我国消除贫困事业的组成部分，也是国家力量具体细微地深入少数民族基层社会、村落家庭的一项惠民工程。这项工程在实践中，又因地制宜地体现为"一族一策""一村一策""一寨一策"等具体措施。扶持发展的"一减少""二达到""三提升""五通十有"等80多项具体指标不仅在全国的扶贫事业中具有普遍意义，对人口较少民族的发展也具有十分特殊的意义④。

---

① 汪三贵、郭子豪：《论中国的精准扶贫》，《贵州社会科学》2015年第5期。

② 唐任伍：《习近平精准扶贫思想阐释》，《人民论坛》2015年第30期。

③ 范小建：《"扶贫"主题下的三次发言》，《中国政协》2016年第2期。

④ 郝时远：《中国特色解决民族问题之路》，中国社会科学出版社2016年版，第200—201页。

第二章

扶持人口较少民族发展政策的演进与评价

我国历朝历代都非常重视不同类型民族地区的特点，十分重视习俗不同、信仰各异的少数民族问题，采取分类治理的方针，推崇"修其教不易其俗，齐其政不易其宜"，实行"从俗从宜、各安其习"政策。无论是政治上的土官、土司制度，还是经济上的移民屯垦、盐铁开发、茶马互市政策以及建设交通驿传网络，大都"从俗而治、因需而设"，"以绥靖荒服、柔怀远人"。同时，加强文化浸润，以兴办学校、提倡儒学、教化人民、化导民俗等政策逐渐"以夏蛮夷"。这虽是统治王朝出于对国家安全、边疆稳定和领土完整的考虑，但客观上促进了边疆地区经济社会发展、民族团结和睦以及各民族对中央政府的高度认同①。

中国共产党扶持人口较少民族发展不同于历史上的道义性扶贫，而是社会主义制度的内在要求。新中国成立以来，党和国家制定了一系列的政策措施，促使少数民族地区加快发展步伐，提高经济社会发展水平。这些政策主要包括：优先发展民族地区基础设施建设、加大对民族地区的财政支持力度、加大对民族地区的对口支援力度、加强少数民族扶贫工作、扩大少数民族地区的对外开放、开展"兴边富民行动"、实施西部大开发战略、加大对人口较少民族扶持力度、保护与发展少数民族特色村寨等②。从社会认知和支援来看，人口较少民族发展的特殊性困难由来已久，新中国成立后，党和国家帮扶民族发展的政策均涉及人口较少民族；但将人口较少民族发展问题作为一个类型专门制定特殊政策则起始于《扶持人口

---

① 张晓琼：《人口较少民族实施分类发展指导政策研究——以云南布朗族为例》，民族出版社2011年版，第35页。

② 丁咚：《中国共产党的民族理论与政策研究（1978—2009）》，博士学位论文，南开大学，2012年。

较少民族发展规划（2005—2010 年）》。

第一节　扶持人口较少民族发展政策的演进

人口较少民族发展政策的形成与演变，既受不同时期国际环境的作用与影响，又受不同历史阶段国内政治、经济、文化等特定环境的影响和制约，特别是受改革开放与市场经济的影响最大[①]。扶持政策过程大体上分为 5 个阶段，每个阶段因任务与目标的差异，呈现出不同的特点与规律。

一　地方探索期（1949—2000 年）

新中国成立时，人口较少民族经济社会发展程度差异大，几乎包括了各个社会发展阶段（见表 2.1)[②]。大部分民族进入了封建社会，塔塔尔族、乌孜别克族、俄罗斯族等民族的资本主义经济有了一定发展，但相当一些民族的社会发展程度还十分落后。如珞巴族、赫哲族、鄂伦春族、鄂温克族、景颇族、独龙族、怒族、德昂族、布朗族、基诺族共 10 个"直过民族"处在原始社会末期；门巴族保持着农奴社会的特点。这些民族在政治、经济和文化上，尤其是社会生产力的发展程度，同较先进的汉族有相当大的差距[③]。这些民族未经过完整的社会发展阶段，社会发育程度偏低。在自然经济向市场经济转化以及传统农业向现代农业转化过程中，人口较少民族在思维方式、心理素质、应变能力上显得极不适应，并导致市场适应能力差、自我发展潜力低。虽然生产资料的占有形式发生了改变，但人口较少民族的生产力水平依然低下，社会分工和市场经济不发达[④]。因此，任何现实生产力都是对以往生产力的继承，其经济发展也离不开原有的经济基础，发展基础起点的高低决定着今后发展进程的快慢。

[①]　青觉、严庆、沈桂萍：《现阶段中国民族政策及其实践环境研究》，社会科学文献出版社 2011 年版，第 136—137 页。

[②]　耿新：《精准扶贫的差别化政策研究——以扶持人口较少民族发展为例》，《中国农业大学学报》（社会科学版）2017 年第 5 期。

[③]　金炳镐、韩敏、裘圣愚：《中国共产党民族政策 90 年》，辽宁民族出版社 2014 年版，第 144 页。

[④]　耿新：《精准扶贫的差别化政策研究——以扶持人口较少民族发展为例》，《中国农业大学学报》（社会科学版）2017 年第 5 期。

表 2.1　　　　　　　新中国成立时人口较少民族社会形态的初始禀赋①

经济形态	生产力特征	民族
1. 原始社会经济	原始简陋的生产工具和耕作生产技术	珞巴族、赫哲族、鄂伦春族、鄂温克族、景颇族、独龙族、怒族、德昂族、布朗族、基诺族
2. 农奴制经济	铁木工具、简单粗放的耕作技术和方式	门巴族
3. 封建地主经济	广泛使用铁制工具，出现农业和手工业的分工	高山族、裕固族、保安族、撒拉族、京族、普米族、阿昌族、塔吉克族、毛南族、达斡尔族、柯尔克孜族、锡伯族、仫佬族、土族
4. 资本主义经济有一定的发展	开始使用旧式机器	塔塔尔族、乌孜别克族、俄罗斯族

　　事实上，新中国对小民族一直采取扶持帮扶的政策，多数民族也普遍持有"帮助小民族"的愿望②。该时期，尚未将人口较少民族作为一个特殊群体列入政策扶持范围，但民族区域自治制度、民族地区民主改革中均可以看出分类扶持思想的端倪。民族区域自治制度是保障少数民族当家作主的基本制度，是中国共产党人把马克思主义理论与民族地区社会发展历史相结合的一项创造③，是分类扶持的保证。民族区域自治政策不同于以单一民族为基础、各民族轻易分离的联邦制，也不同于名义上保护、实际上把少数民族隔离于偏远落后地区，使其远离现代文明的"保留地"。民族区域自治政策使得无论人口数量多寡、族群大小和聚居程度，少数民族的发展意愿和发展权利均得到充分保障，文化发展的差异性均得到承认和尊重。民族区域自治强调"地域"的重要性，在给定地域中确定一个"主导族群"，它可能是人口的少数，也可能是多数，以此族群为主导，形成以地域为基本单元的社区（自治地方）。自治区域范围内的人口差别不大，十分有利于大民族与小民族间的平等往来。小民族因政治上处于主

---

① 资料来源：根据有关资料整理。

② 于长江：《小民族，大课题——以赫哲族为例》，《北京大学学报》（哲学社会科学版）2001 年第 1 期。

③ 任新民、张晓琼：《新中国成立初期我国在西南边疆少数民族地区实施分类指导政策的探索与实践》，《西南边疆民族研究》2010 年第 1 期。

导地位，弥补了其在人口数量和发展水平上的弱势地位[①]。民族区域自治制度的实施揭开了分类扶持民族地区发展的序幕，并为实施差别化政策提供了根本保证。

民族地区民主改革和社会主义改造是新中国成立后实施的一场意义深远的政治、经济和社会变革[②]，这场变革使社会发展程度各异的民族地区建立了社会主义制度，共同跨入了社会主义社会。具体来说，在"慎重稳进"方针指导下，党和国家根据民族地区社会发展阶段的不同特点，实施了5种不同的政策：一是农业区采取没收土地方式。对东北、内蒙古、西北、西南的大部分少数民族农业区采取与汉族地区大致相同的做法，即广泛发动群众，没收地主土地，给无地或少地的农民分配土地，坚持"依靠贫农，团结中农，中立富农，有步骤地、有分别地消灭封建制度，发展农业生产"的方针。二是牧区实行赎买政策。牧区不同于农业区，牲畜的动产性质决定了不能采取与土地等不动产相同的措施。根据塔吉克族、塔塔尔族、裕固族和部分鄂温克族牧区的社会经济特点，采取了比农业区更缓和的赎买政策，即保护农场和畜群、实行牧场共有、放牧自由、三不两利、帮助贫困牧民积极发展生产。三是农奴区实施和平赎买。对四川藏族、彝族地区和甘肃、青海藏族地区仍保留封建农奴制和奴隶制的地区，采用更宽松、方式更温和的和平赎买方式。根据群众意愿，经过与人民群众有联系的爱国人士和接受党和政府政策的上层人士充分协商同意后进行。对接受改革的封建主和奴隶主，不进行面对面的斗争，只没收多余土地，不征收其多余财产，并预先留给他们一份土地；如当地群众确实需要，由政府出钱购买，然后分配给劳动人民；政治上不但给予剥削者选举权和被选举权，而且适当安排有影响的人物。只要农奴主和奴隶主不再压迫和剥削人民，愿意接受改革，政府确保其政治待遇和生活水平不下降。对藏区寺庙的政策则更慎重，寺庙的耕地不变动，政府不干预群众对寺庙的劳役负担，寺庙也不能强迫群众[③]。四是边疆地区采用和平协商

---

①　于长江：《小民族，大课题——以赫哲族为例》，《北京大学学报》（哲学社会科学版）2001年第1期。

②　嘉日姆几：《民主改革的思想历程——20世纪中叶中国共产党少数民族社会改革思想研究》，《思想战线》2011年第2期。

③　郑长德：《中国少数民族地区的后发赶超与转型发展》，经济科学出版社2014年版，第66页。

方式。阿昌族、普米族、傣族、哈尼族、拉祜族、藏族及部分彝族、纳西族等聚居的边疆民族地区，历史遗留的民族隔阂问题较深，上层人士在群众中影响较大，实践中采用和平协商方式废除封建领土制度。即与当地民族上层人士反复协商，说服他们不再压迫和剥削劳动人民，教育劳动人民对上层做必要的让步，不开展面对面的诉苦斗争，不没收土地以外的生产资料等。五是"直过民族"采用直接过渡方式。新中国成立时，云南独龙族、基诺族、部分怒族、景颇族、德昂族、布朗族以及东北地区的鄂伦春族、鄂温克族等，仍保留着浓厚的原始公社制残余，这些民族位于高寒山区、交通不便，生产力水平低下，历史上长期受其他大民族的统治和压迫。党和政府决定不对其进行系统的民主改革，而是在政府和兄弟民族的扶持下，发展互助合作，发展生产和文化事业，逐步改造原始落后的生产要素和旧的生产关系，从而跨越数个社会阶段直接过渡到社会主义。

党和国家从民族地区的具体情况出发，对5种不同类型地区的分类民主改革政策的实践，成功解决了不同发展水平和不同区域的少数民族共同进入社会主义社会的问题。探索出一条分类扶持发展和分门别类实施民主改革的模式。这在少数民族数量最多、发展程度差异性最大、民族文化最多元的云南省表现尤为突出[①]。

1958年的"大跃进"，使适合不同民族社会发展程度与需求的分类扶持政策未能持续下去。在"大跃进"和人民公社化运动的浪潮中，"直过地区"开始建立人民公社，办公共食堂、大炼钢铁，划阶级成分，批斗头人和山人，追缴土地、耕畜、武器和浮财，机械照搬"左"的做法，抛弃了"慎重稳进"的方针。结果造成了边疆少数民族的思想混乱和生产混乱，大量边民外流，社会发展遭受挫折。1959年，云南省出台的《关于边疆民族地区人民公社及有关若干问题的决定》要求边疆民族地区办社规模不宜过大。随之《关于边疆当前生产合作社及人民公社有关问题的报告》指出：人民公社只能在"直过区"条件好的地方办1—2个，其他地方办互助组。因此，云南决定在"直接过渡"民族地区停办人民公社，不再划分阶级，沿边一带可以退出公社。从此，许多边疆社会趋于

---

① 张晓琼：《人口较少民族实施分类发展指导政策研究——以云南布朗族为例》，民族出版社2011年版，第77—79页。

稳定，外流边民逐渐回归①。

　　改革开放之初，中央对包括人口较少民族在内的民族地区的支援政策，特别是建立东部对西部的对口支援机制，对促进人口较少民族及其聚居区的经济社会发展具有重大意义。这是在改革开放的全国统一布局中，对民族地区实施的差别化政策。这些政策措施既体现了从民族地区实际出发的科学态度，又体现了中央通过制定特殊政策缩小地区差距、民族差距，实现各民族共同富裕的目的。20 世纪 80—90 年代，国家先后出台了一些涉及人口较少民族发展的民族优惠政策，特别是 1999 年以后，国务院有关部委在各自领域和部分省（区）试点扶持人口较少民族发展，从而为扶持人口较少民族发展规划的实施奠定了坚实的实践基础。为保障人口较少民族的平等权利，1987 年，中共中央和国务院批转的《关于民族工作几个重要问题的报告》提出"重视未实行民族区域自治的赫哲族、俄罗斯族、德昂族等 11 个少数民族的工作。这些民族人口很少，更要注意认真贯彻民族平等政策，搞好团结。在经济、教育、文化事业上，给予更多的关心和照顾"，要"切实了解少数民族地区的自然特点、产业特点和民族特点"②。由于历史原因，各民族不仅居住的自然环境有所不同，产业结构和特点也不一样，这些都是影响经济发展的因素。"北部多为干旱半干旱区、西部的青藏高原是高寒地区，西南地区多为岩溶石地区。上述地区发展种植业困难较多，但却具有多种经营，发展商品经济的有利条件。从产业特点上看，北部、西部绿洲农业占的比重较大，草原畜牧业基本上都在少数民族地区；南方和北方的部分少数民族地区林业资源丰富，有多种经济林木和土特产品；大部分少数民族地区能源、矿产、建材和原材料加工业前景广阔。……只有真正认识了少数民族及其他地区的特点并及时掌握其变化，才能提出切实可行的建议，使党的大政方针在少数民族

---

① 张晓琼：《人口较少民族实施分类发展指导政策研究——以云南布朗族为例》，民族出版社 2011 年版，第 86 页。

② 国家民委办公厅、政策法规司、政策研究室：《中共中央、国务院批转〈关于民族工作几个重要问题的报告〉》，载《中华人民共和国民族政策法规汇编》，中国民航出版社 1997 年版，第 51 页。

地区具体化"①。

此后，内蒙古自治区和黑龙江省对当地"三小"或"五小"民族给予专项政策扶持。1993年，国家民委教育司调研了赫哲族和裕固族的教育发展问题，调研成果推动了政府注意扶持人口较少民族教育发展，使这两个民族提前两年完成了普九任务。1999年，云南省指出"对人口规模小，居住集中，经济社会发展严重滞后，贫困程度深的少数民族，要给予特别重视，采取更加特殊的措施积极解决其经济社会发展问题"②，并提出各部门要根据实际进一步制定出扶持民族自治地方，特别是民族特困县和边境县及散杂居民族地区发展的优惠倾斜政策。通过实施空前的倾斜性政策，从松散性、临时性扶持转向集中性、长时间的扶持，从单维扶持经济转向扶持社会发展。

新中国成立时，国家宏观战略和微观政策措施多聚焦少数民族整体和民族自治地方的发展问题，对特殊性强的人口较少民族关注和倾斜照顾不够。在地方探索阶段，出现了帮助鄂伦春族下山定居、使鹿"鄂温克"生态移民政策、赫哲族转产政策、"两山"综合扶贫开发试点、整乡推进整族帮扶等影响大、特点突出、效果显著、有代表性的扶持模式。

（一）鄂伦春族下山定居政策

鄂伦春族是我国定居最晚的少数民族之一，居住在大兴安岭附近的鄂伦春族深受历代统治阶级压迫和民族歧视，过着居无定所、宿无房舍的游猎生活。下山定居改善鄂伦春族群众的居住环境，便成为党和政府在鄂伦春族地区民主改革的重要任务。1953年，黑龙江省300多户、1303名鄂伦春同胞下山定居，告别了世代狩猎和"衣靠兽皮食兽肉，'斜人柱'内把家安"的历史。下山定居是鄂伦春族发展史上的里程碑事件，它不仅让鄂伦春族群众过上了居有定所的生活，也有力地推动了整个民族的发展。1996年，内蒙古鄂伦春自治旗颁布了"禁猎转产政策"，鄂伦春族从所热爱的传统狩猎的谋生手段向新的谋生手段转变。猎民免费医疗与医疗保险走在全国前列，自1951年内蒙古鄂伦春自治旗建立以来，鄂伦春族就一直享受免费医疗政策。

---

① 国家民委办公厅、政策法规司、政策研究室：《中共中央、国务院批转〈关于民族工作几个重要问题的报告〉》，载《中华人民共和国民族政策法规汇编》，中国民航出版社1997年版，第51页。

② 中共云南省委、云南省人民政府关于进一步做好新形势下民族工作的决定。

（二）使鹿鄂温克"生态移民"政策

使鹿鄂温克在长达 300 年的历史中一直居住在额尔古纳河以东、大兴安岭西北麓的原始森林中过着狩猎生活。虽生活自由自在，但却因长期与世隔绝，面临生产力水平低、生存环境艰苦而危险等问题，这对民族的发展与繁衍有诸多不利影响。新中国成立后，国家出于对鄂温克族未来繁荣与发展等多方面因素考虑，开始规划鄂温克猎民的定居问题。从 1959 年起，在政府的两次帮助和安排下，部分猎民被迁置到敖鲁古雅为猎民们建起的"木刻楞"定居房中，并在乡政府所在地建立医疗、商店等基础设施。同时为猎民开辟新猎场，配发了枪支和子弹，这使猎民们开始了山上打猎、山下生活的二元结构生活。这次定居使生活在大山深处的鄂温克人走出了森林，接受着外部新文化的冲击，对鄂温克人的生活方式影响很大。由于鄂温克居住地需要有人管理，并受这里丰富多样的生活条件的影响，许多外地居民也被吸引到这里来，这就扩大了鄂温克人同其他民族的通婚范围，加上鄂温克子女在接受义务教育时采用住校，使一部分鄂温克人逐渐改变了传统生活方式。

（三）赫哲族转产政策

赫哲族自古以来以渔猎为主、以采集为辅。新中国成立后，政府为赫哲族群众修盖住房、提供渔猎生产工具、粮食、衣物以扶持其迅速脱贫。20 世纪 60 年代，随着人口增长和工业发展，水资源环境破坏严重，而捕鱼船只猛增，鱼类资源日趋枯竭，赫哲族传统单一的渔业生产陷入绝境。赫哲族面临"渔业下降、农业又上不去"的尴尬境地。"没有鱼打，没有猎打，只能转产，转向农业。农业不发达，种了 26 年的黄豆，在一块地面上，产值不高，现在又面临着转产。我们现在有的只有这片山和水。"[①]20 世纪 70 年代，在"以粮为纲"思想指导下，一些从事渔猎或畜牧业生产的民族不得不大力发展种植业，以农挤渔、以农挤牧，导致发展失衡。赫哲族面临"渔业下降、农业又上不去"的尴尬境地，单一渔业生产难以为继，赫哲族不得不放弃渔业去寻找新的谋生手段。要顺利转变这些民族的生产方式，必须因地制宜、因族举措，发挥好区域优势和民族优势。

1996 年，黑龙江省率先启动扶持赫哲族"转产"工作，政府通过

---

① 杨筑慧：《中国人口较少民族经济社会发展追踪调研报告》，学苑出版社 2016 年版，第 89 页。

"引、促、带"方式成功解决了赫哲族群众转产后不愿"上岸"的难题:"引"即算经济账、讲形势,使群众明白转产是脱贫致富的必由之路;"促"即用优惠性政策鼓励群众下定"上岸"决心;"带"是发挥典型带动效应。赫哲人逐渐上岸转产、弃渔务农,进而打破了单一以渔为生转向渔农并重,并大力发展民族文化旅游业、发展多元经济①。目前,赫哲族从事的职业已多元化和分散化,走出了人口、经济的扩张与资源匮乏的困境。

(四)"两山"综合扶贫开发试点

从刀耕火种到与各民族携手共建现代化,基诺族用半个世纪的时间跨越了人类社会几千年的历史过程。1979 年 6 月 6 日,基诺族被认定为单一少数民族,成为新中国成立后最后一个被认定的少数民族。1999 年,国家民委与国务院扶贫办在云南西双版纳傣族自治州景洪市基诺山乡和勐海县布朗山乡开展整体帮扶试点示范工作,2000 年,云南在国家有关部门的支持下投入 5531 万元,在基诺山、布朗山启动了为期三年的"两山"综合扶贫开发试点,奏响了云南扶持人口较少民族发展的序曲。该试点在思路与方法上不同于一般性扶贫,而是根据"两山"特殊性贫困和不同民族、不同地区实际,在政策上不搞"一刀切",不简单照搬内地的扶贫模式,集中力量综合扶持。在 2—3 年内集中安排 7000 万元,较大地改善了基诺族、布朗族的生活和"两山"的面貌。同时,坚持规划先行,根据县情、乡情,因地制宜,使整体规划更具有现实可操作性,项目使全乡 100% 群众受益。加强基础设施建设,把促进农民增收作为扶贫开发的立足点。产业扶贫以"企业+基地+农户"模式巩固和提升原有产业,基诺乡 75% 的贫困人口获得经济效益。在工作方式上依靠群众、发动群众,采取"参与式"开发大力提高群众的科技文化素质②。

(五)整乡推进整族帮扶政策

由于自然地理偏僻、社会发育程度低、经济发展严重滞后,独龙江乡一直是全国最偏远、最封闭、最贫困的乡镇之一。千百年来,独龙族一直生活在怒江大峡谷两岸,处于刀耕火种的原始社会,长达半年的大雪封山

---

① 李凤双、孙英威、齐泓鑫:《赫哲族乡亲喜话"三次变迁"》,《中国民族报》2016 年 5 月 31 日。

② 朱玉福:《中国扶持人口较少民族发展的理论与政策实践研究》,民族出版社 2015 年版,第 195—196 页。

形成了封闭式的地理环境。直到 20 世纪 50 年代一步跨入社会主义社会后，独龙江乡才有了一条狭窄的人马驿道与外界相连。为推动独龙江乡跨越式发展和独龙族整体脱贫，1999 年 5 月，云南省派遣工作队进驻独龙族乡开展三年帮扶工作，工作队以项目为导向，按照"八个一""六不封"要求，成为传递政府和社会各界关爱之心、温暖之心的爱心传递队，脱贫致富的服务队，项目建设和物资供应的保障队。1999 年，靠国家投资修通了独龙江简易公路，结束了出门靠砍刀开路，过江靠溜索竹筏的原始生活。2000 年起，派出干部和教师、医生到独龙江乡工作，极大地改变了独龙族乡的社会面貌。

2009 年，云南提出了整乡推进整族帮扶"三年行动、五年规划"目标，实施"六大工程"，并将独龙江乡列为省级扶贫开发整乡推进试点乡镇。2014 年，独龙江公路高黎贡山隧道贯通，标志着独龙族聚居区彻底结束了每年有半年大雪封山期、不通程控电话、不通宽带网络、不通移动4G 网络的历史。独龙江乡孔当已建成了一个集观光、科考、探险、旅游于一体的独具特色的边境旅游小集镇。通过帮扶，独龙江乡已成为云南省最有特色、最有魅力的乡镇之一。独龙族享受到"整族帮扶"项目带来的好处，"独龙江"和"独龙族"成为令人羡慕的资源和身份[①]。2010 年1 月，云南省启动了独龙江乡整乡推进独龙族整族帮扶工作。

在地方探索期，除以上 5 种典型模式外，在计划生育和教育方面也实施了特殊性政策。人口较少民族地区地广人稀，加之受传统文化影响较深，其婚姻和人口生育有一定的特殊性。在确保婚姻和人口等基本政策有效执行的前提下，结合人口较少民族特点采取了差别化政策。国家在贯彻《婚姻法》基本原则时，从人口较少民族婚姻习俗的实际出发，对结婚年龄适当放宽。此外，对不同民族间通婚自由、尊重民族婚俗、防止近亲结婚、严禁宗教干涉婚姻等情况，一些地方在制定的贯彻《婚姻法》的变通条例或补充规定中做了特殊规定[②]。对包括人口较少民族在内的少数民族计划生育政策适当放宽。在旧中国，因为战争、疾病等原因，人口较少民族人口发展缓慢、停滞，有的甚至负增长。因此，新中国成立后，党和政府实行了繁荣少数民族人口的政策。20 世纪 70 年代开始提倡计划生育

---

① 张劲夫：《固化与再造：滇西北独龙族身份认同与边界的研究》，《青海民族研究》2017年第 3 期。

② 王铁志：《新时期民族政策的理论与实践》，民族出版社 2001 年版，第 285—286 页。

时，提出"少数民族地区除外"。80年代初，少数民族人口增长过快，与生态、自然和经济社会发展的矛盾凸显，对少数民族实行的计划生育政策，总的来说是适当放宽，根据人口密度的差异、资源的多寡以及城镇与农村、边境与内地的差异，实行差别化政策①。《关于进一步做好计划生育工作的指示》指出，对少数民族实行计划生育的要求可适当放宽些。作为云南第一个计划生育政策文件，《云南省革命委员会关于计划生育工作若干问题的试行规定》提出"一对夫妇生育的子女数最好是一个，不得超过两个"。城市当时是计划生育政策的重点，而聚居在农村的人口较少民族未享受该政策。1982年起，云南省西盟、沧源、孟连、澜沧、耿马等人口较少民族边境县根据各地民族风俗习惯将结婚年龄提前至男、女分别不能小于20周岁和18周岁。1984年8月，云南省提出：农业人口一对夫妻允许生育两个孩子，高寒山区、边疆县和执行边疆政策县的农村少数民族最多可以生育三个孩子，这是我国首次区分不同区域和不同人群的计划生育政策。2002年实施的《云南省人口与计划生育条例》第19条规定：夫妻双方或者一方是独龙族、德昂族、基诺族、阿昌族、怒族、普米族、布朗族的，可由夫妻双方提出申请，经批准后可生育第三个子女，这是首次明确将7个人口较少民族作为一类人群来实施特殊的计划生育政策②。通过实施特殊的人口政策，云南省7个人口较少民族的妇女总和生育率呈下降趋势，孩次生育率转变为以一孩生育为主；人口较少民族在云南省总人口中所占比例稳中有升，人口再生产类型实现了由传统型向现代型转变③。

国家和各地把培养各民族人才，提高人力资源作为扶持的重中之重。1995年，国务院提出了发展人口较少民族教育的措施：短期内普及9年义务制教育，降低青壮年文盲率，改善办学条件，加强师资建设，解决贫困生升学问题。1996年1月，黑龙江省对鄂伦春族教育按照"乡校县管、分级投入、就近办学"方针，由省、市、县三级政府一次性解决办学经费。1999年，6所鄂伦春族学校全部如期实现"普九"目标。将鄂伦春族学生助学金纳入区级财政预算，在就读、升学上给予加分、减免学费等政策。对鄂伦春族小学生和中学生每年分别补助100元和140元；如鄂伦

---

① 王铁志：《新时期民族政策的理论与实践》，民族出版社2001年版，第287页。

② 李焱：《云南省人口较少民族人口政策研究》，硕士学位论文，吉林大学，2013年。

③ 同上。

春族考生被一本高校录取，政府全额报销学费；考上研究生的，在补贴学费基础上一次性增加 2 万元奖励。黑河市爱辉区的鄂伦春族中小学生可以择校入学，免收择校费。每年鄂伦春族中考、高考享受 50 分加分。2001年起，在云南省民族中专、省民族中学、云南农业大学、云南林业职业技术学院开办人口较少民族班；录取的学生免收学费，并按本专科生、中专生每年每生分别给予 4000 元和 3000 元的生活补助。此外，加大对人口较少民族高考考生的照顾力度，实施指定投档选拔办法，提高人口较少民族考生的录取率①。云南民族大学等高校对人口较少民族考生增加 20 分，为人口较少民族划定专门招生指标。通过实施人口较少民族专业技术职称特殊评审，促进人口较少民族专业人才尽快成长。

二　国家规划形成期（2001—2004 年）

进入 21 世纪以来，我国的民族工作迎来了新中国成立以来最重要也是最好的一个时期。半个多世纪特别是改革开放以来国民经济的持续增长，使国家积累了雄厚的国力；数十年政治和社会发展历程的经验和教训，使党和政府以人为本、和谐发展的执政理念日渐清晰而坚定②。国家决定扶持人口较少民族发展的决策前后，加大对西部地区、边疆地区以及农村和牧区的扶持和倾斜力度的一系列惠农惠民政策也陆续出台。

2001—2004 年，党和政府针对全国范围的人口较少民族开展调研、提出扶持方案，并最终促成规划报批。扶持人口较少民族发展政策的提出与实践离不开费孝通先生的想法和倡议③，1987 年，费孝通先生拜访了大兴安岭的鄂伦春同胞。看到政府在尽力扶持这个民族，但这个民族本身还没有形成一个有机的社区，未达到自力更生的状态。1998 年 6 月，时任国家民委主任李德洙拜访费孝通先生时，费老说："做了大半辈子民族工作，有一桩心事没有了却。这就是人口较少民族发展问题"，并随即提出了"小民族，大政策，大思路，大发展"主张。1999 年 7 月，近 90 高龄的费老专程到 56 个民族大家庭中的"小兄弟"赫哲族主要聚居的黑龙江

①　《决不让一个兄弟民族掉队——云南省开展扶持人口较少民族发展工作六年纪实》，《今日民族》2011 年第 7 期。

②　杨筑慧：《中国人口较少民族经济社会发展追踪调研报告》，学苑出版社 2016 年版，第258 页。

③　《从学术调研到国家行动》，《中国民族报》2010 年 12 月 3 日。

省同江市进行调研，与群众座谈时他深情地说："汉族老大哥有责任、有义务帮助小兄弟过上好日子。要对小民族实施大政策，扶持这些民族尽快发展起来。"2000年春节，费孝通向国家民委领导提出了加强对人口较少民族研究的建议得到了重视，并对后来的人口较少民族调查的启动，促成扶持人口较少民族发展规划的出台，做出了不可磨灭的贡献。

2000年7—12月，由国家民委牵头，联合国家民委民族问题研究中心、北京大学、中央民族大学，以及地方一些相关部门、科研单位、高校，先后两次深入10省区逐一调研人口较少民族的社会经济情况，并形成专题调研报告和总报告。报告提出的政策建议不仅阐述了分类扶持人口较少民族发展的可行性、必要性，更为国家制定专项规划提供了决策依据①。调查中首先使用了"人口较少民族"的概念，并明确了人口数量标准是全国人口在10万以下。同时，这次调研工作引发了各级政府对做好人口较少民族工作的重视，相关学者开始研究人口较少民族问题。

2001年2月，国家民委向国务院报送了《关于建议把22个人口较少民族发展问题纳入国家"十五"计划的意见》，提出以这些民族聚居的村寨为重点，以解决群众最基本的生产生活需要为主要内容，力争用两个五年计划的时间，从根本上解决这些民族整体发展面临的关键性问题的一些政策建议，这些建议得到国务院有关部门的支持和国务院领导的同意。2001年8月10日下发的《关于扶持人口较少民族发展问题的复函》中，明确了在执行国家支持民族地区经济和社会发展的统一政策的前提下，在实际工作中对人口较少民族提供更多支持和照顾，帮助人口较少民族改善生产生活、基础设施、文化教育和卫生条件，帮助他们彻底摆脱贫困，走上富裕的道路，这是国务院文件中第一次使用"人口较少民族"概念。根据党和国家领导人的要求，国家民委会同5部委编制扶持人口较少民族发展规划。

扶持人口较少民族发展的有关项目纳入国家的政策法规和"十五"发展规划中。2001年2月28日，九届全国人大二十次会议通过的《中华人民共和国民族区域自治法》第71条规定："高等学校和中等专业学校招收新生的时候，……对人口特少的少数民族考生给予特殊照顾"，这是国家法律条款第一次涉及人口较少民族。2001年3月15日，九届全国人

---

① 《从学术调研到国家行动》，《中国民族报》2010年12月3日。

大四次审议通过的"十五"计划纲要明确提出"注意支持人口较少的少数民族的发展",这是国家五年计划中首次明确扶持人口较少民族发展。2002 年 7 月 20 日,《中共中央办公厅、国务院办公厅关于转发教育部等12 部门〈关于"十五"期间扫除文盲工作的意见〉的通知》中明确"在22 个人口较少民族中设立民族扫盲项目"。2003 年 5 月 26 日,新一届国务院扶贫开发领导小组第一次全体会议提出:把人口较少民族脱贫致富列入今后国家扶贫开发工作的重点,明确要求在安排资金、实施项目上对人口较少民族地区给予重点倾斜,要尽早解决其温饱问题。

2004 年 11 月,胡锦涛在国家民委《关于扶持人口较少民族加快发展的情况汇报》上作出重要批示,要求加大对人口较少民族的支持力度,帮助 22 个民族加快发展。随后,温家宝批示要求国家民委会同有关部门研究提出扶持人口较少民族加快发展的具体规划和政策措施。2004 年 5 月,温家宝代表我国政府在全球扶贫大会上承诺"加快全国 22 个人口较少民族贫困地区的脱贫步伐,力争先于其他同类地区实现减贫目标"。2004 年 10 月 21 日,胡锦涛特意问到人口较少民族工作开展的情况,并明确指示:要对国务院有关措施和要求的贯彻落实情况进行一次检查。在此基础上,进一步调整、充实和完善政策措施,不断加大工作力度。2004年 11 月起,国家民委会同有关部门和省区编制扶持人口较少民族发展规划,成立规划编制小组,经多方面征求意见、讨论修改并形成规划文本报批稿,编制整个规划过程都遵循了科学决策、民主决策的程序。

《国务院实施〈中华人民共和国民族区域自治法〉若干规定》首次以法规形式使用人口较少民族的概念①,第 15 条规定:"将人口较少民族聚居区的发展纳入经济和社会发展规划,重点支持交通、能源、生态环境保护与建设、农业基础设施建设、广播影视、文化、教育、医疗卫生以及群众生产生活等方面。"第 20 条指出:"重点支持人口较少民族聚居区的义务教育,并逐步在民族自治地方的农村实行免费义务教育。"第 21 条规定:"对报考专科、本科和研究生人口较少民族考生予以特殊照顾,录取时采取加分或者降分办法,适当放宽录取标准和条件。"2002 年,教育部《第二期"国家贫困地区义务教育工程"中央专款使用管理办法》提出对未通过"普九"验收的人口在 10 万以下集中分布的小少民族予以倾斜,

---

① 李俊杰等:《民族经济政策与民族地区发展》,民族出版社 2013 年版,第 155—156 页。

在危房改造、改扩建和新建等，学校配置信息技术教育设备，添置课桌椅、教学仪器设备、图书资料，教师和校长培训等方面给予资金支持。

2002 年，云南省在全国首先实施的《关于采取特殊措施加快我省 7 个人口较少特有民族脱贫发展步伐的通知》提出以政府为主导，以扶贫开发为主要途径，以基础设施建设和基础教育为重点，开展"温饱和农业产业化扶贫、基础设施建设扶贫、科教扶贫、民族文化扶贫和人才培养扶贫" 5 项扶贫工程，一场针对独龙族、德昂族、基诺族、怒族、阿昌族、普米族、布朗族 7 个人口在 10 万以下特有民族的扶持行动拉开了序幕。2004 年，云南省率先在全国实施了所有人口较少民族中小学生免除教科书费、杂费、文具费的政策，以及人口超 5000 人的民族应至少有 1 名干部在省级机关任厅级领导职务①。

三　规划全面实施期（2005—2010 年）

《扶持人口较少民族发展规划（2005—2010 年）》（以下简称"十一五"规划）作为国家专项规划颁布实施，标志着差别化扶持进入全面实施的新阶段。2005 年 8 月，国务院召开"全国扶持人口较少民族发展工作会议"，会上对贯彻实施《规划》做了具体部署和安排。至此，扶持人口较少民族发展工作上升为由国家统一部署、部委共同参与的一项重要民族工作，并强调与已有的扶贫开发、西部大开发、兴边富民行动、少数民族特色村寨等政策以及各部门各行业、各地区"十一五"规划相衔接，人口较少民族迎来了发展的黄金期。这个时期，扶持政策比以往更加系统和全面，扶持力度更大，并形成了横纵交错的立体式扶持格局：各级政府齐抓共管、措施到位、整合资源、形成合力，并在项目规划、实施、监督和经费管理等多方面给予保障。2009 年，云南省开展独龙江"整乡推进整族扶贫模式"，集中资金和力量聚焦独龙族脱贫攻坚，成为解决人口较少民族贫困问题的典型模式。截至 2010 年底，22 个民族的 640 个人口较少民族聚居行政村基本实现通路、通电、通水以及农牧民人均纯收入等"五通四有三达到"等规划目标，部分民族的发展水平达到或超过当地水平，人口较少民族面

---

① 《云南省实施〈中华人民共和国民族区域自治法〉办法》。

貌发生了新的历史性变化①。"十一五"规划的主要特点为：

一是明确了扶持对象和地域范围。规划确定了全部总人口在 10 万人以下的 22 个人口较少民族为扶持对象，全国总人口为 63 万人，分布在10 个省区。当时，以人口数量 10 万人划分扶持对象还比较粗线条，但其人口类型学的意义非常大，可以精准地划定研究对象。人口较少民族的发展会遇到与人口数量及分布相关的一些共性问题，分析人口较少民族的特性并有针对性地扶持，有一定的理论和现实价值②。二是聚焦发展的特殊性困难。人口较少民族发展基础薄弱，贫困发生率高。自然条件十分恶劣，路、水、电、网等设施配套率低；人口较少民族聚居区公共服务水平严重滞后，科技、教育、文化、卫生、医疗事业明显落后于本地区平均水平，医疗保障水平不强、人力资本水平较低。三是提出了扶持目标。即明显改善人口较少民族聚居村基础设施，破解贫困问题，使经济社会发展基本达到当地中等以上水平。四是明确了扶持任务。即改善基础设施水平，提高生产生活条件；发展特色产业，提高群众收入；普及基本公共服务；强化培训，提高人口素质。

国务院近 20 个部门充分发挥部门职能，通过安排专项资金、优惠贷款等特殊政策加大扶持力度③。国家发改委提出了"规划先行、选准方向、村为单位、组织实施"的原则，联合国家民委共同制定了《扶持人口较少民族发展专项建设规划（2006—2010 年）》，优先安排国债资金和专项资金用于人口较少民族聚居区的基础设施和社会公益项目，在"广播电视村村通""中小学危房改造""农村卫生三项建设""中小学危房改造""农村人畜饮水""送电到乡"等项目安排上，尽量覆盖人口较少民族地区。2006 年起，财政部逐年增加对人口较少民族省区的一般性转移支付，逐年调增专项扶持资金。交通部制定的交通发展规划尽量覆盖不通公路的人口较少民族聚居的乡镇和行政村。水利部在安排农村饮水安全"十一五"规划中优先解决人口较少民族聚居村饮用水安全问题。文化部加强对人口较少民族非物质文化遗产的发掘抢救和整理保护工作。教育部

---

①　朱玉福：《中国扶持人口较少民族发展的理论与政策实践研究》，民族出版社 2015 年版，第 195—196 页。

②　王铁志：《人口较少民族研究的意义》，《黑龙江民族丛刊》2005 年第 5 期。

③　国家民委经济发展司：《扶持人口较少民族发展规划情况综述》，国家民委网站（http://www.gov.cn/gzdt/2009-07/14/content_ 1364940. htm），2009 年 7 月 14 日。

在"中小学危房改造工程"中对人口较少民族予以重点倾斜；每年安排经费用于人口较少民族聚居村的中小学骨干教师培训，免费为中小学生提供课本；在工程专款分配上对未"普九"的相对聚居区给予倾斜，并兴建一批寄宿制学校，从贫困学生助学金专款中用于资助人口较少民族家庭困难子女的学杂费减免和寄宿制生活补助①。从 2006 年起，教育部安排专项资金补助人口较少民族农村义务教育阶段寄宿生生活费达 1229 万元，补助学生 9.8 万名②。民族院校加强对人口较少民族考生的特殊照顾，西南民族大学、中南民族大学分别于 2006 年、2010 年招齐了 56 个民族学生③，政策效果非常显著。

表 2.2　　　　　　　"十一五"时期各省（区）出台的差别化政策

序号	政策名称	实施地区
1	《中共黑龙江省委黑龙江省人民政府关于进一步扶持全省人口较少民族加快发展的意见》	黑龙江省
2	《关于进一步加快人口较少民族发展的意见》	新疆维吾尔自治区
3	《关于自治区"十一五"期间扶持人口较少民族发展的实施意见》《内蒙古自治区扶持人口较少民族发展专项建设规划》	内蒙古自治区
4	《西藏自治区人口较少少数民族整体脱贫和发展的意见》《西藏自治区扶持人口较少民族发展规划（2006—2010 年）》	西藏自治区
5	《关于切实解决高山族家庭困难户生产生活问题的有关通知》	福建省
6	《甘肃省扶持人口较少民族发展"十一五"规划》《甘肃省扶持人口较少民族发展专项建设规划（2006—2010 年）》	甘肃省
7	《中共云南省委、云南省人民政府关于进一步加强民族工作，加快少数民族地区经济社会发展的决定》《云南省扶持人口较少民族发展规划（2006—2010 年）》《关于扶持云南省人口较少民族发展解决人口较少民族收听收看广播电视节目的方案》	云南省

除国家专项规划外，人口较少民族所在的省（区）和州、县（市）

① 韩彦东：《基于可持续发展的人口较少民族地区扶贫开发政策研究》，博士学位论文，中国人民大学，2008 年。

② 中国民族工作年鉴编辑部：《中国民族工作年鉴·2003》，民族出版社 2003 年版，第 255 页。

③ 王允武、王杰：《人口较少民族权益及其法律保障研究》，《西南民族大学学报》（人文社会科学版）2011 年第 2 期。

都有计划、有重点、分步骤地开展扶持工作。这些地方性政策有力地推动了人口较少民族发展，成为国家扶持政策的重要组成部分和必要补充。2006—2008 年，10 省区落实省级配套资金 6.6 亿元，占资金总量的 30.5%①。在规划全面实施阶段，整村推进、对口帮扶政策成为该时期的最大特点。

（一）整村推进

《扶持人口较少民族发展规划（2005—2010 年）》提出"整村推进"方针，以 640 个人口较少民族聚居村为基本扶持单元，实现规划到村、帮扶到户，力争实现整村整族脱贫。着力提升人口较少民族聚居村基础设施、生产生活条件和农民增收。规划到村、帮扶到户，力争整村脱贫，进而实现整族脱贫。整村推进不仅使人口较少民族直接受益，也使本村的其他民族受益，并辐射到相邻村。从政策实施来看，整村推进的效果非常显著。扶贫重点县的农户收入增长均高于全国平均收入的增速；扶贫重点县贫困重点村农民收入增速显著高于非扶贫重点村，贫困重点村的基础设施和社会设施的改善进度明显高于扶贫重点县的平均水平②。国务院扶贫办根据"因族举措、因地制宜"原则，组织各地编制了人口较少民族扶贫开发规划，并将人口较少民族未实施整村推进的 209 个贫困村全部纳入 2009 年"三个确保"范围③。

（二）对口帮扶政策

2005 年，上海市响应中央"关于组织沿海发达地区对口帮扶人口较少民族加快发展"的号召，实施了《上海市对口帮扶德昂族发展项目五年规划纲要（2006—2010 年）》，成为全国率先对口帮扶人口较少民族发展的省份；"黄浦江"和"红土地"的牵手合作，成为全国东西部协作的亮点。上海市民宗委与云南省民委签订了《合作备忘录（2009 年度）》《人口较少民族示范村建设》，将帮扶德昂族作为沪滇合作的重要内容。"十一五"时期，上海市共投入 3689 万元帮扶资金，在 80 个德昂族聚居

---

① 闵伟轩：《扶持人口较少民族发展工作成效卓越》，国家民委网站（http：//www.mzb. com. cn/servlet/Report? node＝98694&language＝1），2009 年 7 月 10 日。

② 王晓飞：《中国人口较少民族的贫困问题及扶持政策研究——以独龙族为例》，硕士学位论文，中央民族大学，2012 年。

③ 国家民委经济发展司：《扶持人口较少民族发展规划情况综述》，国家民委网站（http：//www.gov.cn/gzdt/2009-07/14/content_ 1364940. htm），2009 年 7 月 14 日。

的自然村内实施了以解决群众基本生产生活、教育和医疗为主的 457 个项目，并积极协调上海市各行各业参与支教、支医、人才培养、劳务输出等工作。2006—2008 年，上海市共帮助德昂族聚居村修建 68.2 公里乡村道路，建造 481 套安居房，新建和改造了 1147 个沼气池和配套圈厕。分别在德宏州芒市和三台山德昂族乡成立对口帮扶德昂族青年就业培训基地和农村人才培训学校，远程培训当地师资 301 人次。通过实施对口帮扶，德昂族群众生产生活条件显著提升，精神面貌大变样，取得了良好的政治、经济和社会效益。德昂族群众由衷地感谢上海人民的帮扶，把上海人当作自家亲戚，把帮扶修建的路称作"上海路"，把帮扶的村改名"上帮村""沪东娜村"和"卢姐萨村"。上海市在做好德昂族帮扶后续工作基础上，2010—2012 年投入 5000 万元帮扶独龙江乡独龙族，将其作为沪滇合作内容①。以上海市有限资金对口帮扶独龙族整族脱贫的战役在云岭大地打响②。上海一个大城市帮扶一个人口较少民族发展，不仅是扶持人口较少民族发展政策的有效方式，也为巩固和发展新型民族关系增添了新亮点。

2006 年，福建厦门市投入 260 万元援藏资金，在珞巴族聚居的西藏米林县南伊珞巴民族乡才召村为每户珞巴族群众修建独门独院的砖混水泥结构住房，修建水泥路面的村道、排水沟、自来水和沼气入户工程以及村委会和村广场等公共设施。福建援藏工作队为才召村群众捐助一台联合收割机以及良种、化肥等物质。此外，用援藏资金修建了公共广场和民俗博物馆，拨款让珞巴族群众制作服装，成立民族歌舞表演队，在对口协助单位的帮助下，2008 年珞巴族传统服饰成功申报为国家级非物质文化遗产。新疆各地积极开展"地县单位对口帮扶""万人扶贫工程""单位包村、干部驻村帮扶"等工作，对人口较少民族聚居村进行对口帮扶。

2007 年 8 月，国家民委与世界银行合作的《中国经济改革实施项目第五期》的子项目《加强方案设计和能力建设，优化实施少数民族和民族地区"十一五"专项规划》选定云南和新疆为项目示范区，各选 6 个村为项目示范村。该项目采用"社区主导发展方式"实施基础设施和省级开发项目。如新疆察布查尔县是我国唯一的锡伯族自治县，以刺绣为重

① 朱玉福：《中国扶持人口较少民族发展的理论与政策实践研究》，《中国民族报》2009 年 7 月 17 日。

② 国务院扶贫办：《独龙江乡整乡推进整族帮扶模式》，中国民族宗教网（http://www.mzb.com.cn/html/report/141025960-1.htm），2014 年 10 月 17 日。

点，用社区主导方式做大做强刺绣业，成效显著。社区主导发展是参与式发展的最高形式，核心是强化社区群众的主体地位，赋权于民；将社区发展规划、资源开发、项目选择、资金使用等权利都交由社区群众和社区组织；让群众充分行使知情权等，引导群众以主人翁意识管理和发展社区经济，最终实现自我管理和自我发展①。2010 年，香港旭日集团投资 160 万元，帮助西双版纳勐海县布朗山乡、普洱市澜沧县惠民乡、怒江州贡山县独龙族乡等地新建教学楼、学生食堂等②。从对口支援中，人口较少民族得到了不能用金钱衡量的观念变化和技术人才的支持，这必将转化为促进发展的巨大动力。

截止到 2009 年底，全国人口较少民族聚居村的贫困人口为 89.1 万人，贫困发生率为 32.7%，高于全国（3.8%）28.9 个百分点。不通公路的村占 42.2%，不通电的村占 11%，没有安全饮用水的村占 35.2%，没有文化活动室的村占 39.8%，没有卫生室的村占 30.7%。2119 个人口较少民族聚居村的农牧民人均纯收入为 2591 元，是全国平均水平（5153元）的 50.3%③。这些数据较"十一五"规划扶持之初已有明显改善，但是巩固脱贫的效果、提高自我发展的能力，仍是一个长期且复杂的过程。即便完成了某些项目或实现了某些指标，仍存在功能和作用切实发挥等问题，如已经建立的村卫生室时常缺医少药，43.8% 的村卫生室没有合格医生等。

四 规划全面深化期（2011—2015 年）

党的十八大以来，以习近平为总书记的党中央高度重视扶持人口较少民族发展工作，多次到赫哲族、土族等聚居区调研，接见贡山县独龙族怒族干部群众，发出"全面实现小康，一个民族都不能少"的庄严承诺。这些为做好新时代民族工作以及扶持人口较少民族发展工作，指明了前进方向，增添了必胜信心。《扶持人口较少民族发展规划（2011—2015年）》（以下简称"十二五"规划）的颁布，标志着第二轮扶持政策全

①　陆健等：《"点金术"下乡——关于民委实施社区主导发展方式示范项目的调研》，《民族工作参考资料》2009 年第 9 期。

②　《决不让一个兄弟民族掉队——云南省开展扶持人口较少民族发展工作六年纪实》，《今日民族》2011 年第 7 期。

③　《关于印发扶持人口较少民族发展规划 2011—2015 年的通知》。

面实施，扶持工作进入全面深化期。2011 年 10 月，国务院 36 个相关部委组成了扶持人口较少民族发展部际联席会议，人口较少民族迎来大发展和新的契机。

"十二五"规划聚焦贫困问题严峻、发展差距大、基础设施差、特色产业缺乏、群众收入偏低、社会事业滞后、文化传承严峻、自我发展能力弱等突出困难，出台的政策覆盖面更全、力度更大[①]：一是扶持民族的标准有了新变化。被扶持民族的人口数量标准提高至 30 万人，增加了景颇族、达斡尔族、柯尔克孜族、锡伯族、仫佬族、土族 6 个民族，人口较少民族聚居村由 640 个增加到 2119 个，28 个人口较少民族的总人口为169.5 万人。二是扶持范围进一步扩大。人口较少民族行政村的界定标准（人口较少民族人口占本村总人口的比例）由 30% 降至 20%。人口较少民族聚居区总人口为 701.7 万人，其中人口较少民族 153.5 万人，占21.9%，占 28 个人口较少民族全国总人口的 90.6%，也就是绝大部分。扶持范围从"十一五"规划中的"内蒙古、黑龙江、福建、广西、贵州、云南、西藏、甘肃、青海、新疆 10 省（区）中的 86 个县、238 个乡镇、640 个行政村的人口较少民族聚居区"，扩大到"十二五"规划的内蒙古、辽宁、吉林、黑龙江、福建、江西、广西、贵州、云南、西藏、甘肃、青海、新疆 13 个省（区）和新疆生产建设兵团的人口较少民族聚居区，包括 2119 个人口较少民族行政村、71 个人口较少民族的民族乡、16 个人口较少民族的自治县、2 个人口较少民族的自治州。三是扶持目标更高、更具体。即人口较少民族行政村基本实现"五通十有"、人口较少民族聚居区基本实现"一减少、二达到、三提升"；并对指标实现进度和未来趋势判断等开展统计监测评价，重点评估约束性指标的实现水平。这些数字化目标的背后，都包含了更加具体的数据指标，这是"十二五"期间扶持人口较少民族发展政策的重要特征。这些深入到户、落实到人的数据目标集中体现了人口较少民族在全面小康进程中，在人居环境、卫生条件、劳动技能、经营能力、妇幼保健、商业市场和基层服务等一系列以人为本的发展要求。四是主要任务和重点工程更明确、更精细。"十一五"规划的任务和重点工程相对宏观，"十二五"规划出台了 6 大任务和重点工程，

---

① 李若青：《云南扶持人口较少民族发展政策实践研究》，中国社会科学出版社 2013 年版，第 129—131 页。

明确了 28 项具体项目，并对重点工程和项目的进度、效益、存在问题及原因进行评估。五是政策更细化、更给力。"十二五"规划对资金投入、金融服务、对口帮扶、人才队伍建设等内容的规定更细化、针对性更强，并提出对组织实施、落实情况、政策成效等开展分析和评价。

从 2014 年全国人口较少民族动态监测数据来看，"五通十有"和"一减少、二达到、三提升"的目标都取得了显著的进展，在一些省（区）因涉及的人口较少民族数量不同，经济社会发展的水平不一，但总体上都已接近了规划要求。有的地区人口较少民族的聚居村落，已经超前实现了预期目标。如贵州省毛南族、仫佬族两个人口较少民族的 63 个行政村，已有 9 个行政村不仅提前实现了"五通十有"和"一减少、二达到、三提升"的目标，而且已经达到了 2020 年全面建成小康社会的指标。但就普遍情况来看，人口较少民族地区完成 2011—2015 年的规划目标并不平衡，距离实现全面小康的要求还需付出艰辛努力①。

云南省在全国率先制定并推行了人口较少民族综合保险项目，即采取政府购买公共服务的方式，对人口较少民族聚居行政村内各族群众购买人身意外伤害险、农房险等保险产品给予补助，逐步扩大受益范围，减少因灾、因病、因残返贫现象，巩固脱贫成果。云南省 8 个人口较少民族"因灾致贫、因灾返贫、因贫辍学"等问题十分突出，云南省综合考虑人口较少民族的现实需求，为减少意外伤害和自然灾害对生活造成的巨大冲击，自 2014 年起连续 3 年，为全省 8 个人口较少民族聚居的 395 个建制村的 77.1 万群众和 18.5 万户农户免费提供人身意外伤害保险（每人每年保费 10 元）和农房保险（每户每年保费 20 元）。此外，人口较少民族高中生、大学生每人每年可分别获得 1000 元和 2000 元标准的助学补助，由保险公司设置专户，义务承担代发助学补助的工作。所有保险费用和助学补助金全部由省级财政出资，该举措在全国尚属首例②。

五　规划提质升档期（2016 年至今）

2016 年 12 月，《"十三五"促进民族地区和人口较少民族发展规划》

---

① 郝时远：《中国特色解决民族问题之路》，中国社会科学出版社 2016 年版，第 204 页。

② 云南民族团结进步示范区建设领导小组办公室、云南省民族宗教委员会：《一家人，过日子——云南民族团结进步示范区建设报告》，云南民族出版社 2017 年版，第 35、43 页。

（以下简称"十三五"规划）出台，将人口较少民族、脱贫攻坚、兴边富民行动、少数民族特色村寨等政策内容涵盖其中，并单列成章，又综合在一个规划中，为"十三五"时期促进人口较少民族发展指明了方向，具有很强的现实针对性、前瞻性和指导性。这是民族工作领域历史上第一个国家级重点专项规划，是在国家重点专项大幅压缩后列进去的，可见分量之重，足见中央对人口较少民族的关心关怀。规划由国家民委牵头，13个部委各司其职，政策力度更大，充分体现了民族政策的指导性和方向性。"十三五"规划的主要特点为①：一是紧扣全面建成小康社会目标，聚焦精准扶贫。规划充分贯彻习近平总书记关于民族工作的重要论述，聚焦人口较少民族地区脱贫攻坚，实施人口较少民族精准脱贫专项行动，分期分批推进贫困村退出、贫困人口脱贫。二是差别化政策助力发展。提出了差别化政策是啃下脱贫"硬骨头"的制度保障，坚持加大政策支持力度和激发内生动力相结合，从财政、投资等9个方面提出了差别化支持政策。三是科学设置发展目标。即2020年，人口较少民族聚居行政村在实现"一达到、二退出、三保障"基础上，基本实现"四通八达"。四是突出分类扶持。提出集中帮扶发展相对滞后的人口较少民族整体率先脱贫，实施人口较少民族率先小康行动，建设一批各具特色、不同类型的率先小康样本县（乡、村），实现分批分步全面小康。

表 2.3　　　　三轮"扶持人口较少民族发展政策"的比较

名称	划分标准（万人）	民族（个）	总人口（万人）	涉及省区（个）	人口较少民族聚居区范围
《扶持人口较少民族发展规划（2005—2010年）》	10	22	63	10个省区	86个县、238个乡镇、640个人口较少民族行政村
《扶持人口较少民族发展规划（2011—2015年）》	30	28	169.5	13个省区和新疆生产建设兵团	2119个人口较少民族行政村、71个人口较少民族民族乡、16个人口较少民族自治县、2个人口较少民族自治州
《"十三五"促进民族地区和人口较少民族发展规划》	30	28	189	13个省区和新疆生产建设兵团	2390个人口较少民族聚居行政村，所辖人口相对集中的自然村落约1万个

---

① 《四大亮点读懂〈"十三五"促进民族地区和人口较少民族发展规划〉》，新华网（http://news.xinhuanet.com/politics/2017-01/25/c_1120383230.htm），2017年1月25日。

与此同时，各地也出台了一系列针对性更强、目标任务更具体的扶持政策。如 2016 年 3 月，云南省委、省政府出台的《云南全省全面打赢"直过民族"脱贫攻坚战行动计划（2016—2020 年）》提出扶持 9 个"直过民族"精准脱贫，到 2019 年实现"直过民族"聚居区 66.75 万建档立卡贫困户全部脱贫。贵州省借鉴"十二五"期间扶持毛南族、仫佬族聚居村的经验做法，对 65 个人口数量较少民族贫困村按 3 个阶段实现率先脱贫和率先小康的"两个率先"目标①针对麻山、瑶山等"六山"地区的少数民族贫困村和全省人口数量在 5 万人以下的毛南族等 7 个人口较少民族聚居贫困村，对 2047 个贫困村实施"六个优生"扶贫措施②。

由此可见，扶持人口较少民族发展政策的形成与演变受不同时期国家经济形势的变化而变化，受不同历史阶段国内政治、综合财力等环境的制约③，政策的动态演变过程也是政策本身不断更新、协调适应、探索完善的过程。

第二节　扶持人口较少民族发展政策的特点

纵观新中国成立以来扶持人口较少民族发展政策的演变历程与特点，可以得出如下启示：

一　政策演变彰显了党的民族理论和政策的优越性

每个国家几乎都有一种或多种少数人群体存在。联合国 1992 年通过的《少数人权利宣言》，确立了少数人应享有的特别权利以及用以保护这些权利的各项措施，美国、澳大利亚、巴西等国家实施了提升少数民族（土著民）政治权利和政治地位，提高少数民族的受教育水平的多元文化主义政策。国外的许多保护政策带有明显"殖民纠错"痕迹④，而我国

---

① 《贵州省扶持人口数量较少民族贫困村整体脱贫实施方案》。

② 《关于加快少数民族特困地区和人口数量较少民族发展实现精准脱贫的实施意见》。

③ 青觉、严庆、沈桂萍：《现阶段中国民族政策及其实践环境研究》，社会科学文献出版社 2011 年版，第 136—137 页。

④ 王珊：《广西人口较少民族聚居区经济社会发展政策扶持研究》，硕士学位论文，广西大学，2016 年。

对人口较少民族的扶持是社会主义制度的内在本质要求，符合各民族一律平等的精神。这充分显示了中国共产党对待民族和民族问题不因民族的大小和发展程度的先后而有所区别，体现了党和国家关注、关心、关怀人口较少民族发展，充分保障每个民族的权益和主人翁地位，体现了中华民族的博大胸怀。此外，扶持政策由国家政府主导，民族工作等部门具体实施，社会各界大力支持和帮扶，这也是其他国家所不具备的。扶持人口较少民族政策的实践效果十分明显，取得了良好的政治、经济和社会效益，群众衷心拥护这一政策，成为促进民族团结进步事业的民心工程，推动各民族共同繁荣发展的德政工程，造福各族群众的幸福工程。云南梁河县九保乡丙盖村的赵家金对扶持政策带来的变化感触颇深："道路修好了、活动室建起来了、很多人家得到政府发给的仔猪。我活了快 80 岁，就数这几年日子最好过！国家不要农民的一分一文，还给这样给那样。我活一辈子最后几年能遇到这样的光景算是值得啦！"

二　政策演变体现了党和国家的高度重视与强力推动

扶持人口较少民族发展是一项系统工程，做好扶持人口较少民族发展工作事关各民族"共同团结奋斗、共同繁荣发展"的大局，责任重大；同时，扶持人口较少民族发展工作涉及部门多，项目类别广，实施难度大，需要有国家强有力的推动才能将政策落实落细。总结扶持政策的突出特点就是"中央关怀、部委重视、省负总责、举措有力"[①]。一是"中央关怀、部委重视"为政策实施创造了良好条件。每个民族都有其个性与特征，人口较少民族事实上发展的不平等主要体现在经济和文化上。各国实践已充分证明：缩小民族间的发展差距，不能完全依靠市场，要靠政府干预才能实现[②]。党和政府对人口较少民族的帮扶不同于历史上的道义性扶贫，采取特殊政策、扶持人口较少民族加快发展是党中央、国务院的正确决策，扶持工作始终离不开中央的高度重视与倾力推动。新中国

---

① 国家民委经济发展司：《扶持人口较少民族发展规划情况综述》，国家民委网站（http://www.gov.cn/gzdt/2009-07/14/content_ 1364940. htm），2009 年 7 月 14 日。

② 李岚：《政府在人口较少民族经济发展中的作用》，《西北民族大学学报》（哲学社会科学版）2004 年第 2 期。

成立以来，党和国家领导人多次到人口较少民族聚居区视察，对扶持工作作出重要批示。1952年周恩来总理亲自过问独龙族的命名。1989年，江泽民同志视察基诺族乡作出"一定要使基诺兄弟尽快富裕起来"的指示。2004年10月，中央政治局第十六次集体学习时，胡锦涛总书记特意问到人口较少民族工作开展的情况，并明确指示要对国务院有关措施和要求的贯彻落实情况进行一次检查。习近平总书记更是发出了"全面实现小康，一个民族都不能少""各民族同胞要手足相亲，守望相助"等暖心话语。横向上，扶持人口较少民族发展部际联席会议的34个成员单位按照分工，充分发挥行业部门作用，通过制定规划、安排专项资金、优惠贷款等牵头或参与任务分工，根据本部门职能采取特殊政策对人口较少民族发展给予重点支持。二是"省负总责、措施强力"为政策实施奠定了扎实基础。各省（区）政府对人口较少民族发展负总责，在国家各项规划的指导下，制定切实可行、体现本地实际的实施方案和政策规划。纵向上，除国家专项规划外，13个省区和新疆生产建设兵团都编制了专项建设规划，有的还编制了村级发展规划、分民族发展规划、部门专项规划等，这些地方性政策成为国家规划的重要组成部分和有益补充。各地从贯彻党的民族理论与民族政策的高度，加强组织领导，成立扶持人口较少民族发展工作领导小组和办公室；建立了包括决策、规划、组织、协调、督查等过程在内的工作机制，确保扶持目标的实现。

三　政策演变凸显了全方位扶持与分类扶持相结合

一是全方位扶持体现在人口较少民族发展的方方面面。如人口较少民族政治权利实践进程加快，人口较少民族与其他民族平等参与国家事务和地方事务治理，每个民族都有全国和地方人民代表大会的代表，人口较少民族干部的数量和素质有了较大提升，人口较少民族聚居村基层党组织建设大大加强。经济扶持是重点，提出各项扶贫开发资金要向人口较少民族聚居区倾斜，大力发展特色经济；普及金融服务机构，对民族贸易和民族特需品实行利率优惠。同时，注重人口较少民族文化的创造性转化和创新性发展。除各省区扶持规划和定点扶贫外，中央和国家机关、企事业单位加大了对口扶持，社会各界也积极参与到扶持工作中。如2005年，上海市对口帮扶德昂族整乡推进整族脱贫，成为全国率先对口帮扶人口较少民族发展的省份。二是分类扶持体现了因地制宜、因族举措。目前，28 个人口较少民族分布在 13 个省（区）和新疆生产建设兵团的 2390 个人口较少民族聚居村，其自然禀赋异质性、生计方式多样化、民族文化差异化、致贫原因多元化、发展水平不均衡。各地政府从实际出发，充分考虑民族特点、地域差异和发展水平，实施分类帮扶。东北人口较少民族有鄂伦春族、鄂温克族、赫哲族与俄罗斯族，传统生产方式的差异影响到各民族发展，发展的特殊性困难不同，扶持重点也应有所差异。如黑龙江省黑河市新生鄂伦春族乡大力发展民族旅游业，先后被评为"黑龙江省生态乡"（2009 年）、"中国传统村落"和"全国十个最具影响力的乡镇"（2013 年）、"少数民族特色村寨"（2014 年），并成功打造成"北方游猎第一乡"旅游品牌①。赫哲族群众推动旅游、文化、时尚产业融合发展，成功举办"赫哲东捕节""赫哲雪乡节"等活动。内蒙古额尔古纳市室韦俄罗斯村大力发展家庭民俗游，从事家庭游的农户达数百户。鄂温克族着重发展畜牧业，敖鲁古雅鄂温克成为国内唯一饲养驯鹿的民族和全国唯一的"驯鹿文化之乡"。

四　政策演变反映了动态监测与严格管理是落实规划的关键

为保证政策的实施效果，各地区对专项扶持资金和项目加强管理。通过 2006 年、2014 年、2016 年三次扶持人口较少民族发展动态监测评估，实现了文件启动、中期评估、终期评估的闭环管理，评估数据及时为政策部门决策提供参考②。全国人大常委会将其作为执法检查的内容，全国政协也对其给予极大关注。青海省坚持"资金跟着项目走，项目随着规划走"，严格按规划实施项目；中期评估时组织 40 余名省直部门、有关专家、9 个县民宗（委）局的负责同志等对原规划进行评审论证，科学合理压缩项目，把那些覆盖面大、受益面广、群众急需解决的项目落实到规划中，为实施好项目奠定了基础。

---

① 李锦云、耿新：《人口较少民族传统文化传承研究——以黑龙江省黑河市新生鄂伦春族民族乡为例》，《中南民族大学学报》（人文社会科学版）2017 年第 2 期。

② 耿新：《扶持人口较少民族发展政策实施现状与评估研究——基于公共政策周期理论视角》，《西南民族大学学报》（人文社会科学版）2017 年第 10 期。

第三节　扶持人口较少民族发展政策的成就

扶持人口较少民族加快发展是新世纪、新阶段民族工作的一项重要任务。自"十一五"时期起，国家连续实施扶持人口较少民族发展的专项规划，并取得了较好的成效。实施《扶持人口较少民族发展规划（2005—2010年）》6年来，共投入各项资金37.51亿元，实施项目11168个①。2011—2014年，中央和地方共投入各类资金66.07亿元，安排各类项目9356个；2014年，人口较少民族地区贫困发生率（27.3%）比2010年下降8.4个百分点②。

一　规划目标完成较好

国家实施专项扶持人口较少民族发展规划13年来，人口较少民族聚居区经济社会发展迅速，成效喜人，为全面实现小康打下了良好基础。人口较少民族地区基础设施和生产生活条件不断改善，脱贫增收效果明显，基本公共服务水平显著提高，人口较少民族的精神面貌焕然一新，民族关系更和谐。2014年底，2119个聚居村的"五通十有"情况均比2010年底有一定程度的改善。其中，"五通"目标中，户通电率、自然村广播电视覆盖率2个指标提前一年达到2015年规划目标，建制村通沥青（水泥）路率接近80%的规划目标；"十有"目标中，有办公场所的村比率指标提前一年达到2015年规划目标。"五通十有"其余指标也均比2010年有较大幅度增加。

表2.4　2014年全国人口较少民族聚居村"五通十有"目标实现情况

（单位:%）

"五通十有"目标	2014年	2010年	提高百分比
一、"五通"目标			
1. 建制村通沥青（水泥）路率	78.97	61.01	17.96

① 《关于印发扶持人口较少民族发展规划2011—2015年的通知》。

② 国家民委经济发展司、中南民族大学：《人口较少民族地区民委系统干部监测统计培训班资料汇编》，2016年。

续表

"五通十有"目标	2014 年	2010 年	提高百分比
2. 户通电率	94.43	92.03	2.4
3. 自然村广播电视覆盖率	94.2	89.12	5.08
4.1 通宽带率	64.6	39.37	25.23
4.2 自然村通电话率	94.27	86.27	8
5. 清洁能源使用率	12.52	8.92	3.6
二、"十有"目标			
1. 集中式供水覆盖率	62.75	50.79	11.96
2. 有安居房的农户比率	53.52	46.55	6.97
3. 有卫生厕所农户比率	38.02	25.35	12.67
4. 高产稳产良田比率	34.13	32.52	1.61
5. 适龄幼儿能接受学前一年教育的村比率	79.58	67.77	11.81
6. 村卫生室达标率	69.05	57.7	11.35
7. 有合格卫生室和农家书屋的村比率	77.65	56.71	20.94
8. 有体育健身和民族文化活动场地的村比率	55.86	33.32	22.54
9. 有办公场所的村比率	93.38	85.16	8.22
10. 农家店覆盖率	62.24	50.61	11.63

二 多元产业发展齐头并进

扶持人口较少民族发展政策有效推动了人口较少民族地区产业结构不断优化调整,经济发展步入了农业、渔业、旅游业等多种经营的轨道,逐步形成了以农业为主、多种经营为辅的多元经营的格局。实施特色农牧业、民俗文化和生态旅游业、民族传统工艺等特色经济项目 2300 多个,投入资金 15.7 亿元。2011—2014 年,人口较少民族聚居村新建设施农牧业(大棚)25728 户;2014 年,扶持项目直接覆盖农牧民 90.8 万户(次)、涉及 342 万人(次),覆盖率分别为 35.3% 和 32.1%,分别比 2010 年提高 17 个和 14.5 个百分点。

三　脱贫攻坚成效明显

贫困发生率和贫困人数是衡量贫困程度和贫困水平的主要指标，也可以衡量差别化扶持政策的绩效水平。2014 年底，2119 个人口较少民族聚居村有贫困人口 81.73 万人，比 2011 年减少 17.4 万人，减贫率 17.6%；贫困发生率 27.3%，比 2011 年下降 7.5 个百分点。490 个人口较少民族聚居村的贫困发生率低于 7.2% 的全国同期平均水平。

四　生产生活条件极大改善

2014 年，人口较少民族聚居村粮食总产量为 2423.2 万吨，经济作物总收入为 1430.5 亿元，劳务输出总收入为 589.2 亿元，人均劳务收入为 19690 元，村级集体经济年收入为 4.6 亿元。到 2014 年底，2119 个人口较少民族聚居的行政村农牧民人均纯收入为 5907 元，比 2010 年（3523元）增长了 67.7%。一些民族如京族、高山族、乌孜别克族、塔塔尔族、锡伯族、赫哲族、裕固族等，已经具备实现全面小康的基础和条件，可以率先实现小康。

五　基础设施水平提升较快

各地均以基础设施建设作为扶持的着力点和出发点，如 2011—2013年甘肃省人口较少民族发展项目数为 617 个，资金总额为 4.01 亿元，资金主要投向基础设施建设（占比 75.96%）；基础设施建设项目资金主要用于道路桥涵建设，占比为 75.4%，其他依次排序为农田水利（15.2%）、人畜饮水（5.35%）、小城镇建设（2.99%）、沼气等能源建设（0.59%）、村容村貌整治（0.48%）。

2014 年，人口较少民族聚居村通沥青（水泥）路的村为 1671 个，比 2010 年（下同）增加 380 个，提高 18 个百分点。通电的村为 2046 个，增加 126 个，提高 6 个百分点。2014 年，人口较少民族聚居村户通电率 94.4%，增加 533 个，提高 2.4 个百分点；拥有彩电率 85%，提高 11.5个百分点；通宽带率 64.6%，提高 25.2 个百分点；户拥有电脑率 12.8%，提高 6.6 个百分点；建有沼气率（清洁能源率）12.5%，提高 3.6 个百分点。人口较少民族聚居的自然村通公路率 87.2%，提高 8.5 个百分点；村内道路硬化的自然村率达 65.2%，提高 27.2 个百分点；自然村通电率 97.6%，提高 3.9 个百分点；自然村通电话率 93%，提高 6.8 个百分点。这些项目的实施，既改善了群众的生产生活条件，又提升了经济实力，人口较少民族群众的生产生活等自我发展能力明显提高，初步走上了生产发展、生活富裕、生态良好的发展道路。

六　社会事业加快发展

人口较少民族地区基层公共文化服务设施不断改善，农（牧）区三级卫生服务网络进一步健全，社会保障体系逐步完善。2014 年比 2010 年，人口较少民族聚居村有幼儿园/学前班的村比率提高 9.9 个百分点，适龄幼儿能接受学前一年教育的村比率提高 11.8 个百分点；村卫生室达标率提高 11.3 个百分点，有行医资格证书医生的村比率提高 7.7 个百分点。2014 年底，人口较少民族聚居村新型农村社会养老保险参保率为 42.8%，比 2010 年提高 16.9 个百分点。

经过多年的政策实践，支持人口较少民族地区发展这一差别化政策，受到基层群众的由衷欢迎，得到社会各界越来越多的关心，得到专家学者的更多关注。扶持人口较少民族发展是民族工作领域的一项创新，是中国特色解决民族问题正确道路的有益探索和成功实践[1]。

第四节　扶持人口较少民族发展政策的评价[2]

公共政策评价是贯穿政策实施全过程的重要环节，是提高政策绩效的重要保证。扶持人口较少民族发展政策评价的实践是政策过程中的薄弱环节，从而影响了政策实施的科学化与规范化。完善和提高扶持人口较少民族发展政策的评估水平是提高公共政策质量和水平的需要，也是科学制定政策的内在需要。公共政策周期理论把政策过程视为一种政治行为的生命过程，并将政策运行过程分为制定、执行、评估、监控、终结 5 个循环往

---

① 《新常态下，如何扶持人口较少民族发展》，《中国民族报》2015 年 5 月 29 日。

② 耿新：《扶持人口较少民族发展政策实施现状与评估研究——基于公共政策周期理论视角》，《西南民族大学学报》（人文社会科学版）2017 年第 10 期。

复的阶段，由此形成一个周期①。从政策生命周期理论视角来看，没有绝对完美和永恒不变的政策②，政策实施中总存在一些问题，政策环境也常发生变化。促使政策发展完善有两个因素：（1）在基本执行政策过程中，出现了一些执行偏差和不足，成为政策生命周期中的新问题；（2）通过多年的政策实践和执行效果评估，这些客观存在的新问题受到重视和确认，重新纳入政策议程建立、政策规划等决策过程中，使政策得到优化。因此，一项公共政策无论如何产生，政策实施过程中的监控和评估都极为重要。公共政策周期理论评估是依据一定标准和方法，对政策方案规划、执行情况和政策效果及价值开展估计与评价的活动，是检验政策效果的根本途径，是政策改变与完善的依据③。扶持人口较少民族发展政策不断修订、完善的过程即是公共政策周期理论的体现。

为更好地了解扶持人口较少民族发展政策的效果和群众满意度，2015年7月—2016年8月，著者对甘肃、广西、贵州、黑龙江、云南、青海、新疆7个人口较少民族省（区）的40个不同民族进行了问卷调查（见附录）。在调查内容的设置上，从政策执行过程的层面选取了18个重要指标。问卷对象的选择主要分为两类：一是将人口较少民族数量最多的三个省份（云南、新疆、黑龙江）作为重点地区，与云南德宏州、新疆喀什市和吉木萨尔县、黑龙江黑河市爱辉区等民族工作部门合作在人口较少民族聚居区内进行随机等距抽样选定样本；二是在中南民族大学、喀什大学等高校在校人口较少民族学生中采用分层随机抽样。本调研总共发放750份调查问卷，回收有效问卷685份，有效回收率91.33%。调查内容包括了受访者的人口学特征、政策过程评价以及9项分项政策的满意度，主要了解政策制定和实施过程中有何经验教训，广大群众如何看待差别化扶持政策，有哪些问题需要进一步思考和探索。

本调查没有在全国所有人口较少民族聚居区范围内随机抽样，相关结论并不能推论人口较少民族总体，但希望一定程度上可以说明影响扶持人口较少民族发展政策满意度的情况。如表2.5，在685位受访者中

①　谢明：《公共政策导论》，中国人民大学出版社2009年版，第104—105页。

②　于思川：《公共政策生命周期理论视角下我国族群政策探析》，《重庆社会主义学院学报》2014年第4期。

③　杜本峰、戚晶晶：《中国计划生育政策的回顾与展望——基于公共政策周期理论视角分析》，《西北人口》2011年第3期。

男性（377 人）比女性（308 人）多 10.2 个百分点。从民族因素来看，
人口较少民族占比接近三分之二，这与政策的受益对象是人口较少民族
和人口较少民族地区群众有关。从被调查者年龄和文化程度交叉分析表
可知，占比最大的对象是 29 岁以下的大学生，这与委托中南民族大学
等高校师生实施调研有一定关系。从职业分布来看，8 种职业类型的分
布较平均，其中"政府民族工作部门"占比较高（16.1%），这与该政
策主要由地方民族工作部门负责综合协调、信息反馈、督查、监测和评
估等工作有关。

表 2.5　　　　　　　　　　受访者基本情况的统计描述

自变量	含义及赋值	频数	有效百分比（%）
性别	男性 = 1	377	55.0
	女性 = 2	308	45.0
民族	汉族 = 1	154	22.5
	人口较少民族 = 2	444	64.8
	其他民族 = 3	87	12.7
年龄	29 岁及以下 = 1	348	50.8
	30—39 岁 = 2	147	21.5
	40—49 岁 = 3	78	11.4
	50 岁及以上 = 4	112	16.4
文化程度	博士 = 1	31	4.5
	硕士 = 2	35	5.1
	大学程度 = 3	483	70.5
	高中 = 4	62	9.1
	初中 = 5	61	8.9
	小学及以下 = 6	13	1.8
职业	政府民族工作部门 = 1	110	16.1
	政府非民族工作部门 = 2	92	13.4
	教育 = 3	331	48.3
	工业与建筑业 = 4	8	1.2
	商贸服务业 = 5	10	1.5
	个体经营 = 6	20	2.9
	农林牧渔生产 = 7	49	7.2
	其他 = 8	65	9.5

一 政策制定过程评价

(一) 政策目标的合理性

《扶持人口较少民族发展规划 (2011—2015 年) 》的政策目标为
"两个基本": 人口较少民族聚居行政村基本实现 "五通十有", 人口较
少民族聚居区基本实现 "一减少、二达到、三提升"。《扶持人口较少
民族发展规划 (2011—2015 年) 考核验收办法》提出分类分层评估人
口较少民族聚居区, 并规定了约束性指标数量和预期性指标数量 (见表
2.6)。

表 2.6　　　　　　　**人口较少民族聚居区考核验收指标数量**

人口较少民族聚居区	指标总量 (项)	约束性指标数量 (项)	预期性指标数量 (项)
人口较少民族聚居村	19	18	1
人口较少民族民族乡	36	19	17
人口较少民族自治县	48	16	32
人口较少民族自治州	48	16	32

受访者对政策评估指标体系与评估方法的总体认可度较高, 88.8%
的受访者认为评估指标体系合理, 88.6%认为政策评价方法和方式科学
合理; 但 11.2%认为评价指标 "一刀切"、评价方式单一, 机械地用同
一种方法和同一个评价体系套用在不同情况的人口较少民族上。从政策
设计上看, 政策考核验收指标几乎都将人口较少民族作为高度同质化的
整体来对待, 未体现民族间、区域间的异质性, 未区分不同民族的起
点、特殊困难与扶持重点的差异, 未考虑同地区不同民族间、不同区域
间发展水平的差异性。如《扶持人口较少民族发展规划 (2011—2015
年) 考核验收办法》中 "清洁能源使用率" 指 "因地制宜推广沼气,
推广小水电、太阳能、风能等可再生能源", 政策实践中却 "一刀切"
地将考核指标等同为 "建有沼气设施的人口较少民族行政村个数"。沼
气是一种清洁、环保的重要生物能源, 是一种能将种植、养殖联系带动
起来, 产生经济与生态环保双效益的重要技术。一是沼气技术对场地、
气候条件有一定要求。我国沼气发酵的适宜区域为西南地区, 而东北高

寒地区和西北干旱半干旱地区空气干旱，寒冷天数多，沼气的推广使用率极低（如内蒙古自治区 192 个人口较少民族聚居村的通沼气率仅为 2.6%，见表 2.7）。二是沼气能否产生效益，与沼气池建设规格质量有关。如怒族、独龙族地区居民点多坐落在坡度较大的山腰或局促的江边，房屋周边平整的空地少而且土层薄、随处岩层裸露，像内地那样集中建池、大面积普及有难度。三是一些人口较少民族积累人畜粪便浇地沃田的习惯还没形成，"种卫生田"成为常态。加之，生猪存栏量少，牛羊也以放养为主，沼气的主要原料来源少。可见采用沼气使用率来衡量清洁能源使用率未体现因地制宜，考核目标的针对性不强。

表 2.7　　　　2013 年部分省（区）人口较少民族聚居村通沼气率[①]

区域	省份	通沼气率（%）
东北高寒地区	内蒙古	2.6
	辽宁	17.95
西北荒漠化地区	青海	19.52
	新疆	22.14
西南边疆高寒山区	贵州	88.89
	云南	64.3

（二）政策程序的规范性

61.3% 的受访者认为政策体系科学完整，48.7% 认为政策不完整；79.6% 的受访者认为政策制定中政府各部门的责任归属合理，77.9% 的受访者认为政策制定程序科学合理，但高达 62.8% 的受访者对政策制定程序和过程缺乏了解。扶持政策所使用的大量项目资金基本由各级地方政府确定，并通过招投标方式委托施工单位实施。作为扶持对象的人口较少民族群众的需求和愿望难以在项目制定和实施中得以体现，某村讨论项目的会议记录上都是宣讲项目的好处，说服群众接受已决定的项目[②]，多数情况下人口较少民族成为"旁观者"而非"参与者"，这显然违背了政策制定的初衷。

---

①　数据来源：2011—2015 年国家民委扶持人口较少民族发展动态监测系统资料。

②　黄建生、高朋、黄晓赢等：《社会评估与民族地区发展——〈云南省扶持人口较少民族发展规划（2006—2010 年）〉实施过程的社会评估》，人民出版社 2013 年版，第 8 页。

表 2.8		影响政策制定的阻碍因素（多项选择）			
因素	政策对象的接受程度	行政程序制约	地区间的攀比	政府部门内部分歧	民族间的攀比	国家政治
频数（人）	367	263	229	210	180	114
比例（%）	53.6	39.6	34.5	30.7	27.1	16.6

从表 2.8 可知：受访者认为影响政策制定的最大阻碍因素是政策对象的接受程度（53.6%）；其次为行政程序制约（占 39.6%）。事实上，人口较少民族群众参与政策制定面临着诸多现实困难与障碍：一是复杂的地理环境减少了参与机会。人口较少民族多处在边境、高寒、干旱、石漠化地区，自然条件恶劣，居住分散，交通运输和信息传递存在较大困难，一定程度上影响了参与政策制定的可能性和有效性。二是发展水平落后限制了参与机会。人口较少民族聚居区经济发展水平普遍较低，有的地方连温饱问题都难以解决，群众缺乏政治参与和民主决策所必需的经济基础。2013 年，全国 2119 个人口较少民族聚居村农牧民人均纯收入为 5179 元，仅为全国农牧民人均纯收入的 58.2%；人口较少民族贫困发生率高达 26.7%，比全国高 18.2 个百分点。三是传统文化的影响制约了参与意识。一些地区仍保留着传统的狭隘型和臣属型的政治文化，"官本位"意识、等级观念和特权意识浓厚，缺乏主体发展和民主参政意识。四是文化素质低限制了参与能力。据第六次全国人口普查统计，人口较少民族中有 18 个民族的平均受教育年限低于全国平均受教育年限水平（8.76 年）；门巴族、珞巴族、撒拉族、德昂族、独龙族、怒族、普米族、布朗族、保安族、土族、景颇族、基诺族、阿昌族、裕固族、京族、毛南族、仫佬族、塔吉克族、柯尔克孜族 19 个民族的 6 岁及以上人口受教育情况低于全国水平[1]。文化水平虽不是政治参与的必要条件，但文化素质低必然影响政治参与的能力和水平。

二 政策实施过程评价

1. 政策作用对象的认同度

（1）政策了解度。实现公共政策目标绝非政策主体（政策制定者和

---

[1] 国家民族事务委员会经济发展司、国家统计局国民经济综合统计司：《中国民族统计年鉴 2012》，中国统计出版社 2013 年版，第 633—636 页。

执行者）的一厢情愿，还必须得到政策作用对象的认同，政策主体与政策对象的互动是政策过程的基本要求。随着政治民主化的不断深入，人口较少民族强烈地意识到不能仅仅被动接受政府的政策决议，而要参与到政策实施过程中去。被调查者对扶持政策的了解和知晓度比例偏低：很了解（16.4%）、一般了解（68%）、不了解（15.6%）。人口较少民族不了解政策内容，不能积极、自主地参与其中。基层干部在政策宣传力度和解释上的威信度较高，人口较少民族了解政策的主要途径是"参加村民大会"及听村干部介绍，而通过电视、报刊、网络等媒体获取政策信息的比例极低。人口较少民族政策信息获取存在"信息不对称"，因文化素质或信息渠道狭窄容易导致信息屏蔽，这也证实了"政策宣传力度虽大，但受影响人群对项目情况了解严重不足，对项目了解基本停留在口号阶段"观点（黄建生，2013）。应加大政策的宣传力度，多形式、多渠道地将惠民政策毫无保留地传递给各种群众，以公示栏、宣传栏等通俗易懂的方式让群众及时了解各项政策，使政策效果入脑入心。

（2）政策参与度。扶持政策采取自上而下、政府全权负责的运行机制，将发展的主体客体化，认为人口较少民族群众不具备参与项目规划和管理的能力。人口较少民族权利主体的缺失表现为民意渠道不畅，发言权少。扶持政策强调的是整村推进、整族帮扶，扶持项目投入巨大，但项目产生的利益有的被掌握权力和信息的人群获取（精英捕获），普通群众沦为"沉默的看客"。调研发现，无论是聚居区还是散居区，人口较少民族群众参与项目的机会和积极性均不高，项目获得感不强①，相互间有时因信息不透明而出现猜忌，甚至形成某种程度的地方话语，产生不和谐。项目受益者有时成为"旁观者"，自我发展能力没有得到发展，未能很好地构建起自我管理体系。如云南省兰坪白族普米族自治县兴建当地期盼已久的公路时，雇用的修路工人都是外来的务工人员，本地的普米族群众并未成为领薪的劳动者②。任何项目投入都是有限的，如果没有受影响人群的积极参与，一旦资源用尽，项目即宣告结束。由于未能充分发动群众，一些人口较少民族聚居村修建的村村通公路在建好后无人维护，很快便

---

① 耿新：《如何进一步完善扶持人口较少民族发展政策》，《中国民族报》2018 年 6 月 29 日。

② 黄建生、高朋、黄晓赢等：《社会评估与民族地区发展——〈云南省扶持人口较少民族发展规划（2006—2010 年）〉实施过程的社会评估》，人民出版社 2013 年版，第 128 页。

"晴通雨阻"。此外，任何项目都是项目规划人员依据普适性的理性知识设计的，各民族在长期历史发展中形成的大量适应自然环境的地方性知识难以在项目建设中得以吸收和运用，有的项目事前未经过充分沟通而盲目上马，降低了项目预期效果。如独龙族群众对政府帮助修建住房的政策非常满意，但因未让独龙族群众参与设计房屋，新房中没有保留生活中至关重要的火塘，反倒设计出复杂的厨房，导致独龙族群众的满意度和实际使用度降低。

（3）政策受益度。调研发现：63.9%的受访者本人及家人享受过扶持政策，这说明政策的总体受益面较广。受益最大的政策为招生政策，46.6%的受访者享受了升学加分政策，其他依次为产业帮扶（5.4%）、公务员招考（2.6%）、计划生育（2.3%）、干部提升（1.2%）。由于升学加分、公务员招考、干部提升等与个人进步直接相关，受访者感受最深刻；而产业帮扶使群众生活发生显著变化，易产生较高的评价。

（4）政策赞同度。根据利益相关者理论，扶持政策的目标群体比较恒定，即仅对列入扶持范围的人口较少民族聚居村的人口较少民族实施政策优惠，群体的内涵和边界均十分明确。这使得在相同经济背景和生活条件下，人口较少民族比同一地区的其他民族拥有更优惠的政策待遇。仅凭族群身份来确定是否享受优惠政策本身并不公平①。调研中，受访者对政策大多持肯定的评价态度，但大多认为政策覆盖对象应扩大和提高。65.8%的被调查者认为应加大政策的覆盖对象，9.3%的受访者认为扶持范围过大导致项目的平均资助力度减小了，这说明群众既对政策较为赞同和满意，又期待政策能带来更多实惠。22.1%的受访者对扶持范围不清楚，则表明有关部门需在后续工作中加强政策宣传力度。

2. 政策实施主体的能力

（1）对政策执行手段的评价。公共政策的执行手段主要有行政手段、法律手段、经济手段、教育手段等。受访者认为最应采取教育手段（66.9%），其次为行政手段（63.8%）、经济手段（58.2%）、法律手段（44.2%）和其他手段（4.5%）。政策措施常因执行者的不作为或消极作为而降低政策效果。如果缺乏过硬措施，一些优惠性政策只会停留在文件

---

① 于思川：《公共政策生命周期理论视角下我国族群政策探析》，《重庆社会主义学院学报》2014年第4期。

或会议层面，难以得到落实，有些政策会因地方利益、部门利益影响而被搁置。（2）对政策执行人员的评价。从政策实施角度来看，政策实施者的组织、规范和效率几乎都无可挑剔，工程实施的全过程都符合政策规定，程序上也没有什么问题。建设基础设施和民生改善项目都会聘请专业部门进行设计，然后按国家专项项目资金的规定进行公开招标，施工期内聘有专门的监理公司。项目招投标需在当地媒体上公示，完成后开展审计。调研发现，受访者普遍认可政策基层执行者的敬业精神和履职尽责的能力，73.3%的受访者认为政府执行政策公平公正，26.7%认为政策不够公平公正，主要原因是扶持政策未给他们带来任何显著改善，且实施的部分项目未征求其意见、部分项目质量有问题。同时，对扶持项目的资金使用上还有不尽如人意的地方，如每年国家下拨的少数民族发展资金较晚，由于西藏等高寒藏区气候条件特殊，一些高海拔地区因而错过施工季节，导致工程建设出现跨年现象。（3）对政策实施主体的评价。政策实施主体的自觉意识有差距，对政策及其实践的认同度不一致。目前人口较少民族聚居区的各级政府及群众的积极性和主动性较高，政策资源争取相对容易，扶持成效明显。而散杂区项目资金扶持力度相对较小，政策实施者及群众难以享受到实惠，主动性和积极性不高，对政策认同度也心存疑惑，认为政策资源分配在聚居区和散杂区缺乏公平合理[1]。

三　政策监督过程评价

公共政策周期理论认为在政策执行过程中，需要将政策执行效果和政策客体的反应及时向政策主体反馈，并及时修正和优化政策，使政策能够更好适应政策环境的变化，以延长政策的生命周期[2]。扶持人口较少民族政策主要以大量项目的实施来推动，这是一项系统工程，从政策制定、实施到验收，有效的管控是保证规划落到实处的关键所在。然而，上级部门大多对基层情况的了解不够深入，实施规划的具体组织者又是各级政府部门，项目的多头管理普遍存在编制少、人员流动性大、业务不熟悉等问

---

① 李若青：《云南扶持人口较少民族发展政策的实践对策研究》，硕士学位论文，云南大学，2011年。

② 于思川：《公共政策生命周期理论视角下我国族群政策探析》，《重庆社会主义学院学报》2014年第4期。

题，致使项目的制定、实施和验收的差异较大，对规划实施的过程管理缺乏连续性和有效性，项目评估体系建立不完善。

1. 评估的必要性与可信性。95.5%的受访者认为有必要对现行政策开展动态评估，政策评估符合基层干部与群众的实际需求。在政策评估结论真实可信度时，94.4%的受访者积极认可评估结论（其中24.8%的受访者认为评估结论真实可信，69.6%认为大部分结论可信）①。对评估可信度评价高的原因也与这两个数据有一致性：88.6%的受访者认为政策评估的方式方法科学，88.8%的受访者认为评估程序科学合理。

2. 监测数据的科学性。为保证扶持政策的实施效果与目标实现，2006年国家民委领导分别带队调研10省区规划项目和资金的落实情况、规划实施进度及成效等。2007年国家民委开展了扶持人口较少民族发展动态监测工作，动态监测体系包括省、村两级共117项统计指标：其中省级统计报表包括扶持发展工作资金和项目安排情况等34项统计指标，村级统计报表包括人口较少民族聚居行政村基本情况、经济社会发展和生活状况、扶持成果等"四通五有三达到"等83项指标②。2014年，国家民委委托中南民族大学开展"十二五"规划中期评估，对西北片、东北片、西南片和北疆地区4个区域进行考核评估调研③。2016年8月，国家民委联合中南民族大学开展《扶持人口较少民族发展规划（2011—2015年）》终期评估。三次评估较系统地梳理了各地扶持模式、创新举措、扶持成效和典型事例，归纳了人口较少民族全面建成小康的特殊困难及思路打算。可见，扶持人口较少民族发展统计监测工作较为系统，形成了文件启动、中期评估、终期评估的闭环管理模式，评估数据及时供政策制定部门决策参考，相关数据和资料及时向社会公开。44.7%的受访者认为统计监测数据科学合理，同时高达43.5%的受访者不清楚统计监测数据。一些地区存在统计监测数据报送口径不一致、数据准确度不高、信息报送不及时等问题，尤其是乡村两级无专职干部负责统计监测工作，一些干部

① 耿新：《如何进一步完善扶持人口较少民族发展政策》，《中国民族报》2018年6月29日。

② 黄建生、高朋、黄晓赢等：《社会评估与民族地区发展——〈云南省扶持人口较少民族发展规划（2006—2010年）〉实施过程的社会评估》，人民出版社2013年版，第276页。

③ 耿新：《如何进一步完善扶持人口较少民族发展政策》，《中国民族报》2018年6月29日。

不具备使用"扶持人口较少民族统计监测系统"的能力，更缺乏对数据的科学分析与运用能力，亟须对其加强培训。

3. 监督过程的合理性。59.8%的受访者认为政策监督体系健全，78.6%的受访者认为政策监督程序合理，说明大多数受访者对政策监督体系的健全性和监督程序的合理性持乐观态度。

4. 监督的有效性。问卷数据对政策监督及其奖惩措施的有效性评价具有一致性，对政策监督过程有效性的评价是积极的，排序从高到低依次为：部分有效（62.7%）、有效（35.8%）、完全无效（1.5%），仅1.5%和2.3%的受访者认为政策监督过程和监督措施是完全无效的。从政策监督结果的奖惩措施有效性的评价可知，高达86.1%的受访者认可奖惩措施的效果（33.9%认为有效，52.2%认为部分有效）。

四 政策满意度评价

（一）总体满意度评价

测量扶持人口较少民族发展政策满意度采用逆向赋值，根据李克特量表法将"非常满意""满意""一般满意""不满意""非常不满意"分别赋值为1、2、3、4和5。理论中值为3，分值大于3则为不满意状态，分值小于3则为满意状态。受访者对扶持人口较少民族发展政策总体满意度的平均值为2.1503，位于"满意"和"一般满意"之间。从表2.9来看，受访者认为"满意"的比例最高（42.3%），其次为"一般满意"（27.8%）。选择"非常满意"和"满意"的比例之和高达66.6%，而"不满意"与"非常不满意"之和仅为5.6%。可见受访者对政策满意度非常之高，印证了扶持政策的实施效果有目共睹，体现了民族间事实上的平等。

表 2.9　　　　　　　扶持人口较少民族发展政策总体满意度

	非常满意	满意	一般满意	不满意	非常不满意	合计
人次	159	277	182	33	4	655
比例（%）	24.3	42.3	27.8	5	0.6	100

注：因部分变量存在缺失值，各样本和小于685个的有效样本数，以下各表中可能存在该问题。

（二）单项满意度评价

本研究进一步分析了财政税收、金融服务、产业扶持、干部人才、教育培训、扶贫开发、生态保护、文化卫生、社会保障共 9 类具体政策（见表 2.10）。从得分均值来看，最满意的是财政税收政策，平均得分为 2.05 分，其次为扶贫开发政策（2.06 分）。9 项政策中"非常满意"和"满意"比例之和位于 59.8%—72.9%，其中财政税收政策（72.9%）、扶贫开发政策（70.7%）排在满意度前两位，说明财政税收、金融信贷等政策在人口较少民族聚居区得到了较好落实，经济开发政策因群众直接受益广、参与度高而受到高度评价；或许基于大部分群众的利益考虑，满意度较高的项目集中在经济类政策。满意度次高的是民生保障类政策，如教育培训（69.7%）、社会保障（67.8%）和干部政策（65.8%）。从 9 项具体政策的均值来看，最不满意的是生态保护政策，平均得分为 2.29 分，说明受访者对人口较少民族聚居区环境保护的要求和愿望较为强烈。9 类政策中"不满意"和"非常不满意"两者比例最高的分别是生态保护（9.6%）、文化卫生（7.8%）、教育培训（6.4%），可见群众对自身生活保障有关的环境、文化卫生、教育水平等关注度更高，政策满意度的敏感性更强，说明了受访者对基本公共服务的迫切要求和现实需求还存在提升空间。

调查过程中，著者考察了黑龙江黑河市爱辉区坤河达斡尔族满族乡黑木耳培植项目基地。2015 年，木耳市场整体低迷时，远达合作社生产的"扎日格贝"牌木耳每斤却卖到 50 元，逆市热销，为每个农户带来 3 万元的收入。2016 年，木耳又扩大了规模，增加了 20 栋大棚，吸收 20 户农户入社，每家每户的木耳收入可达到 4 万元。2017 年合作社已经开始了三级菌的培养和生产，除了合作社农户外，还有 20 余人在合作社打工，解决了农闲时间的增收问题。正在辛勤劳作的猎民们看着培植出的一架架木耳架子，脸上露出了喜悦的神情。

表 2.10　　　　　　　扶持人口较少民族发展政策分项满意度

序号	政策类别	非常满意（%）	满意（%）	一般满意（%）	不满意（%）	非常不满意（%）	有效人次	均值
1	财政税收	24.2	48.7	25	2.1	0	657	2.05
2	金融服务	22.7	40.1	32.5	4.6	0.1	656	2.19
3	产业扶持	25.6	42.9	26.6	4.3	0.6	657	2.11
4	干部人才	23.6	42.2	28	4.9	1.2	656	2.18
5	教育培训	27.8	41.9	23.9	5.8	0.6	658	2.09

续表

序号	政策类别	非常满意（%）	满意（%）	一般满意（%）	不满意（%）	非常不满意（%）	有效人次	均值
6	扶贫开发	27.2	43.5	25.5	3.5	0.3	658	2.06
7	生态保护	22	37.8	30.6	8.4	1.2	651	2.29
8	文化卫生	21.2	40.6	30.4	7	0.8	655	2.25
9	社会保障	24.7	43.1	27.7	4	0.5	649	2.12

五　分类扶持效果评价

调查结果显示：49%的受访者认为扶持人口较少民族发展政策已体现了分类指导思想，42%的受访者对政策不清楚，9%的受访者认为现有扶持政策并未体现分类指导。同时，59.2%的受访者认为有必要、15.6%的受访者认为很有必要实施分类扶持政策。可以看出分类扶持政策非常必要，差别化政策符合群众意愿。

表 2.11　　　　　　　　分类扶持与政策各环节的相关分析

项目	政策制定过程	政策执行过程	政策评估过程
政策是否体现分类扶持	0.11*	-0.001	-0.067

注：* 表示 $p < 0.05$，** 表示 $p < 0.01$（下同）。

对分类扶持与政策评价各环节进行相关分析后发现，只有政策制定过程与分类扶持呈显著的正相关关系。即对政策制定过程的认可度越高，对分类扶持政策的认可度也越高，而其余变量间不存在显著相关关系（见表 2.11）。独立性 T 检验后发现：$P < 0.01$ 说明性别因素对分类扶持的差异显著，总体上对分类帮扶、因族举措的评价较好（见表 2.12）。

表 2.12　　　　　　　　性别对分类扶持的影响

项目	性别	M	SD	F
现有政策是否体现分类扶持	男	2.22	0.63	3.63**
	女	2.43	0.63	
是否有必要实施差别化政策	男	2.1	0.89	10.27**
	女	2.39	0.94	

注：M 表示平均数，SD 表示标准差。

对不同民族与分类扶持的单因素方差分析后发现（见表2.13），不同民族受访者对分类扶持政策的评价无显著差异。对个人行业、学历等特征与分类扶持的关系进行差异性检验发现，不存在显著性差异。

表 2.13　　　　　　　　　　民族对分类扶持的影响

项目	民族	M	SD	F
现有政策是否体现分类扶持	汉族	2.25	0.6	1.41
	人口较少民族	2.37	0.65	
	其他少数民族	2.23	0.6	
是否有必要实施差别化政策	汉族	2.25	1	0.29
	人口较少民族	2.24	0.9	
	其他少数民族	2.37	0.92	

注：M表示平均数，SD表示标准差。

第三章

差别化扶持人口较少民族发展的现实原因[1]

　　列宁指出"每个民族都会有自己的特点"[2]。民族的发展水平包含政治、经济、文化、社会等范畴。政治上，不同民族的社会发展程度不同步，社会结构、阶级构成、政治体制差异巨大。经济上，不同民族生存环境各异，生产生活方式、经济发展水平千差万别。文化上，不同民族有不同的语言、习俗和宗教信仰。这些差异性，制约和影响了经济发展过程及其经济结构，表现出与社会发育不平衡相对应的结构层次性；与文化传统多元性相对应的结构多样性；与制度约束多重性相对应的结构演化二重性；与区位环境多样性相对应的结构类型复杂性；与生态环境多样性相对应的结构适应性[3]。2014 年，中央民族工作会议指出，我国正处于社会主义初级阶段，各民族共同因素不断增多，但民族差异、民族特点与民族差距在一定时期内还将存在。

第一节　自然禀赋异质性

　　民族差异是民族问题产生的自然因素，自然差异源于民族自身的发展状态。每个民族的发展状态决定了其民族特征及地位；从民族交往的现实来看，每个民族在民族关系中的地位与关系取决于自身发展。自然条件是人类生存的基础和社会发展的重要条件。经济发展的自然基础为人类经济

---

　　① 耿新：《精准扶贫的差别化政策研究——以扶持人口较少民族发展为例》，《中国农业大学学报》（社会科学版）2017 年第 5 期。

　　② 《列宁全集》（第 23 卷），人民出版社 1990 年版，第 64—65 页。

　　③ 王文长：《民族视角的经济研究》，中国经济出版社 2008 年版，第 198 页。

活动提供了对象和手段，并成为整个经济活动和生存的空间。这个"空间"的条件往往决定了"经济"的质量水平①。自然禀赋状况不但决定了该地区的发展格局，而且影响民族的生活方式、生活水平和行为倾向。从经济发展来看，区域禀赋结构指本区域的自然资源、劳动力、人力资本和物质资本的相对丰裕度。地质和自然地理环境因素是禀赋结构的第一天性，决定了一个地区的自然区位、自然条件与自然资源。自然禀赋与发展水平间有内在逻辑，不同区域的自然禀赋既是发展水平的初始成因，也是发展的约束力量②。

一　区位分布广泛性

（一）分布上呈边缘性

边缘性指人口较少民族多聚居生活在我国边境地区，远离国家政治经济文化核心区，远离市场中心；大多处在所属省（区）的边远地区，属于国界、省界、陆界的边际地理区位。从区位上看，除福建、广西、辽宁属沿海地区外，其他的内蒙古、黑龙江、吉林、江西、广西、贵州、云南、西藏、青海、新疆、新疆生产建设兵团均属于内陆地区。除保安族、裕固族、赫哲族、高山族外，其他24个民族均主要分布在民族八省区。

人口较少民族南北和东西向分布跨度非常大，位于祖国版图最北端的黑龙江省漠河县北极乡（北纬53°29′14.50″）的俄罗斯族，最南端的云南省勐腊县尚勇镇（北纬21°14′37.42″）的布朗族，两者南北相差32°。位于祖国版图最东端的黑龙江省抚远县抓吉镇（东经101°27′34.63）的赫哲族，最西端的新疆克孜勒苏自治州乌恰县吉根乡的柯尔克孜族（东经74°22′0.08），两者东西相差27°。

我国2.2万公里的陆地边境线上，人口较少民族中有21个聚居在边境地区（见表3.1）。黑龙江、吉林、辽宁、内蒙古、新疆、西藏、云南、广西、甘肃等省区皆有长度不一的边界线，与此相毗邻国家的经济发展水平差异较大，有的国家政治不稳定、领土存在争议。由于地处边境地区，地理区位和对外影响非常重要，事关国家的边疆稳定。2013年，全国

① 陈庆德：《发展人类学引论》，云南大学出版社2001年版，第278页。
② 张丽君、董益铭、韩石：《西部民族地区空间贫困陷阱分析》，《民族研究》2015年第1期。

2119 个人口较少民族聚居村中因守边不能搬迁的边民占比为 8.13%。鄂伦春族、鄂温克族、赫哲族、俄罗斯族、塔塔尔族、塔吉克族、乌孜别克族、京族、布朗族、阿昌族、怒族、德昂族、独龙族、门巴族、珞巴族等 15 个民族为跨界民族，总人口数为 67.2 万人（第六次全国人口普查数据）。这些民族多与国外同一民族或相似民族跨境而居，语言相通、习俗相近、信仰同源、文化相同，经过漫长的交流与往来，相互之间关系密切。文化上的国际性决定了国际社会极为关注这些民族的发展状况，人口较少民族的发展直接影响国际交流和国家形象的塑造。有相当数量的同一民族居住在邻国，而且国外同一民族的人数一般多于国内。如果能够使这些民族的经济发展和收入水平得到提高，明显高于境外同民族的水平，将对国家凝聚力和国防巩固非常有利。

表 3.1　　　　　　　　　　人口较少民族地域分布情况[①]

序号	民族	主要分布区域	接壤的国家（地区）
1	珞巴族	西藏墨脱县、米林县、隆子县、林芝县	印度、缅甸、尼泊尔
2	高山族	福建漳州市、南平市	—
3	赫哲族	黑龙江同江市、饶河市、佳木斯市	俄罗斯
4	塔塔尔族	新疆昌吉州、乌鲁木齐市、伊犁州	蒙古国、哈萨克斯坦、吉尔吉斯斯坦、俄罗斯
5	独龙族	云南贡山县、维西县、西察隅县	缅甸
6	鄂伦春族	黑龙江黑河市；内蒙古鄂伦春旗、莫力达瓦旗	俄罗斯
7	门巴族	西藏墨脱县、林芝市、隆子县	印度、尼泊尔
8	乌孜别克族	新疆昌吉州、伊犁州、喀什地区、乌鲁木齐市	蒙古国、哈萨克斯坦、吉尔吉斯斯坦
9	裕固族	甘肃肃南县	—
10	俄罗斯族	新疆乌鲁木齐市、伊犁州、塔城地区、阿勒泰地区；内蒙古额尔古纳市；黑龙江黑河市	俄罗斯、哈萨克斯坦、吉尔吉斯斯坦
11	保安族	甘肃积石山县	—
12	德昂族	云南芒市、镇康县、盈江、瑞丽、陇川县	缅甸
13	基诺族	云南景洪市	缅甸

---

① 注：根据有关资料整理。

序号	民族	主要分布区域	接壤的国家（地区）
14	京族	广西东兴市	越南
15	怒族	云南怒江州、迪庆州	缅甸
16	鄂温克族	内蒙古鄂温克旗、鄂伦春旗和莫力达瓦旗、陈巴尔虎旗、阿荣旗	俄罗斯
17	普米族	云南兰坪县、丽江市、迪庆州	—
18	阿昌族	云南德宏州、大理州、保山市	缅甸
19	塔吉克族	新疆泽普县、莎车县、叶城县、塔县、阿克陶县	吉尔吉斯斯坦、塔吉克斯坦、巴基斯坦、阿富汗、印度、克什米尔地区
20	布朗族	云南西双版纳勐海县、临沧市、思茅市澜沧县	缅甸、越南
21	撒拉族	青海循化县、化隆县；甘肃积石山县；新疆伊宁县	哈萨克斯坦
22	毛南族	广西河池市；贵州黔南州	—
23	景颇族	云南芒市	缅甸
24	达斡尔族	黑龙江、新疆	俄罗斯、哈萨克斯坦
25	柯尔克孜族	新疆克孜勒苏柯尔克孜州	吉尔吉斯斯坦、塔吉克斯坦、巴基斯坦、阿富汗、印度、哈萨克斯坦、克什米尔地区
26	锡伯族	辽宁；新疆伊犁州、塔城地区	朝鲜、哈萨克斯坦
27	仫佬族	广西	—
28	土族	青海	—

（二）居住上呈小聚居

不同民族在历史发展中演化为聚居和散居两种生产生活方式，这两种生活方式实际上是民族聚合程度的反映[1]。战争、历史事件、国界划分、人口迁徙、民族分合、民族政策等社会性因素，对民族发展及分布均有一定影响[2]。从全国来看，人口较少民族大多聚居在相应的自治州、自治县

---

[1]　陆平辉、杜博：《民族关系的制度化调整策略分析：详论少数人权利保障策略》，《中南民族大学学报》（人文社会科学版）2006 年第 6 期。

[2]　王铁志：《人口较少民族研究的意义》，《黑龙江民族丛刊》2005 年第 5 期。

和民族乡，这种自然和历史上形成的分布格局使人口较少民族分布具有"面上分散、点上集中"的特点。各民族在分布的交错杂居、文化的兼收并蓄、经济的相互依存、情感的相互亲近，形成了你中有我、我中有你、谁也离不开谁的多元一体格局。

目前，我国人口较少民族自治地方包括 2 个人口较少民族自治州和 16 个人口较少民族自治县。目前，景颇族、柯尔克孜族建有自治州，鄂伦春族、鄂温克族、达斡尔族、保安族、撒拉族、土族、裕固族、塔吉克族、锡伯族、毛南族、仫佬族、布朗族、独龙族、怒族、普米族共15 个民族单独或与其他民族联合建立了自治县。在这些自治地方，人口较少民族聚居比例非常高，如新疆克孜勒苏州有柯尔克孜族 14.35 万人，占全国柯尔克孜族人口的 76.9%；云南德宏傣族景颇族自治州有景颇族 13.44 万人，占全国景颇族人口的 90.9%。在 16 个自治县中，全国 60% 的塔吉克族居住在新疆塔什库尔干塔吉克自治县，46.7 的仫佬族人口集中居住在广西罗城仫佬族自治县，59.7% 的撒拉族人口居住在青海循化撒拉族自治县，22.4% 的鄂伦春族人口居住在内蒙古鄂伦春自治旗[①]。

人口较少民族中 21 个民族共建立了 71 个人口较少民族乡，其中达斡尔族民族乡数量最多（11 个），其次为鄂温克族（9 个）、柯尔克孜族（7个）、鄂伦春族（6 个）、门巴族（5 个）、布朗族（5 个）、锡伯族（5个）、塔吉克族（4 个）、赫哲族（3 个）、阿昌族（3 个）、珞巴族（2个）、土族（2 个），俄罗斯族、裕固族、塔塔尔族、乌孜别克族、毛南族、仫佬族、基诺族、怒族、普米族民族乡均为 1 个；达斡尔族还分别与鄂温克族、柯尔克孜族联合成立了 2 个民族乡。人口较少民族大部分以乡、行政村为单位聚居，这种聚居形式使得以这些民族为主要对象的扶持项目和资金便于实施。

二　空间结构非均衡性

（一）空间距离差距大

距离（Distance）指一个地区与其他地区在空间上的区位关系，包括

位置关系、地缘政治关系、地缘经济关系及交通和信息关系等①。这里主要考察人口较少民族地区与发达地区和经济核心区的经济距离。

表 3.2　　　　　　　人口较少民族聚居区与省会（首府）的距离②

序号	人口较少民族自治县（旗）	距离省会（首府）的距离（公里）	是否通铁路
1	莫力达瓦达斡尔族自治旗	2068	否
2	鄂伦春自治旗	2265	否
3	鄂温克族自治旗	2279	否
4	罗城仫佬族自治县	323	是
5	环江毛南族自治县	287	否
6	双江拉祜族佤族布朗族傣族自治县	601	否
7	贡山独龙族怒族自治县	789	否
8	兰坪白族普米族自治县	533	否
9	肃南裕固族自治县	588	否
10	积石山保安族东乡族撒拉族自治县	193	否
11	大通回族土族自治县	42	是
12	民和回族土族自治县	113	是
13	互助土族自治县	43	否
14	循化撒拉族自治县	151	否
15	塔什库尔干塔吉克自治县	1765	否
16	察布查尔锡伯自治县	706	否
	平均距离	797	—

一是与国内发达地区的距离总体偏远。如果一个地区与发达地区（经济中心）的距离较远，则意味着交通落后，信息闭塞，远离大市场，市场潜力小；反之亦然。研究表明与政治经济核心区的距离能在一定程度上解释该地区的发展水平③。如表 3.2 所示，16 个人口较少民族自治县（旗）与其省会（首府）的平均距离为 797 公里，可见大部分人口较少民族自治县（旗）离经济核心区较远，距离最远的鄂温克族自治旗距离首府呼和浩特 2279 公里。16 个自治县（旗）中有 13 个城市未通铁路，交

---

① 郑长德：《中国少数民族地区的后发赶超与转型发展》，经济科学出版社 2014 年版，第152 页。

② 资料来源：百度地图、12306 网站。

③ 郑长德：《中国少数民族地区的后发赶超与转型发展》，经济科学出版社 2014 年版，第153 页。

通极为不便。二是国外毗邻效应差。一个地区毗邻的地区经济越发达，得到发达地区的正溢出效应越强，对本地区发展十分有利；反之则表现为"贫困的空间聚集"。毗邻效应从宏观上看，人口较少民族相毗邻的国家多为经济发展水平偏低的穷国，如越南、缅甸、巴基斯坦、塔吉克斯坦、吉尔吉斯斯坦等。因为受发达地区辐射度较弱，难以吸引到资金项目、人才和技术，区域内缺乏工业与城镇增长极，难以发挥自身资源优势，聚集作用和带动能力较弱。

（二）自然环境分割大

分割（Division）指区域间的商品、资本、人员与知识流动的限制因素，即阻碍经济一体化的有形或无形障碍①。人口较少民族地区的分割首先体现为自然环境的复杂与破碎。

一是海拔的差异性。山区因垂直的自然带变化，使热量、水分、土壤、生物资源的差异明显，具有多类型的自然生态环境，适合多种经营，为发展开拓了广阔的渠道。如鄂伦春族聚居区山地多、面积大，森林草场资源丰富，林副土特产品多，矿产蕴藏丰富，具有清新幽静的环境和奇特的景观，为开发林牧和工矿业、发展旅游业和振兴山区经济提供了丰富的物质基础。人口较少民族的分布与地形结构有高度关联性，如滇西边境的德宏州，傣族多聚居在盆地，半山区则为阿昌族和汉族，山头一般居住着景颇族和傈僳族。滇西南临沧、普洱、西双版纳等地，傣族和汉族聚居在平地，布朗族、拉祜族、基诺族等聚居在山腰，哈尼族与瑶族占据山头②，可见人口较少民族部分山区表现出明显的聚居空间分层的状态（民族族谱）③。

二是地势起伏大，开发成本高。人口较少民族地区地形地貌特征有高原、山地、丘陵、平原和盆地等复杂多样的地形地貌，以高原、山地和盆地为主体，地势起伏大，地形复杂多样。地势起伏大的地表结构增加了区域开发成本，如山区修公路的单位成本是平原地区的5—10倍④。不同的

① 郑长德：《中国少数民族地区的后发赶超与转型发展》，经济科学出版社2014年版，第150页。
② 麻国庆：《记忆的多层性与中华民族共同体认同》，《民族研究》2017年第6期。
③ 王文长：《民族视角的经济研究》，中国经济出版社2008年版，第55页。
④ 研究表明：陆地海拔每升高1000米，人体劳动能力因缺氧而下降10%左右，正常人在海拔4000米以上地区工作时的劳动能力比在近海平原处工作时下降39.7%；海拔每升高1000米，内燃机功率下降8%—13%，油耗增加6%。

海拔高度有不同的水热分布情况，导致山区和平原地区的农业生产差异巨大。独龙江乡各种建设物资的运输费用达 400 多元/吨，有的建设物资运费比成本还高①，制定规划时的经费预算与实际费用存在差距，资金缺口较大，要按照规划设计要求按时、按质、按量完成项目十分困难。

三是存在行政区边界的分割。如前所述，人口较少民族多居住在行政区间的结合部，其行政边界分割突出表现在处于各级行政区间的边缘地带。崎岖山形成为修路的严重障碍，阻碍了区域内外的经济联系。而克服这些障碍，就需要修建隧道、桥梁、涵洞等复杂而昂贵的工程设施。岩溶、冻土、黄土、风沙等地貌区常影响到交通线路的布局。我国高山峡谷地区、横断山脉地带虽有丰富的矿产资源，但选厂设址受地形限制明显。高寒地区平坦面积大，土地平整，土层深厚，适合耕作（尤其是机耕）；有的地方牧草生长的地面广阔，有利于种植业和畜牧业的发展。

总之，大多数人口较少民族地区农业生产条件欠佳，先天条件不足，严重制约了农业发展。在封闭性资源约束条件下，民族生存及对生存环境的依赖时常造成"靠山吃山、靠水吃水"，自然资源的结构、性状、丰饶与贫瘠等情况直接制约着民族的生存方式。市场经济条件下，"靠山吃山、靠水吃水"不再是封闭地域内的自给自足，而是市场交换过程发挥资源禀赋和比较优势的实现途径，成为发展民族特色经济的基础。

三　气候多样性

人口较少民族聚居区南北纬度相差 32°，从北向南依次为寒温带、温带、暖温带、北亚热带。鄂伦春族、鄂温克族地区冬季漫长，冬季可达零下 40℃，积温时间短，地广人稀，农作物产量低。撒拉族、土族等干旱半干旱地区为内陆气候，降水稀少，有些地区降水量仅数十毫米。塔吉克族、柯尔克孜族聚居区沙漠密布，干燥少雨，受高纬度和高地势的双重影响，春冬季节非常寒冷。门巴族、珞巴族等高寒气候区，不利于农业发展。气候的多样性对不同民族的经济活动影响巨大。

一是多样化的气候决定了农业生产的差异性。多样化的气候条件造成不同地区的光照条件、降水量、温度、湿度的差异，进而对农作物的播种

---

① 杨筑慧：《中国人口较少民族经济社会发展追踪调研报告》，学苑出版社 2016 年版，第 74 页。

和生长等农业活动有较大的影响。二是气候对交通运输的影响较大。西南横断山区气候多变，如独龙族、布朗族、阿昌族聚居的高寒地区易发生大雪、暴雨，并引发道路堵塞或冲毁，对陆路交通影响较大。云南德宏州90%以上的村级公路是沙石路，由于南方雨水多，很多区域的道路坑坑洼洼，一般车辆难以通行。三是气候对自然灾害的影响巨大。个别地区气候变化剧烈，干旱、洪涝、冰雹、风沙、低温、雪灾等自然灾害呈多发态势，重大农作物病害经常发生，导致农业产量低且不稳定。2013年，我国2119个人口较少民族聚居村中，965个自然村遭受严重自然灾害（占比45.54%），其中遭受旱灾比例为25.77%；遭受病虫害比例为14.39%；遭受冷冻灾害比例为14.26%；遭受干热风灾比例为5.86%；遭受动物疫情灾害比例为8.68%；遭受泥石流灾害比例为5.81%；遭受地震灾害比例为2.6%；遭受其他灾害比例为8.7%。

四　资源分布不均衡

2014年中央民族工作会议上，习近平总书记对民族地区"地大物博"的国情特点做了进一步的具体概括：资源富集区、水系源头区、生态屏障区、文化特色区、边境地区、贫困地区。这是中华民族大家庭共同的"家底"，其中既有得天独厚的优势，也有艰难困苦的发展劣势。

从自然资源总体分布来看，人口较少民族地区是资源富集区，但自然资源分布十分不均衡。一是能源、矿产、建材和原材料加工业前景广阔，如新疆、内蒙古等地的石油、天然气蕴含量极为丰富，西藏等地的矿产资源相对丰富。

表3.3　　　　　　　　人口较少民族所在省份自然资源禀赋的比较①

资源种类	主要评价指标	评价结果		
		条件最好	比较好	一般或较差
1. 矿产资源	45种主要矿产资源潜在价值；关键矿产资源在全国的重要性及其资源组合类型	内蒙古	新疆、青海、云南	其他省份
其中能源资源	—	西藏（水能）、内蒙古、新疆	云南、青海、贵州	其他省份

---

① 柳建文：《"分层分类"与"异质异构"——中国西部大开发的政治经济调控》，民族出版社2009年版，第83页。

续表

资源种类	主要评价指标	评价结果		
		条件最好	比较好	一般或较差
2. 农业自然资源	气候资源；人均耕地资源	黑龙江、辽宁、吉林、内蒙古	青海、新疆、广西	其他省份
3. 水资源	人均水资源量	云南、贵州	西藏、青海	其他省份
4. 海洋资源	人均浅海滩涂海湾可养殖面积；海洋油气田	广西、福建	—	—

二是人口较少民族地区水资源时空分布不均衡。从时间分布上看，有时出现多年连续降水的情形；同一年中，降水量和河川径流量的60%—80%集中在汛期，其中北方地区更明显。时间分布的不均使降水难以满足农作物用水需求，易造成严重水土流失和水资源利用困难。从空间分布上看，西南地区相对丰富，而西北地区严重缺乏水资源。独龙族、怒族、景颇族等南方地区降水量较多，但因河流割深、水低田高，用水困难；而塔吉克族、撒拉族等西北干旱半干旱地区降水量少，水资源短缺。

总体而言，人口较少民族地区丰富的自然资源优势没有完全转换为经济优势，并未像预期那样促进经济发展，其重要原因是这些地区的资源性产品价格偏低，造成部分利润流失。

第二节　生计方式多样化

现代科学技术尚不能有效克服环境障碍并削弱环境因素对经济发展的影响，民族分工及市场发育的状态主要取决于自然环境条件[①]。自然环境提供了民族生存方式的自然基础，形成民族间的自然差异。人口较少民族的形成与发展是与特殊的自然地理环境紧密联系的。不同的生态环境决定了开发利用自然资源的生计方式的差异，进而影响了社会组织的建构和运行模式[②]。资源条件影响着经济结构，在经济活动与生活直接依赖于自然资源时最典型。越是简单、直接地依赖自然资源，资源条件决定经济结构的特征越突出。如山林中的生物资源引申出狩猎、采集经济，耕地资源引

---

① 王文长：《民族视角的经济研究》，中国经济出版社2008年版，第215—216页。

② 王铁志：《人口较少民族研究的意义》，《黑龙江民族丛刊》2005年第5期。

申出种植业，草地资源引申出畜牧业，湿地资源引申出捕捞养殖业；而自然资源匮乏则引申出以人力资源为基础的手工业和商业等①。

田会明（2018）将赫哲族、鄂伦春族、鄂温克族、塔塔尔族、塔吉克族、普米族、布朗族、毛南族、京族 9 个民族的生态生活方式分为江海捕捞兼养殖型、山林狩猎兼畜牧型、高山畜牧兼农耕型、山林农耕兼采集型、绿洲农耕兼城乡第三产业型等多种类型②。本著在前人研究基础上，将 28 个人口较少民族的经济类型分为五种主要类型：

一　山林狩猎兼畜牧经济

生活在大兴安岭的鄂伦春族、鄂温克族擅长狩猎业，表现为林地生物经济形式，游猎是鄂伦春族和鄂温克族长期维持生计的手段。随着环境条件的改变，森林资源和野生动物资源急剧下降，如果继续以砍伐木材或捕猎野兽为业将难以持续。近年来通过成功"转产"，鄂伦春族、鄂温克族由单一的狩猎兼畜牧等传统生产方式，逐步调整为农业、养殖业、旅游业等多业并举的生产方式，发展水平实现了新跨越③。

二　半农半牧经济

主要指在南疆地区聚居的塔吉克族、柯尔克孜族，以及北疆地区木垒哈萨克族自治县乌孜别克族乡聚居的乌孜别克族。塔吉克族的生产方式分为两类：60%的塔吉克族聚居在塔什库尔干塔吉克县，他们居住在帕米尔高原上，长期过着定居的半游半牧生活，属于"高山塔吉克"；另一类是大分散小聚居在帕米尔高原南侧的农村，这些地区多为平原地区，是较早从事农业生产的"平原塔吉克"。近年来，部分牧区的资源环境承载力不断下降，生态压力不断增加，生态脆弱性不断凸显。为减少牧场的生态压力，避免过度放牧和草场荒漠化，政府逐步启动了牧民定居项目④，引导

---

① 王文长：《民族视角的经济研究》，中国经济出版社 2008 年版，第 193 页。

② 田会明：《人口较少民族传统文化的保护与发展》，载《中国人类学民族学研究会人口较少民族研究专业委员会第一届学术研讨会论文集》，2018 年。

③ 沃岭生、何志鹏、崔龙：《黑龙江省人口较少民族发展状况的调查与思考》，《黑龙江民族丛刊》2009 年第 5 期。

④ 许文艳：《新疆塔吉克族畜牧业经济的可持续发展研究》，《边疆经济与文化》2010 年第 2 期。

牧民从事农业，一定程度上缓解了草场的生态压力。

三　山地农耕兼采集经济

处于滇西高山地区的德昂族、基诺族等以山地旱作农耕经济为主，并辅以采集手段。门巴族、珞巴族的生产方式主要为农业，兼营畜牧业、林业、狩猎和一些民族手工业。随着山地民族人口数量的增长，大面积垦荒和缩短土地轮休期导致水土严重流失，要求必须摒弃刀耕火种，开展精耕细作。以山区农耕为主的生产方式发展空间相对较窄，生产周期长。这与生产周期及提供物资资料的数量有关；一般获取物资资料容易，生产生活的节奏相对较慢。

四　农耕兼城乡第三产业

如撒拉族、俄罗斯族等。撒拉族历史上有经商的传统，他们体质好，头脑灵活，主要不靠农业生存，而多靠长途贩运、掘金等副业为生。撒拉族在青藏高原地区经商非常活跃，循化撒拉族自治县至西宁市的一条经商线路，几乎全被撒拉族垄断了。随着城镇化、市场化的进程，撒拉族到大中城市就业流动的人口越来越多。很多撒拉族十几岁时就跟着长辈外出打工，容易找到打工机会①。珠江三角洲开面馆的有 2万多家，许多是撒拉族。"撒拉人家"成为独具特色的快餐业，循化县12.69 万人中有 3.5 万人在外从事"拉面经济"，撒拉族群众在外做拉面练了胆子、挣了票子、育了孩子、换了脑子、闯了路子，整个民族的素质都得到了提升。2016 年底，循化县 91 个撒拉族聚居行政村农牧民人均纯收入达 3483 元。此外，循化县主打"清真牌"，大力发展清真加工业。2015 年该县清真食品和民族用品的产值达到 21.6 亿元，许多民族产品远销中亚和西亚地区。

五　渔业经济

主要指沿广西北部湾生活的京族，与台湾一海之隔聚居的高山族，以及世代在松花江、黑龙江以及乌苏里江三江流域捕鱼为生的赫哲族。京族

---

① 牛锐：《人口较少民族：如何实现更好更快发展》，《中国民族报》2010 年 6 月 4 日。

是典型的海洋民族，世代依海而居、靠海而生。近年来京族从传统的浅海捕捞生产逐渐向现代产业化方向转变，大力发展深水捕捞、海产品、加工等集约化的产业发展模式，海洋产业发展使得当地经济在短时间内快速发展。松花江畔的赫哲族以捕鱼为生，拉网的网目都近10厘米宽，捕鱼只捕大鱼，不捕小鱼，这样可使赖以生产生活的渔业资源得到可持续利用。

人口较少民族的生计方式离不开其所赖以生活的资源环境，许多生计方式即表现了其生存本能、彰显了对资源利用的智慧。一些民族生计方式的形成和发展与人口规模小、资源禀赋承载力低密不可分。有限的资源环境决定了江河捕鱼、深山打猎等传统生计方式只能在人口密度相对较低的地方才能持续。当人口压力增大和环境改变后，有的传统生产方式难以为继。因此扶持人口较少民族发展，既要关照其现有的生计方式，又要考虑其经济发展方式的转型升级。

第三节　发展不平衡不充分

我国各民族之间因自然地理、社会历史等原因，普遍存在着经济社会的发展差距。"地区"一词既蕴含着地理和经济概念，也有政治上的含义。人口较少民族地区发展不平衡不充分既是经济问题，也是政治问题。

一　经济发展不平衡

（一）民族间发展不平衡

一是人口较少民族内部发展不平衡。如图3.1所示，2014年锡伯族、俄罗斯族、裕固族、高山族、珞巴族5个民族聚居村的人均纯收入超过全国平均水平（9892元），鄂温克族、鄂伦春族、赫哲族、达斡尔族4个民族聚居村的人均纯收入接近全国平均水平，19个人口较少民族聚居村的人均纯收入仍低于全国平均水平。而独龙族（2057元）、保安族（2079元）、怒族（2786元）发展水平最低，并低于国家当年扶贫标准线2800元[①]。从收入增速来看，2014年阿昌族、普米族、赫哲族的人均纯收入增速在28个民族中最高，分别为41.6%、44.9%、53.3%，而高山族

---

① 国家统计局农村社会经济调查司：《2015 中国农村贫困监测报告》，中国统计出版社2015 年版，第93 页。

（-25.4%）、撒拉族（-23.2%）、独龙族（-6.2%）等民族的收入出现了负增长。

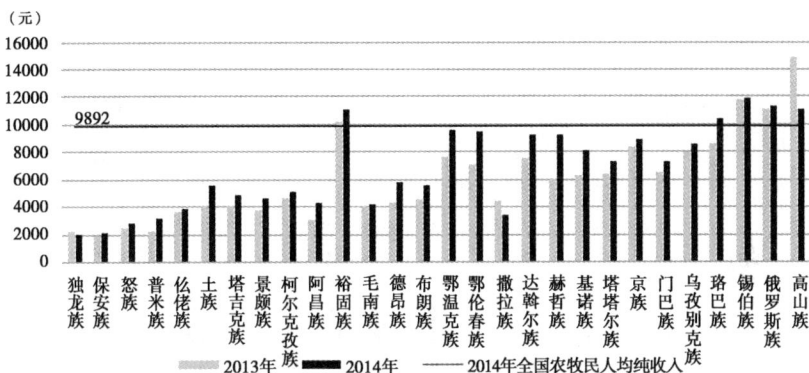

图 3.1　2013 年和 2014 年人口较少民族分民族农牧民人均纯收入[①]

二是同一民族内部发展不平衡。广西东兴市"京族三岛"京族群众家家有别墅、户户有轿车、人人有存款，是全国最富裕的少数民族地区。2013 年底，23 个京族聚居村农民人均纯收入为 8359 元，其中收入最高的为江平镇交东村 10977 元，收入最低的为江平镇思勒村 3250 元，两者相差 3.38 倍。京族聚居区内有贫困人口 7624 人，贫困发生率达 12.57%[②]。可见，同在京族聚居区，不同村寨间发展差距非常显著。

（二）地区间发展不平衡

1. 省际间发展不平衡

一是农牧民人口纯收入和贫困发生率有较大差异。2014 年，全国 2119 个聚居村农牧民人均纯收入 5907 元，是全国农民平均水平的 59.70%；有 349 个人口较少民族聚居村人均收入高于全国平均水平，仅占扶持总数的 16.5%。如图 3.2 所示，从受扶持的人口较少民族省（区）来看，省际间经济发展水平差异较大，只有辽宁省和西藏自治区人口较少民族聚居村农牧民人均纯收入高于当地平均水平，内蒙古、贵州、新疆生产建设兵团的聚居村农牧民人均纯收入接近当地平均水平，广西（46.07%）、甘肃（50.52%）两省聚居村农牧民人均纯收入仅为当地平均水平的一半。2014 年，除独龙族、撒拉族、高山族以外的 25 个民族的

---

① 数据来源：2011—2015 年国家民委扶持人口较少民族发展动态监测系统资料。

② 同上。

聚居村农牧民人均纯收入均实现增长，其中赫哲族（53.25%）、普米族（44.88%）、阿昌族（41.64%）增收的速度位列前三。

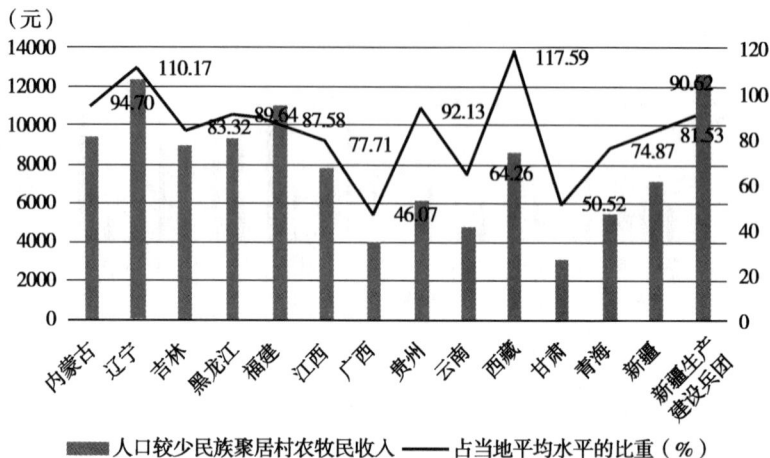

图 3.2　2014 年各省（区）人口较少民族聚居村农牧民人均纯收入①

二是基础设施建设水平不一。截至 2013 年，全国 2119 个人口较少民族聚居村和 9023 个自然村中，通沥青（水泥）路的行政村比例为71.31%，通公路的自然村仅占 57.81%，村内道路硬化的自然村比例仅为68.57%。道路条件较好的是江西、吉林和新疆生产建设兵团，道路通达率均为 100%，原因可能是这些地区的人口较少民族村均是个位数，投入易见效果。道路基础最差的分别在西藏、内蒙古、西藏、新疆、广西等地，如通沥青（水泥）路行政村比例最低的分别为西藏（45.45%）、内蒙古（58.85%）、云南（61.01%）、新疆（64.92%）；通公路的自然村比例最低的为西藏（66.28%）、内蒙古（75.21%）、新疆（76.02%）；道路硬化的比例最低的为内蒙古（32.87%）、广西（52.92%）、甘肃（53.69%）、新疆（53.57%），这些地区道路条件差，主要是石漠化地区、滇西边境高山地区、青藏高原地区。

三是生活设施指标有一定差距。截至 2013 年，全国人口较少民族聚居的行政村、自然村通电的比例分别为 94.47% 和 95.60%。行政村通电情况最差的是内蒙古（86.02%）、新疆（87.81%）、西藏（83.33%）。此外，通广播电视的自然村比例仅为 91.68%，通电话的自然村比例仅为

① 数据来源：2011—2015 年国家民委扶持人口较少民族发展动态监测系统资料。

88.99%。截至 2013 年，14.7 万户居住在简易住房，占总户数的 22.2%；有 28.7 万户农户未解决饮水安全问题，占 43.3%[①]。

2. 内地与边境聚居区经济发展有差距

近年来，边境县（区）的人口较少民族聚居村投入大，基础设施和民生项目建设进度快，如黑龙江省嘉荫县、逊克县、佳木斯郊区的人口较少民族已实现"五通十有"目标。而内陆人口较少民族村尤其是"十二五"期间新增的人口较少民族村经济总量小、自我投入能力不足，如"十二五"期间，黑龙江省新增加的达斡尔族、锡伯族、鄂温克族的 18 个内陆村发展相对滞后，要达到规划目标有一定的压力和困难。赫哲族、鄂伦春族位于边境的聚居村，因较早享受到扶持人口较少民族发展和"兴边富民"等政策红利，基础设施和民生项目建设速度较快，发展水平普遍较好。如黑河市新生鄂伦春族乡与俄罗斯布拉戈维申斯克市沿江相望，每年资金投入超过 2000 万元；而地处内陆的讷河市兴旺鄂温克族乡百路村、索伦村 2011—2014 年的投入总额仅为 495 万元。从收入水平来看，2013 年位于边境的黑河市爱辉区坤河达斡尔族满族乡农民人均纯收入为 11050 元；齐齐哈尔市富裕县为内陆县，塔哈满族达斡尔族乡东塔哈村 2013 年农民人均纯收入仅为 3500 元[②]。

二　城镇化水平参差不齐

从人类发展历程来看，城镇化水平与工业化密切相关，城市人口与乡村人口的经济活动、社会组织、生活方式有差异，城镇化水平在一定程度上反映了各民族的整体发展状态[③]。从历次人口普查数据可知，人口较少民族地区的城镇化水平得到了显著发展。

一是各民族间的城镇化水平差异大。2010 年第六次全国人口普查资料显示，28 个人口较少民族乡村人口为 124.54 万人，占人口较少民族总人口的 65.85%；比全国农业人口比重（49.73%）高出 16.12 个百分点。其中珞巴族（85.88%）、德昂族（84.89%）、布朗族（84.52%）农业人

---

①　数据来源：2011—2015 年国家民委扶持人口较少民族发展动态监测系统资料。

②　都永浩：《黑龙江赫哲族、鄂伦春族、鄂温克族全面建成小康社会的进展与建议》，《中国民族报》2016 年 5 月 6 日。

③　马戎：《中国各族群之间的结构性差异》，《社会科学战线》2003 年第 4 期。

口比重非常高，城镇化水平极低。

表 3.4　2010 年第六次全国人口普查各民族城市、镇、乡村的人口①

序号	民族	城市人口（人）	镇人口（人）	乡村人口（人）	农业人口占比（%）
1	珞巴族	122	398	3162	85.88
2	高山族	1593	826	1590	39.66
3	赫哲族	2356	1269	1729	32.29
4	塔塔尔族	1416	702	1438	40.44
5	独龙族	326	828	5776	83.35
6	鄂伦春族	2298	2794	3567	41.19
7	门巴族	520	1890	8151	77.18
8	乌孜别克族	4906	2317	3346	31.66
9	裕固族	3000	3879	7499	52.16
10	俄罗斯族	10888	2133	2372	15.41
11	保安族	1510	2375	16189	80.65
12	德昂族	1196	1911	17449	84.89
13	基诺族	3638	1608	17897	77.33
14	京族	9251	6217	12731	45.15
15	怒族	1865	4319	31340	83.52
16	鄂温克族	6003	10720	14152	45.84
17	普米族	2530	6139	34193	79.77
18	阿昌族	3090	5960	30505	77.12
19	塔吉克族	1865	7784	41420	81.11
20	布朗族	4896	13622	101121	84.52
21	撒拉族	17270	22019	91318	69.92
22	毛南族	15408	18982	66802	66.02
23	景颇族	11615	17536	118677	80.28
24	达翰尔族	38755	37252	55985	42.42
25	柯尔克孜族	12099	23428	151181	80.97
26	锡伯族	74997	25881	89603	47.04
27	仫佬族	44439	51264	120554	55.75
28	土族	41623	52268	195674	67.58

　　二是人口较少民族自治县城镇化水平差异大。美国经济地理学家诺瑟姆指出：城镇化进程 "S" 曲线的形成与每个国家的经济社会发展水平密

---

① 国家民族事务委员会经济发展司、国家统计局国民经济综合统计司：《中国民族统计年鉴 2012》，中国统计出版社 2013 年版，第 631—632 页。

切相关。当一国经济处于起步水平时，农业生产率偏低，亟须大量劳动力从事农业耕作；而工业化程度低，就业岗位少，因此城镇化水平处于初级阶段。当城镇人口占比约10%时，说明其城镇化进程相当缓慢。在经济高速发展期，将涌现大量农业剩余人口，对农村剩余劳动力的转移产生"推动效应"。并且，发展迅速的工业提供了大量的工作岗位，城市丰富的物质文化生活吸引大量劳动力涌入，由此导致"拉动效应"，这两者的共同作用使城镇化步入高速发展时期。城镇化率超过70%即进入第三个阶段，农村与城市差异日趋缩小，城镇化出现停滞（或下降）的趋势①。

　　由表3.5可见，目前16个人口较少民族自治县的城镇化水平正处于第一阶段向第二阶段过渡时期。与全国相比，人口较少民族自治县的城镇化水平总体偏低，经济活动和人口集聚程度不高。2013年度我国城镇化率为53.73%，16个自治县中只有鄂温克族自治旗（87.52%）和鄂伦春自治旗（77.27%）高于这一比例；而其他14个自治县的城镇化率均低于本省区和全国平均水平。

表3.5	2013年人口较少民族自治县的城镇化率	（单位:%）
自治县	自治县城镇化率	所在省区城镇化率
莫力达瓦达斡尔族自治旗	24.64	58.71
鄂伦春自治旗	77.27	58.71
鄂温克族自治旗	87.52	58.71
罗城仫佬族自治县	14.93	40.04
环江毛南族自治县	13.08	40.04
双江拉祜族佤族布朗族傣族自治县	12.06	40.48
贡山独龙族怒族自治县	18.72	40.48
兰坪白族普米族自治县	12.75	40.48
肃南裕固族自治县	25.27	40.13
积石山保安族东乡族撒拉族自治县	9.35	40.13
大通回族土族自治县	20.39	48.51
民和回族土族自治县	25.19	48.51
互助土族自治县	16.41	48.51
循化撒拉族自治县	19.88	48.51

---

　　①　郑长德：《中国少数民族地区的后发赶超与转型发展》，经济科学出版社2014年版，第115页。

续表

自治县	自治县城镇化率	所在省区城镇化率
塔什库尔干塔吉克自治县	30.69	44.46
察布查尔锡伯自治县	17.91	44.46

在今后的发展中，城镇化水平较低的人口较少民族地区需要自身不断努力使更多的人口通过上学和迁移进入城镇社会，同时也需要政府对这些地区的城化镇建设与发展提供更多的资金与政策支持。

三　教育发展水平参差不齐

一般而言，接受的教育程度越高，个人选择工作的范围就越广阔，发展机会就越多，事业也更容易成功[1]。一个族群拥有的高学历群体越多，其在社会活动中成功的比例就越大，族群作为一个整体在社会和经济事务中的发言权和影响力也就越大[2]。人口较少民族的教育供给能力和水平总体不足，群众的文化素质普遍较低；而教育需求相对旺盛，供需缺口较大[3]。根据教育的信号功能，接受教育程度作为能力高低的信号，受教育程度高意味着能力高。

（一）民族间受教育年限差异大

衡量平均受教育年限一般采用不同受教育级别的人口比重为权重，计算其加权平均值。计算公式为：$\mu = \sum_{i=1}^{n} p_i y_i$，其中，i 表示教育等级，$p_i$ 为受教育程度最高级为 i 的人口的比重，y_i 为教育等级为 i 的年限，n 表示教育的最高等级。本研究中教育包括未上过学、小学、初中、高中、大学专科、大学本科、研究生共 7 个等级，分别赋值 0、6、9、12、14、15、19 年[4]。

图 3.3 显示了各民族的受教育年限（全国平均受教育年限为 8.76 年，

---

① 马戎：《中国各族群之间的结构性差异》，《社会科学战线》2003 年第 4 期。

② 马戎：《民族社会学——社会学的族群关系研究》，北京大学出版社 2016 年版，第 268 页。

③ 李忠斌：《论民族教育投资与民族地区人力资源深度开发》，《黑龙江民族丛刊》2006 年第 4 期。

④ 何立华、成艾华：《人口较少民族聚居区教育发展问题的实证研究——基于第五、六次全国人口普查的分县数据》，《民族教育研究》2016 年第 1 期。

图 3.3 用虚线标注）。可以看出门巴族（5.19 年）、珞巴族（5.63 年）、德昂族（5.8 年）、撒拉族（6.04 年）、布朗族（6.33 年）、保安族（6.75 年）、怒族（6.88 年）、独龙族（6.91 年）、景颇族（6.93 年）、阿昌族（7.3 年）、普米族（7.32 年）、基诺族（7.64 年）、土族（7.83 年）、塔吉克族（7.94 年）、柯尔克孜族（8.15 年）、毛南族（8.29 年）、仫佬族（8.41 年）、裕固族（8.69 年）共 18 个民族的受教育年限低于全国水平，其他 10 个民族则高于全国平均受教育年限。

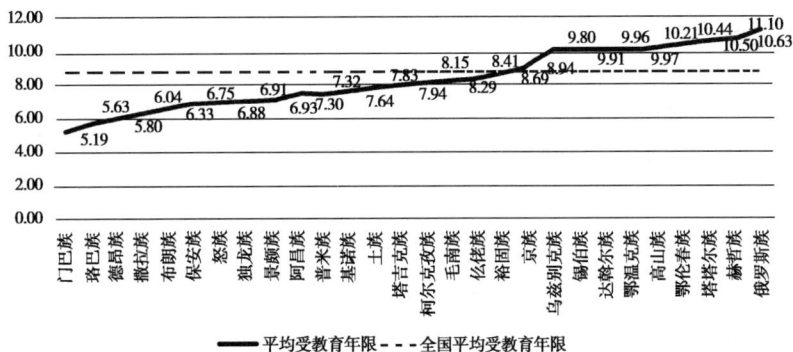

图 3.3 2010 年人口较少民族 6 岁及 6 岁以上人口平均受教育年限

以义务教育年限是否达标为标准，28 个民族人口 20—24 岁年龄组不达标的有 8 个民族，即怒族、景颇族、保安族、珞巴族、布朗族、撒拉族、门巴族、德昂族，其他 20 个民族达标[①]。

（二）民族间受教育水平差异大

人力资源的质量不仅指静态概念，还应考虑其未来变化。人口较少民族 6 岁及 6 岁以上人口受教育情况如表 3.6 所示：仅有 9 个民族（高山族、乌孜别克族、赫哲族、塔塔尔族、鄂伦春族、俄罗斯族、鄂温克族、达斡尔族、锡伯族）的教育水平优于全国，其余 19 个民族的教育状况低于全国水平。其中德昂族、珞巴族、门巴族、布朗族、撒拉族、保安族 6 个民族未上过小学和仅上过小学的比例合计超过 70%，景颇族、怒族、独龙族、阿昌族、普米族、塔吉克族、基诺族 7 个民族的这一合计比例为 50%—70%，应引起关注。

---

① 何立华：《人口较少民族的人力资源开发问题研究》，载国家民族事务委员会经济发展司、中南民族大学《扶持人口较少民族发展研讨会论文集》，2015 年。

表 3.6　　2010 年人口较少民族 6 岁及 6 岁以上人口的受教育状况①

(单位:%)

序号	民族	未上过学比例	小学比例	初中比例	高中比例	大学专科比例	大学本科比例	研究生比例	接受高等教育比例
1	门巴族	37.43	36.45	12.77	6.28	3.92	3.05	0.11	6.97
2	珞巴族	27.45	48.37	12.85	5.45	2.58	3.27	0.03	5.85
3	撒拉族	21.18	51.53	16.88	5.31	3.01	2.01	0.08	5.02
4	德昂族	19.34	56.92	17.91	3.69	1.44	0.68	0.01	2.12
5	独龙族	16.37	42.17	27.03	7.99	4.53	1.74	0.18	6.27
6	怒族	15.05	46.91	24.29	7.56	4.27	1.85	0.06	6.12
7	普米族	14.55	39.56	27.94	9.9	4.7	3.26	0.1	7.96
8	布朗族	14.27	58.59	18.86	4.7	2.12	1.41	0.04	3.53
9	保安族	11.02	59.61	17.36	6.86	3.43	1.66	0.06	5.09
10	土族	10.81	38.78	29.45	11.35	5	4.4	0.21	9.41
11	景颇族	9.44	54.59	26.34	5.92	2.59	1.1	0.03	3.69
12	基诺族	9.09	41	34.08	9.39	4.48	1.86	0.1	6.34
13	阿昌族	8.02	50.01	30.19	6.85	3.02	1.87	0.06	4.88
14	裕固族	6.12	37.62	28.01	13.3	8.82	5.76	0.37	14.58
15	京族	5.53	26.53	40.51	15.75	6.59	4.85	0.25	11.44
16	毛南族	4.23	38.18	39.29	10.46	4.77	2.92	0.15	7.69
17	仫佬族	4.19	37.88	37.67	11.38	5.1	3.55	0.23	8.65
18	塔吉克族	3.5	49.78	29.98	9.05	6.52	1.14	0.03	7.65
19	柯尔克孜族	3.15	45.71	33.19	9.75	6.06	2.08	0.06	8.14
20	高山族	2.59	20.44	35.03	20.2	10.48	10.18	1.09	20.66
21	乌孜别克族	2.04	29.27	29.77	17.63	11.24	9.58	0.46	20.82
22	赫哲族	1.9	16.6	36.98	18.62	11.62	12.89	1.38	24.51

① 国家民族事务委员会经济发展司、国家统计局国民经济综合统计司:《中国民族统计年鉴 2012》,中国统计出版社 2013 年版,第 633—636 页。如果人口较少民族未上过学(第 3 列)、上过小学(第 4 列)的人口比重低于全国水平,或者上过初中(第 5 列)、高中(第 6 列)、大学专科(第 7 列)、大学本科(第 8 列)、研究生(第 9 列)和接受高等教育(第 10 列)比重高于全国水平,则标注底纹。

序号	民族	未上过学比例	小学比例	初中比例	高中比例	大学专科比例	大学本科比例	研究生比例	接受高等教育比例
23	塔塔尔族	1.42	21.89	29.81	19.82	13.13	13.35	0.59	26.48
24	鄂伦春族	1.38	17.85	38.27	19.17	12.82	9.69	0.82	22.51
25	俄罗斯族	1.26	14.64	30.45	24.32	15.65	12.72	0.95	28.38
26	鄂温克族	1.24	22.27	39.38	18.92	10.66	7.07	0.46	17.73
27	达斡尔族	1.16	21	42.27	17.85	9.68	7.49	0.56	17.17
28	锡伯族	1.12	20.81	44.11	16.84	8.8	7.65	0.68	16.44
	人口较少民族合计	7.76	39.72	31.93	10.92	5.59	3.86	0.24	9.44
	全国合计	5	28.75	41.7	15.02	5.52	3.67	0.33	9.19

从区域来看，新疆的人口较少民族地区学前教育、义务教育、中等职业教育阶段农村学生全部实现免费教育；而甘肃省学前教育缺乏，目前尚无学前教育教师编制。2010 年，28 个民族接受高等教育的平均水平为9.44%，略高于全国平均水平（9.19%），其中 12 个民族超过全国平均水平（9.19%），16 个民族（仫佬族、柯尔克孜族、普米族、毛南族、塔吉克族、门巴族、基诺族、独龙族、怒族、珞巴族、保安族、撒拉族、阿昌族、景颇族、布朗族、德昂族）低于全国平均水平。而排在最后的是云南的 4 个直过民族，即德昂族（2.12%）、布朗族（3.53%）、景颇族（3.69%）、阿昌族（4.89%）。

人口较少民族地区职业教育起步较晚，有的人口较少民族自治县未建立职业教育学校，即使有职业学校的地区也常面临师资缺乏、设备简陋、经费不足等困难。受多种因素制约，人口较少民族学生中能读到高中的屈指可数，能接受高等教育的更是凤毛麟角。加之学杂费高，职业教育和高等教育毕业生不包分配，把部分人口较少民族学子堵在职业高中和大学门口外。2016 年，青海循化县 500 多个应届高中生只有 60 个考上本科，大部分考生分数在本科线以上 20—30 分，考取学校的层次多为二本、三本或高职院校，学生难以到省会西宁或东部发达地区接受高等教育。

（三）民族间文盲率差异大

文盲率是指 15 岁及 15 岁以上年龄文盲人口占相应人口的比例，是衡量一个民族人口教育程度的逆向指标。2010 年，28 个人口较少民族中，

15 岁及 15 岁以上文盲人口比例为 6.64%，是全国平均水平（4.88%）的 1.36 倍。如表 3.7，13 个民族的文盲率低于全国平均水平（4.88%），分别为毛南族（3.97%）、仫佬族（3.84%）、塔吉克族（3.74%）、柯尔克孜族（3.01%）、高山族（2.57%）、赫哲族（1.58%）、乌孜别克族（1.57%）、塔塔尔族（1.15%）、俄罗斯族（1.09%）、鄂伦春族（1.04%）、鄂温克族（1.03%）、锡伯族（0.87%）、达斡尔族（0.87%）。15 个民族的文盲率高于全国平均水平，其中 10 个民族超过 10%，最高的 4 个民族超过了 20%，分别为：门巴族（36.14%）、珞巴族（31.13%）、撒拉族（24.13%）、德昂族（21.39%）[1]。2000—2010 年，德昂族文盲率增加了 0.14 个百分点，应引起重视；而其他 27 个民族文盲率均大幅下降，其中保安族文盲率下降了 44.21 个百分点，下降幅度最大。

表 3.7　　　　　　人口较少民族 15 岁及 15 岁以上文盲率[2]　　（单位:%）

民族	2000 年	2010 年	民族	2000 年	2010 年
全国	9.08	4.88	鄂温克族	3.81	1.03
塔塔尔族	1.98	1.15	怒族	32.02	14.38
珞巴族	50.79	31.13	阿昌族	13.56	8.13
高山族	5.58	2.57	普米族	30.06	15.41
赫哲族	3.06	1.58	塔吉克族	13.32	3.74
独龙族	26.8	17.04	毛南族	7.52	3.97
鄂伦春族	3.48	1.04	布朗族	23.43	12.59
门巴族	56.21	36.14	撒拉族	49.11	24.13
乌孜别克族	2.5	1.57	达斡尔族	3.46	0.87
裕固族	14.62	6.22	景颇族	15.71	8.96
俄罗斯族	3.64	1.09	柯尔克孜族	9.05	3.01
保安族	55.94	11.73	锡伯族	2.74	0.87
德昂族	21.25	21.39	仫佬族	5.96	3.84
基诺族	17.13	9.74	土族	23.2	11.46
京族	7.92	5.36			

[1]　国家民族事务委员会经济发展司、国家统计局国民经济综合统计司：《中国民族统计年鉴 2012》，中国统计出版社 2013 年版，第 632—636 页。

[2]　数据来源：《中国 2000 年人口普查资料》，《中国 2010 年人口普查资料》。

（四）教育保障能力不一

一是教育设施相对滞后。人口较少民族地区教育基础设施差，不能适应开展现代教育教学活动的需求。如 2016 年 8 月调研发现，黑龙江省齐齐哈尔市梅里斯达斡尔族区只有 2 所学校有电脑，其他 10 多所学校都没有电脑；卧牛吐达斡尔族镇学校的 20 台电脑是日本友人赠送的。

二是师资严重不足。体现在人口较少民族地区师资数量不足、队伍不稳定，其原因是地方财政投入不足，教师工资待遇低，工作环境和条件差。梅里斯区 1400 名教师中，35 岁以下教师仅 2 人，乡镇教师普遍存在老龄化倾向。

三是受教育成本大。人口较少民族自然村相对分散的特点既增加了教育成本，也降低了教育的有效需求。由于统一性集中办学的影响，孩子们需要到乡里上学，由此带来交通安全、远离家人、心理压力、加重经济负担等负面影响，孩子辍学现象增加。而采取寄宿制，既增加了家庭负担，对小学生也勉为其难。2014 年调研发现广西环江县毛南族聚居的石漠化地区地广人稀，交通十分不便，很大一部分学生靠步行上学，一天得走 10 里路，严重影响了教学质量。2013 年，云南省芒市 6000 名景颇族在读初中生中 1475 人毕业后就读职高，仅占当年在读初中生的 24.6%[1]；很多学生因无力支付学杂费和生活费，不得不回家务工或外出打工来赚取基本生活费。

四是就业压力大。部分家长教育意识薄弱，甚至不让子女接受教育。有的为眼前的经济利益，让子女在家务农，做出损害子女接受教育权利的举动。随着我国高等教育的扩招，大中专毕业生就业难成为热门话题，一些家长鉴于教育回报率低、风险大，送子女接受义务教育的积极性在下降。家长对子女的教育主要考虑经济因素，对教育投入和产出反复比较后再做出决策。

经济基础决定上层建筑，上层建筑对经济基础有反作用。我国各民族经济基础在质的方面是相同的，但在量的方面或多或少存在差异性。各民族的经济基础在量上的差异性决定了扶持人口较少民族发展政策这种上层

---

① 国家民族事务委员会经济发展司、中南民族大学：《人口较少民族地区民委系统干部监测统计培训班资料汇编》，2016 年。

建筑自然而然会具有各自的特殊性①。正如上述分析的人口较少民族经济发展的不平衡性，所以扶持人口较少民族发展才需要差别化支持政策。

第四节　人力资源差距大

与人口相关的因素中，各民族人口规模的比例（即相对规模）是重要的指标。在一个社会、一个国家、一个地区总人口中，每个民族的占比是决定该民族最重要的因素。不论是历史上凭靠武力夺取自然资源，还是凭选票的多寡来决定权力分配的当代，人口相对规模始终是影响民族关系态势的不可忽视的重要因素②。

民族间的竞争主要是人才和劳动者素质的竞争。人力资本理论认为：人的先天生产能力大致相同，人口质量和劳动生产技能的差别主要由后天造成，后天的自我发展能力主要通过人力资本的形成和积累来获得。一个地区的劳动力资源和人力资本是促进经济发展最重要的禀赋和驱动力，人口数量及积聚程度决定了本地市场大小。一个族群的人力资本规模、结构、素质以及人力资本投入与供求关系直接影响着本民族的发展程度③。和自然资源一样，人力资源通过投资开发才能形成，否则只是一种原生劳动力。目前，28 个人口较少民族间在人力资本的数量和结构上存在较大差异。

一　人力资源总量差异大

一是人口数量差异大。人力资源是所有资源中最重要、最活跃、效益最高的生产力要素。充足的人口，特别是丰富的劳动力资源有利于充分开发自然资源，有利于吸引劳动密集型产业，有利于不断扩大生产规模和促进经济社会发展。

---

① 曾豪杰：《少数民族人才资源因族开发战略研究——理论建构及对红河哈尼族人才资源开发的实际分析》，云南大学出版社 2011 年版，第 47 页。

② 马戎：《民族社会学——社会学的族群关系研究》，北京大学出版社 2016 年版，第 476 页。

③ 韩彦东：《基于可持续发展的人口较少民族地区扶贫开发政策研究》，博士学位论文，中国人民大学，2008 年。

2010 年，人口较少民族的人口数量超过 20 万人的民族有 2 个，在 10 万—20 万人的有 7 个，在 10 万人以下的有 19 个。28 个民族的人口数量存在较大差异，标准差高达 78479.39。从整体描述统计来看，最大值为 289565（土族），最小值为 3556（塔塔尔族），两者相差 81.43 倍。虽然 67543 的人口数量均值似乎表明人口较少民族的人口数量还比较多，但组中值 29537 意味着有 14 个民族的人口数量是低于 3 万人的（见表 3.8）。

表 3.8　　　　　历次全国普查中人口较少民族的人口数量①

序号	民族	1953 年	1964 年	1982 年	1990 年	2000 年	2010 年
1	塔塔尔族	6929	2294	4122	5064	4890	3556
2	珞巴族			1066	2322	2965	3682
3	高山族	329	366	1650	2877	4461	4009
4	赫哲族		718	1489	4254	4640	5354
5	独龙族		3090	4633	5825	7426	6930
6	鄂伦春族	2262	2709	4103	7004	8196	8659
7	门巴族		3809	1140	7498	8923	10561
8	乌孜别克族	13626	7717	12213	14763	12370	10569
9	裕固族	3861	5717	10568	12293	13719	14378
10	俄罗斯族	22656	1326	2917	13500	15609	15393
11	保安族	4957	5125	9017	11683	16505	20074
12	德昂族		7261	12297	15461	17935	20556
13	基诺族			11962	18022	20899	23143
14	京族		4293	13108	18749	22517	28199
15	鄂温克族	4957	9681	19398	26379	30505	30875
16	怒族		15047	22896	27190	28759	37523
17	阿昌族		12032	20433	27718	33936	39555
18	普米族		14298	24238	29721	33600	42861
19	塔吉克族	14462	16236	26600	33223	41028	51069
20	毛南族		22382	38159	72370	107166	101192
21	布朗族		39411	58473	82398	91882	119639
22	撒拉族	30658	34664	69135	87546	104503	130607

① 国家民族事务委员会经济发展司、国家统计局国民经济综合统计司：《中国民族统计年鉴 2012》，中国统计出版社 2013 年版，第 624—625 页。

续表

序号	民族	1953 年	1964 年	1982 年	1990 年	2000 年	2010 年
23	达斡尔族		63394	94126	121463	132394	131992
24	景颇族	101852	57762	92976	119276	132143	147828
25	柯尔克孜族	70944	70151	113386	143537	160823	186708
26	锡伯族	19022	33438	83683	172932	188824	190481
27	仫佬族		52819	90357	160648	207352	216257
28	土族	53277	77349	159632	192568	241198	289565

二是人力资源数量差异大。国际上一般把劳动年龄的下限规定为 15 岁，上限规定为 64 岁。从 2010 年第六次全国人口普查数据来看，人口较少民族间的人力资源数量上存在较大差异（见表 3.9），均值为 48504，组中值为 21499，标准差为 57264.7。土族的人力资源数量最多（215124 人），珞巴族的人力资源数量最少（2389 人），两者相差 90 倍。组中值为 21499，意味着 14 个民族的人力资源数量低于该值。从详细数据来看，人力资源数量为 1 万—2 万人的有 6 个民族，即京族、基诺族、德昂族、保安族、俄罗斯族、裕固族；为 5000—10000 人的民族有 3 个，即乌孜别克族、门巴族、鄂伦春族；低于 5000 人的民族有独龙族、赫哲族、高山族、塔塔尔族、珞巴族等。

表 3.9　　　　　　　　2010 年人口较少民族人力资源数量[①]

民族	数量（人）	民族	数量（人）
塔塔尔族	2625	鄂温克族	23697
珞巴族	2389	怒族	26375
高山族	3017	阿昌族	26431
赫哲族	4200	普米族	30136
独龙族	4842	塔吉克族	35232
鄂伦春族	6602	毛南族	69576
门巴族	7124	布朗族	84834
乌孜别克族	7593	撒拉族	86270

---

① 何立华：《人口较少民族的人力资源开发问题研究》，载国家民族事务委员会经济发展司、中南民族大学《扶持人口较少民族发展研讨会论文集》，2015 年。

续表

民族	数量（人）	民族	数量（人）
裕固族	10747	达斡尔族	102560
俄罗斯族	11761	景颇族	105074
保安族	13034	柯尔克孜族	128687
德昂族	14371	锡伯族	145123
基诺族	16897	仫佬族	154487
京族	19300	土族	215124

二　人口增长率喜忧参半

民族人口的变化包括数量和质量的变化。民族人口数量的变化往往会带来民族间政治、经济地位的差异，进而影响民族关系。如果一些民族生活在同一区域，民族间人口数量的此消彼长会打破原有的族群力量平衡，进而影响到竞争性群体间的关系。一些多民族国家的民族人口数量不平衡现象较为突出，改变民族人口的构成与数量已成为一些国家调整民族关系的人口策略[1]。人口较少民族的人口增长率应保持在合理区间，如果人口增长过快，超过了物质生产所需和资源承受能力，则会延缓社会经济发展。人口过速增长、人口数量膨胀必然降低人均消费水平，在人口基数大、人均资源少的地区表现尤其突出。此外，人口增长过快，劳动力过剩，生产资料积累不足，易导致劳动生产率降低，阻碍现代化进程。

表 3.10　1982—2010 年、2000—2010 年人口较少民族的人口年均增长率[2]

（单位：%）

民族	1982—2010 年	2000—2010 年	民族	1982—2010 年	2000—2010 年
全国人口	1.59	0.7	京族	4.35	2.28
土族	3.36	1.84	基诺族	3.73	1.03
仫佬族	4.97	0.42	德昂族	2.9	1.37

---

① Paul Morland：Demographic Engineering：Population Strategies in Ethnic Conflict，London：Routledge Press，2014，p.41.

② 国家民族事务委员会经济发展司、国家统计局国民经济综合统计司：《中国民族统计年鉴 2012》，中国统计出版社 2013 年版，第 624—625 页。

续表

民族	1982—2010 年	2000—2010 年	民族	1982—2010 年	2000—2010 年
锡伯族	4.68	0.09	保安族	4.55	1.98
柯尔克孜族	2.81	1.5	俄罗斯族	9.68	-0.14
景颇族	2.61	1.12	裕固族	1.72	0.47
达斡尔族	1.9	-0.03	乌孜别克族	-0.8	-1.56
撒拉族	3.6	2.25	门巴族	13.16	1.69
布朗族	4.06	2.67	鄂伦春族	4.23	0.55
毛南族	5.57	-0.57	独龙族	2.27	-0.69
塔吉克族	3.69	2.21	赫哲族	7.37	1.44
普米族	3.22	2.47	高山族	5.06	-1.06
阿昌族	3.74	1.54	珞巴族	7.13	2.19
怒族	2.78	2.7	塔塔尔族	-0.82	-3.13
鄂温克族	2.62	0.12			

如图 3.4，1982—2010 年间，28 个人口较少民族的年平均人口增长率为 3.58%，是同期全国人口增长率的 2.25 倍，这说明 28 个民族的人口数量保持了一个较好的增长态势。1982—2010 年间，人口增长率超过 200% 的民族有 4 个，分别为门巴族（826.4%）、俄罗斯族（427.7%）、赫哲族（259.6%）、珞巴族（245.4%）。8 个民族的人口增长率在 100%—200%，14 个民族的人口增长率低于 100%，尤其要重点关注的是塔塔尔族(-13.7%)、乌孜别克族（-13.5%）的人口出现了负增长，更值得忧虑的是塔塔尔族的人口是 28 个民族中最少的（见图 3.4）。从 2000—2010 年来看，人口出现负增长的 5 个民族的人口规模均不足 2 万人，其人口增长率分别为：俄罗斯族(-1.38%)、乌孜别克族(-14.56%)、独龙族（-6.68%）、高山族(-10.13%)和塔塔尔族（-27.28%）。

2000—2010 年间，我国 28 个人口较少民族的人口增长率呈现多元化趋势，有 16 个民族人口年均增长率高于全国平均水平，12 个民族年均增长率低于全国平均水平，其中有 7 个民族处于负增长。具体情况如表 3.11 所示：一是人口高速增长的有怒族、布朗族、普米族、京族、撒拉族、塔吉克族、珞巴族 7 个民族。这 7 个民族人口年均增长率在 2.17%—2.66%，高于全国 1964—1982 年的人口增长水平（2.07%）；全国 55 个少数民族中，人口高速增长的只有这 7 个民族。二是人口较高速增长的有 5 个民族，年均增长率在 1.48%—2.00%，高于全国 1982—1990 年间的人

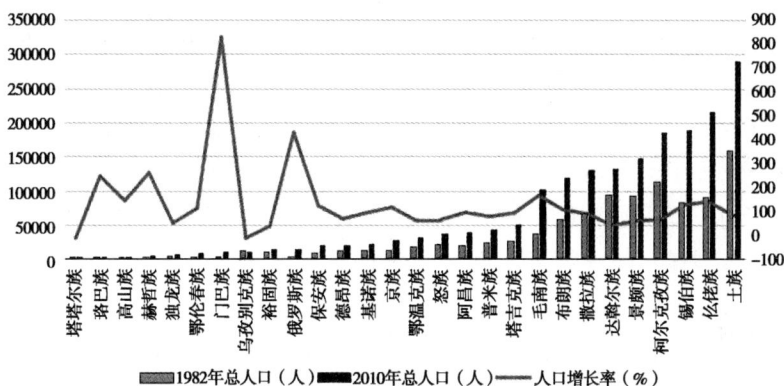

图 3.4　1982 年和 2010 年人口较少民族人口总量及增长率

口增长水平（1.48%），包括保安族、土族、门巴族、阿昌族、柯尔克孜族。三是人口中速增长的有 4 个民族，年均增长率在 0.57%—1.48%。四是人口低速增长的民族有 5 个，年均增长率低于全国平均水平，处于 0 — 0.57%。五是有 7 个民族人口为负增长，年均增长率位于 - 3.19% 至 - 0.03% 之间，具体为达斡尔族、俄罗斯族、毛南族、独龙族、高山族、乌孜别克族、塔塔尔族。

表 3.11　　　2000—2010 年人口较少民族的人口年均增长率分类表①

年均增长率	民族数量	民族名称
2%以上	7	怒族、布朗族、普米族、京族、撒拉族、塔吉克族、珞巴族
1.48%—2%	5	保安族、土族、门巴族、阿昌族、柯尔克孜族
0.57%—1.48%	4	赫哲族、德昂族、景颇族、基诺族
0—0.57%	5	鄂伦春族、裕固族、仫佬族、鄂温克族、锡伯族
0 以下	7	达斡尔族、俄罗斯族、毛南族、独龙族、高山族、乌孜别克族、塔塔尔族

　　受生育政策、生育观念、风俗习惯、抚育成本等因素影响，有的人口较少民族在高增长率的压力下，有限的经济增长已不能完全满足人口增长需要，影响了民族的自我积累和扩大再生产的能力，致使经济增长陷入

①　国家民族事务委员会经济发展司、国家统计局国民经济综合统计司：《中国民族统计年鉴 2012》，中国统计出版社 2013 年版，第 624—625 页。

"低水平人口陷阱"。国际公认的各地区人口密度的临界指标为：高寒地区（2 人/平方公里），干旱地区（7 人/平方公里），半干旱地区（20 人/平方公里）。一些人口较少民族聚居区的人口增长速度过快，已超过其人口密度界限，导致人均环境资源拥有量下降，其赖以生存的自然资源不断减少，增加了生态环境的承载压力，超出了环境容量的限度，导致人地关系失衡与环境质量恶化，从而对经济发展产生不利影响，造成"人口增长—环境破坏—经济贫困"的恶性循环①。

人口较少民族地区存在"循环累积增长现象"，"人口多—成长环境差—技能经验少—劳动生产力低—劳动工资低—劳动力需求增加—出生率提高—人口多"②。这种人口的循环累积增长势必给发展带来压力，使得本地区劳动力成本相对低廉，劳动密集型的产业成为持续增长之源。人口较少民族地区工业基础较差，相对较大的环境容量、相对宽裕的土地资源、广阔的市场空间、低廉的劳动力成本优势，是其引进资本实现经济起飞的有利因素。往往生态脆弱地区的生育峰值很高、持续时间长，人口增长过快和人口素质偏低是影响本地区脱贫的主要障碍。

三　人力资源结构差异大

人力资源结构是指将人口以不同的标准划分而得到的一种结果，主要包括性别构成、年龄构成、行业构成、职业构成、文化程度构成等。如人口的性别结构对经济活动区位条件有影响，如纺织业、家政行业适合女劳动力，重型制造业、采矿业适合男劳动力。

（一）年龄结构差异大

人口年龄结构指一定时点、一定地区各年龄组人口在全体人口中所占比重。不同年龄组人口的社会需求和经济发展的作用不同。劳动适龄人口是生产力的主要因素，对经济发展产生一定的作用。青年人口比重越大，对文化教育等公共服务的需求越大；老年人口比例越大，对医疗和福利事业的需求则越大③。

---

① 李琳、刘一良：《西部贫困地区可持续发展的障碍与对策研究》，《西安财经学院院报》2003 年第 3 期。

② 周明生、吴正林：《科学发展观在发达地区与欠发达地区差别化实施研究——以江苏苏南、苏北为例》，中国社会科学出版社 2012 年版，第 116 页。

③ 刘艳芳等：《经济地理学——原理、方法与应用》，科学出版社 2006 年版，第 46 页。

1. 年龄中位数

年龄中位数是衡量人口年龄构成的重要指标，反映人口数量从 0 岁开始，累计到一半人口时的年龄，一定程度上可以表征一个群体年龄的构成情况。2010 年，28 个人口较少民族中，只有俄罗斯族年龄中位数（36.35岁）超过全国人口年龄中位数（35.93 岁）。7 个民族的年龄中位数位于全国平均水平（35.93 岁），即裕固族（34.89 岁）、锡伯族（33.07 岁）、毛南族（32.9 岁）、塔塔尔族（32.37 岁）、达翰尔族（32.03 岁）、基诺族（31.4 岁）、仫佬族（31.05 岁）；有 18 个民族年龄中位数低于 30 岁，其中，保安族（24.94 岁）、门巴族（24.85 岁）、珞巴族（22.9 岁）3 个民族的中位数低于 25 岁。

2. 抚养比

抚养比（即抚养系数）指非劳动年龄人口与劳动年龄人口数之比。抚养比越大，表明劳动力人均承担的抚养人数越多，即劳动力的抚养负担越重。老龄人口抚养比相对直观地度量了劳动力的养老负担。人口老龄化会直接导致老龄人口的抚养比不断提高[1]。计算公式为：总抚养比 =（未成年人口+老龄人口）/劳动力人口 = 少儿抚养比+老年抚养比。其中劳动力人口指 15—64 岁人口，非劳动年龄人口指 14 岁及以下的未成年人和 65 岁及以上老龄人口。如表 3.12 所示，28 个民族的平均总抚养比为 38.7%，高于全国平均水平（34.28%）。有 21 个民族的总抚养比高于全国平均水平（34.28%），其中总抚养比排名在前三位的是珞巴族（54.12%）、保安族（54.01%）、撒拉族（51.39%），50%以上的总抚养比意味着每个劳动力平均至少要养活 2 个人。

表 3.12　　　　　　　2010 年人口较少民族的年龄构成和抚养比[2]

民族	人口数（人）				抚养比（%）		
	合计	0—14 岁	15—64 岁	65 岁及以上	总抚养比	少儿抚养比	老年抚养比
全国	1332810869	221322621	992561090	118927158	34.28	22.3	11.98

---

①　郑萌萌：《劳动力变迁助推经济转型：基于人口结构的研究》，《山东财政学院学报》2013 年第 1 期。

②　数据来源：国家统计局人口和就业统计司、国家民族事务委员会经济发展司：《中国 2010 年人口普查分民族人口资料》，民族出版社 2013 年版，第 881 页。

续表

民族	人口数（人）				抚养比（%）		
	合计	0—14 岁	15—64 岁	65 岁及以上	总抚养比	少儿抚养比	老年抚养比
景颇族	147828	36117	105074	6637	40.69	34.37	6.32
柯尔克孜族	186708	48671	128687	9350	45.09	37.82	7.27
土族	289565	60918	215124	13523	34.6	28.32	6.29
达斡尔族	131992	23586	102560	5846	28.7	23	5.7
仫佬族	216257	45361	154487	16409	39.98	29.36	10.62
高山族	4009	739	3017	253	32.88	24.49	8.39
布朗族	119639	28725	84834	6080	41.03	33.86	7.17
撒拉族	130607	37266	86270	7071	51.39	43.2	8.2
毛南族	101192	22886	69576	8730	45.44	32.89	12.55
锡伯族	190481	33883	145123	11475	31.25	23.35	7.91
阿昌族	39555	11230	26431	1894	49.65	42.49	7.17
普米族	42861	10176	30136	2549	42.23	33.77	8.46
塔吉克族	51069	13391	35232	2446	44.95	38.01	6.94
怒族	37523	8742	26375	2406	42.27	33.15	9.12
乌孜别克族	10569	2345	7593	631	39.19	30.88	8.31
俄罗斯族	15393	2380	11761	1252	30.88	20.24	10.65
鄂温克族	30875	6332	23697	846	30.29	26.72	3.57
德昂族	20556	5263	14371	922	43.04	36.62	6.42
保安族	20074	5867	13034	1173	54.01	45.01	9
裕固族	14378	2664	10747	967	33.79	24.79	9
京族	28199	6717	19300	2182	46.11	34.8	11.31
塔塔尔族	3556	687	2625	244	35.47	26.17	9.3
独龙族	6930	1725	4842	363	43.12	35.63	7.5
鄂伦春族	8659	1831	6602	226	31.16	27.73	3.42
赫哲族	5354	918	4200	236	27.48	21.86	5.62
门巴族	10561	2927	7124	510	48.25	41.09	7.16
珞巴族	3682	1144	2389	149	54.12	47.89	6.24
基诺族	23143	4811	16897	1435	36.97	28.47	8.49

28 个民族总抚养负担重的另一个主要原因是少儿抚养比普遍偏高。

2010年，28个民族中只有俄罗斯族（20.24%）和赫哲族（21.86%）低于全国平均水平（22.3%）。少儿抚养比排名前三位的是珞巴族（47.89%）、保安族（45.01%）、撒拉族（43.2%），这3个民族的总抚养比也最高。老年抚养比排名前三位的是毛南族（12.55%）、京族（11.31%）、俄罗斯族（10.65%），均超过10%。非生产性人口增加，被抚养人口比重大。由于人口增长过快，文化落后，人口素质降低，劳动者的技术水平低下，负担越来越重。

（二）劳动力行业结构差异大

1. 民族间的行业结构差异大

行业分布可以说明一个民族在社会经济互动中扮演的角色。人口较少民族间的行业结构差异主要体现在：

一是第一产业比重高。2010年人口较少民族在业人口在三次产业中的构成为68.28：10.2：21.52，第一产业在业人口的比重仍高出全国平均水平（48.34%）近20个百分点，说明人口较少民族的就业结构仍处于以农业为主的传统类型结构阶段。从民族间的差异来看，23个民族第一产业的在业人口的比重高于全国平均水平，其中10个民族超过80%，具体为：德昂族（89.9%）、独龙族（88.3%）、珞巴族（87.36%）、布朗族（85.48%）、门巴族（84.41%）、基诺族（82.43%）、景颇族（82.31%）、柯尔克孜族（81.23%）、怒族（80.05%）。从第五次和第六次全国人口普查来看，德昂族、独龙族、珞巴族、布朗族第一产业在业人口的比重均高达80%且排在前列。

二是第二产业最低。从人口较少民族在业人口三次产业占比来看，第二产业在业人口的比重最少（仅为10.2%），比全国平均水平（24.16%）低13.96%，这与工业化所追求的解决更多就业目标相去甚远。其中黑龙江省柯尔克孜族智力型劳动者的比重最低（8.7%），比全省平均水平（12.99%）、汉族平均水平（13.03%）分别低4.29、4.33个百分点[①]。

三是第三产业发展差异较大。28个民族第三产业在业人口的比重为21.52%，比全国平均水平（27.51%）低5.99个百分点。12个民族经商

① 何志鹏、孟凡生：《人口较少民族发展政策与管理机制研究》，《黑龙江民族丛刊》2013年第2期。

意识和传统较强，其第三产业比重均高于全国平均水平（27.51%），具体为：俄罗斯族（67.91%）、鄂伦春族（60.59%）、乌孜别克族（53.87%）、赫哲族（47.13%）、京族（42%）、达斡尔族（38.61%）、塔塔尔族（37.77%）、塔吉克族（37.77%）、高山族（37.16%）、鄂温克族（35.28%）、锡伯族（32.61%）、撒拉族（29.49%）。而基诺族（14.93%）、怒族（13.77%）、景颇族（12.64%）、门巴族（12.44%）、阿昌族（11.51%）、珞巴族（10.99%）、布朗族（9.11%）、独龙族（7.95%）、德昂族（7.01%）9个民族的第三产业从业比低于15%，与全国平均水平（27.51%）差距较大，这9个民族主要分布在云南省和西藏的高山高寒地区，地理位置偏远，地势较高，运输成本较大，发展第三产业相对困难。人口较少民族三次产业从业人口分布不合理，农业人口过多导致农业投入和产出率较低；外出务工人员少，难以形成规模优势，劳动力优势难以转化为市场优势。

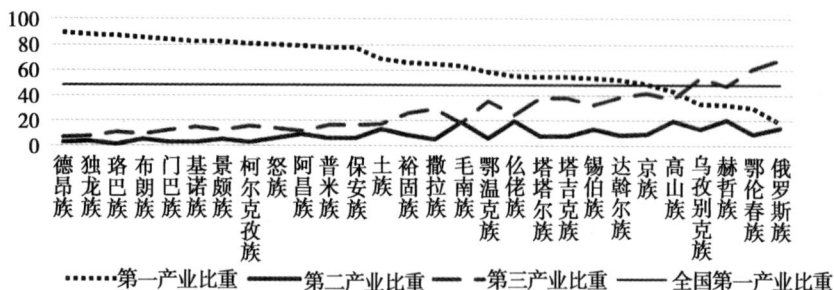

图 3.5　2010 年人口较少民族从业比重

1982—2010 年人口较少民族在业人口正趋于多样化和合理化①，第一产业就业比重有所下降，第二、第三产业就业比重略有提高。人口较少民族从业结构的变化反映出农村广大剩余劳动力主要转移到第三产业；人口较少民族从业增长最快的是餐饮、服务业等劳动密集型部门，其投资小、技术要求相对较低。

2. 地区间的行业结构差异大

从务工人数的结构来看，2013 年 2119 个人口较少民族聚居村外出务工人数占劳动力人数的比例为 30.05%，其中青海省（59.63%）最高，

---

① 李焱：《云南省人口较少民族人口政策研究》，硕士学位论文，吉林大学，2013 年。

这与青海撒拉族的"拉面经济"引起的外出务工比例高有关；其次为甘肃（47.02%）；处于最低水平的为新疆生产建设兵团（8.3%）和云南（13.11%）。从收入来源的结构来看，2013年人口较少民族聚居村劳务输出收入占经济作物总收入平均比重为7.94%，处于最高水平的为吉林省（78.53%）。

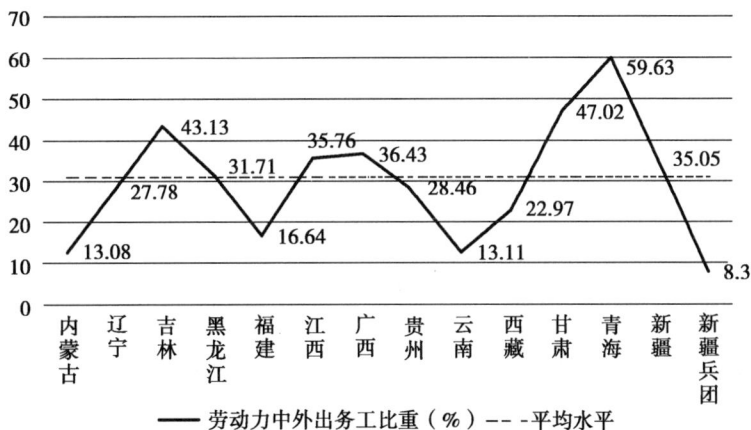

图3.6　2013年各省区人口较少民族聚居村劳动力外出务工比重

　　经济增长方式的转变、产业结构转型升级对劳动力素质提出了更高要求，需求重点已从体力型向智力型和技能型转变，对技能型人才的迫切需求与劳动力外出务工人员的素质偏低的矛盾日益突出。人口较少民族聚居村剩余劳动力数量多、素质低，劳动力的整体素质与现实需求间有较大差距，难以适应日益发展的经济水平。新疆的塔塔尔族、乌孜别克族，东北的鄂温克族、赫哲族，云南的基诺族到上海学习、工作和经商，使上海的少数民族成分达44个，常住少数民族由1953年的3.14万人增至1990年的6.16万人[1]。改革开放前沿的广东有鄂伦春族、门巴族和珞巴族等许多人口较少民族前来务工经商。因为风俗习惯、文化传统、宗教信仰和民族心理的差异，人口流动使民族交往中不可避免地发生一些矛盾。每年都有人口较少民族打工者因适应不了沿海城市的节奏和工厂的要求而被迫返乡，说明尚未建立有效的劳务输出机制，劳务中介组织的作用发挥不够，技能培训的层次和质量也不高。

---

① 杨荆楚：《社会主义市场经济与民族关系的几个问题》，《民族研究》1994年第5期。

（三）职业结构差异大

职业是指劳动者所从事具体工作的性质，是现代社会分层的主要载体；职业结构变迁是社会发展和社会变迁的过程，也是社会发展程度的标志，社会变迁通过职业结构变化来表现①。职业与社会地位和收入关系密切，分析人口较少民族的职业结构对理解其职业结构差异十分重要。

2010 年全国人口普查时将职业分为 7 大类，从表 3.13 可见：

表 3.13　　　　　2010 年人口较少民族就业人口的职业结构②　　　（单位：%）

序号	民族	负责人	专业人员	办事人员	商业服务业	农业人员	生产运输	其他
1	珞巴族	0.55	2.2	3.3	3.3	87.36	3.3	0
2	高山族	4.13	8.72	11.01	16.97	44.04	15.14	0
3	赫哲族	2.46	17.21	10.25	16.39	32.38	21.31	0
4	塔塔尔族	1.06	17.02	6.91	11.17	54.26	9.57	0
5	独龙族	0.88	4.19	1.55	2.21	87.64	3.53	0
6	鄂伦春族	5.59	16.47	18.53	17.94	29.12	12.35	0
7	门巴族	0.33	3.65	3.98	4.31	84.08	3.65	0
8	乌孜别克族	2.93	14.13	12.8	21.07	31.47	17.6	0
9	裕固族	2	8.63	5.75	11.38	65.63	6.63	0
10	俄罗斯族	4.21	24.31	14.26	22.2	16.21	18.8	0
11	保安族	0.99	4.96	3.27	8.23	76.91	5.65	0
12	德昂族	0.16	1.67	1.43	3.82	89.72	3.19	0
13	基诺族	0.86	5.09	2.84	6.47	82.36	2.38	0
14	京族	2.01	6.73	5.57	25.52	50.04	10.13	0
15	怒族	0.9	4.33	2.84	5.69	80	6.23	0
16	鄂温克族	2.14	10.8	9.02	11.39	57.91	8.73	0
17	普米族	0.86	4.48	2.79	8.18	77.81	5.88	0
18	阿昌族	0.61	3.55	1.92	5.24	78.86	9.82	0

---

① 张国英：《广东省在业人口职业结构时空变迁：1982—2005》，《南方人口》2009 年第 1 期。

② 资料来源：国家统计局人口和就业统计司、国家民族事务委员会经济发展司：《中国 2010 年人口普查分民族人口资料》，民族出版社 2013 年版，第 363—398 页。

续表

序号	民族	负责人	专业人员	办事人员	商业服务业	农业人员	生产运输	其他
19	塔吉克族	0.94	5	1.65	1.89	88.25	2.27	0
20	布朗族	0.39	2.85	1.39	4.34	85.41	5.62	0
21	撒拉族	1.72	4.6	2.45	19.06	65.13	6.96	0.09
22	毛南族	0.92	5.89	3.51	8.11	63.34	18.2	0.03
23	景颇族	0.52	2.96	3.09	6.2	82.39	4.85	0
24	达斡尔族	2.4	13.7	8.57	13.3	51.47	10.46	0.1
25	柯尔克孜族	1.74	6.31	3.23	4.03	81.59	3.08	0.02
26	锡伯族	1.91	10.26	5.76	15.4	53.6	13.06	0.01
27	仫佬族	1.55	6.61	4.06	13.28	55.62	18.78	0.09
28	土族	1.06	6.9	3.43	7.36	68.83	12.39	0.03
	合计	1.32	6.61	3.97	9.53	68.58	9.97	0.03
	全国	1.77	6.84	4.32	16.17	48.31	22.49	0.1

一是高层次人才比例偏低。"国家机关、党群组织、企事业单位负责人"通常称为"干部",干部比例一定程度上表示一个民族在当地的影响力,在分析民族关系时是一个引人注意的重要指标[①]。干部比例最高的主要是居住在东北和西北地区的民族:2010 年,只有鄂伦春族(5.59%)、俄罗斯族(4.21%)、高山族(4.13%)、乌孜别克族(2.93%)、赫哲族(2.46%)、达斡尔族(2.4%)、鄂温克族(2.14%)、京族(2.01%)、裕固族(2%)、锡伯族(1.91%)10 个民族的"国家机关、党群组织、企事业单位负责人"这一指标高于全国平均水平(1.77%)。这些民族多建立了民族自治地,按照相关政策,这些自治地的政府机构必须选拔当地民族担任干部,这是这些民族的干部比例较大的原因。2000—2010 年,人口较少民族职业人口中非常重要的变化是"国家机关、党群组织、企事业单位负责人"比例不升反降(从 1.12%降至 0.93%),部分民族甚至降至 0.5%以下。而同期全国及汉族"党政机关、党群组织、企事业单位负责人"比例分别从 1.67%、1.72%提升到 1.77%、1.85%。28 个人口

---

① 马戎:《民族社会学——社会学的族群关系研究》,北京大学出版社 2016 年版,第 276 页。

较少民族中，只有土族、仫佬族、柯尔克孜族、撒拉族、布朗族、毛南族、基诺族、鄂伦春族及珞巴族9个民族的"国家机关、党群组织、企事业单位负责人"比例有所增加，其他19个民族的高层次职业人口比例均有所下降。人口较少民族人口规模小，本民族人才摄取范围较小，导致干部队伍总量不足、结构不优等矛盾较为突出。特别是在基层干部队伍中，人口较少民族担任县市乡主要领导的干部少，使得群众呼声在政治上难以得到有效回应。同时，队伍整体素质不高，学历水平和职称层次普遍较低。此外，干部人才梯队建设不够，来源不足，后继乏人。2011年黑龙江省达斡尔族乡镇的民族干部占干部总数的比重为20.59%，与其人口占全省的比重（33.36%）低12.77个百分比。黑龙江省同江市街津口赫哲族乡，竟难以选出一位有文化、有见识、有能力的村主任①。正如张志远（2015）认为，与傣族、哈尼族相比，布朗族的民族教育落后影响了领导干部的提升②。

二是农业劳动者比例偏高。2010年，23个民族的农业劳动者比例高于全国平均水平（48.31%），普通农民较多，技术人员或其他人员比例极低。人口较少民族地区绝大多数仍采用传统耕作方式，凭借人力畜力和少量机械，在经营规模上仍是各农户耕作自己的小面积"承包地"，与农业现代化的差距较大。

三是生产运输工人和有关人员比例极低。2010年，28个民族生产工人比例均低于全国平均水平（22.49%），其中塔吉克族、基诺族的水平不及全国水平的十分之一。这说明，人口较少民族工业化进程缓慢，现代化水平不高。

四是商业服务业水平差距较大。2010年，赫哲族（16.39%）、高山族（16.97%）、鄂伦春族（17.94%）、撒拉族（19.06%）、乌孜别克族（21.07%）、俄罗斯族（22.2%）、京族（25.52%）从事商业和服务业的程度高于全国平均水平（16.17%），这几个民族也有经商的传统。发展水平在28个民族中普遍较高，这在一定程度上验证了"无商不富"的道理。第三产业在许多人口较少民族地区仍不发达，如聚居在南疆地区的塔吉克族

---

① 刘晓春：《东北人口较少民族经济社会及发展》，载朝克《东北人口较少民族优秀传统文化》，方志出版社2011年版，第336—392页。

② 张志远：《多民族聚居地区贫困治理的社会政策视角——以布朗山布朗族为例》，中国社会科学出版社2015年版，第91页。

（1.89%）、柯尔克孜族（4.03%），云南边境地区的独龙族（2.21%）、德昂族（3.82%）、布朗族（4.34%）、阿昌族（5.24%）、怒族（5.69%）、景颇族（6.2%）、基诺族（6.47%），位于青藏高原的珞巴族（3.3%）、门巴族（4.31%）。这些位于边疆地区、自然禀赋较差的民族在市场化进程中，因缺乏经商传统而导致商业服务人员比例偏低和竞争能力偏弱[①]。

由此可见，一个民族如果农业职业劳动者的比例较高，"农业"行业就业者的比例也较高。而在专业技术人员、干部、商业人员、服务业人员、工人等"非农职业"的比例间，存在着正相关关系。行业结构与职业结构的交叉分析，有助于理解人口较少民族的社会与经济结构。[②]。

第五节　致贫原因各异

人口较少民族是民族大家庭中较贫困的兄弟，人口较少民族贫困问题既是经济问题，也是社会问题和政治问题。人口较少民族致贫原因主要有文化论和制度论两种理论。贫困文化论认为贫困是因为长期形成的内在自我文化模式，贫困户多安于现状，进取心差，更多依赖外部帮扶，对自我归因并不热衷；并认为贫困文化具有代际传递的特点。贫困制度论驳斥了贫困文化论是受害者有罪论的观点，他们认为不合理的制度安排剥夺了贫困户凭借自身努力和劳动获得物质资料的能力。实际上，从经济维度、文化解释和制度研究来解释人口较少民族贫困问题都是片面和浮浅的。贫困无法简单归因于物质资料的匮乏，而贫困人群的发展能力和外部支持体系约束是致贫的根本原因[③]。

人口较少民族贫困是一种特殊类型的贫困，是因自然、历史、政治、文化、观念等多种因素共同作用的结果，而非单一因素所致。每个民族致贫原因各不相同，贫困程度在不同民族、不同地区的反映略有差异。

一　空间贫困

自然地理环境恶劣是导致人口较少民族贫困的重要决定因素。空间贫困

---

① 马戎：《中国各族群之间的结构性差异》，《社会科学战线》2003 年第 4 期。

② 同上。

③ 向德平、黄承伟：《中国反贫困发展报告》，华中科技大学出版社 2013 年版，第 26 页。

理论是解释自然地理环境致贫的经典理论，地理位置偏远、地理资本差异大且低劣、基础设施和公共服务供给严重不足，从而先天就遇到贫困的风险①。一是自然条件恶劣，生态脆弱。东北高寒山区、西北荒漠化地区、西南喀斯特山区水土流失严重，这些地区也是我国的连片特困地区。人口较少民族聚居区大多自然条件相对较差、生存和发展条件恶劣，边缘性、过渡性明显。各地自然、生态、气候、植被、资源情况千差万别，致贫成因各有差异，相似的是地质地貌复杂、自然灾害频繁，生存环境恶劣，一些地区生产用水和人畜饮水保障难，抵御自然灾害的能力极低，返贫率很高。二是经济一体化低。人口较少民族聚居区人口和经济活动的空间高度分散，连接边缘地带与发达地区的基建成本高。大多数涵洞载荷标准低，不能满足当地群众生产、生活的需求；公路线网稀疏，难以满足当地群众生产、生活的需求；公路线网稀疏，无法满足群众的重点生产和经济开发；一些地方未建有等级公路，这些都严重制约了交通和经济发展。三是规模经济效应低。人口较少民族聚居区的教育、卫生和能源等难以形成规模经济，无法实现生产部门的规模报酬递增。运输成本高抑制了产品竞争力的提升，生产要素的边际生产率低，区外的生产要素难以流入，同时区内资本、劳动等生产要素不断外流，这些都极大地抑制了人口较少民族地区的经济一体化。

二　资本贫困

一是资本供给严重不足。市场形成依赖于一定数量生产能力和消费能力的人口来支持，人口较少民族聚居区人口规模小、密度低，规模报酬递增程度低，降低了其发展能力。加之，人口较少民族聚居区税基弱，地方财政长期入不敷出，居民和企业储蓄有限、资本外流，发展所需资本供给不足，对外依赖程度高。受市场经济资本趋利性的影响，人口较少民族地区资本弱化更为明显。单纯依靠市场竞争，人口较少民族地区很难吸引优质资源。二是社会资本匮乏。人口较少民族的交往多局限在邻居等熟人社会，交往范围窄、交往对象简单、社会参与度低②；此外，人口较少民族

---

① 陈全功、程蹊：《空间贫困理论视野下的民族地区扶贫问题》，《中南民族大学学报》（人文社会科学版）2011年第1期。

② 邓大才等：《贫困村缘何难以脱贫——对全国31个省48个贫困村与222个非贫困村的比较研究》，载徐勇《反贫困在行动：中国农村扶贫调查与实践》，中国社会科学出版社2015年版，第41页。

外出较少、足不出户，出行多集中在村、乡一级，接触外界信息少，社会资本单一和匮乏导致了贫困。三是社会组织化程度低。农民专业合作社是提升农业产业化、促进脱贫的有效渠道。2014年，全国人口较少民族聚居村中有农民专业合作社18330个，成员人数11.9万人，但参加合作社的比例仅为4.36%，人口较少民族的农业生产主要采用传统小户形式，农业规模化程度低。四是一些传统优势产业或因政策因素导致优势丧失。如过去烤烟是云南省陇川县阿昌族聚居区财政收入最高的一项支柱产业，但烟草双控后，烤烟指标全部被取消，依靠烤烟脱贫的群众随之返贫。陇川县户撒乡的刀具制造业一直是阿昌族群众的重要收入。随着刀具管制政策的出台，产品无法运输进而增加了销售的难度①。

三　文化贫困

20世纪60年代，美国人类学家奥斯·刘易斯（Oscar Lewis）在《贫困文化：墨西哥五个家庭实录》中提出了"贫困文化理论"：在落后地区经过社会、文化或心理等因素的长期积淀会形成长久的、固定的甚至是固化的思维定式和价值取向。该理论源于经济学理论解释贫困现象失败后引发的反贫困研究者的反思。贫困文化论者认为发展过程中出现的贫困现象不应仅是经济现象，而是根源于经济、社会、文化的综合现象。"贫困文化"是贫困阶层具有的独特生活方式，是长期贫困群体的行为方式、习惯、风俗、心理定式、生活态度和价值观等非物质形式②。

贫困文化具有传承性，反映了贫困群众的独特生活方式。这种独特的生活习俗是一种共同的价值观、生活态度和行为，即贫困亚文化。在贫困亚文化中生活的人们有独特的文化观念和生活方式，这种亚文化通过"圈内"交往得以加强，并且被制度化，延续着贫困生活。在这种环境中成长的下一代会自然地习得贫困文化，并由此世代传递。从民族文化视角探讨扶持人口较少民族发展，并不意味着文化扶持唯一重要，而是在各种

---

① 云南省民委：《云南省七个人口较少民族脱贫与发展研究》，《民族工作参考资料》2009年第7期。

② 方清云：《贫困文化理论对文化扶贫的启示及对策建议》，《广西民族研究》2012年第4期。

扶持努力中增加一些文化要素和文化目标，从民族知识和行为方式上做出变化和调整。

人口较少民族相对封闭，开放程度低，文化交融程度低，有的甚至与外界隔绝，简单落后的农业生产方式和贫困的生活使其养成了浓厚的自然经济意识，形成了安守现状、因循守旧、不思进取、听天由命的宿命感，养成了"等、靠、要"的惰性依赖心理，难以接受新事物、害怕生人、不思进取、安于现状，主动脱贫的能动性不够。一是不合理的置产要求。部分民族的财富观念差异限制了其融入现代社会。二是传统婚丧待客开支重。云南保山市德昂族竞相攀比办红白喜事，德昂族农民往往把土地10年、30年租赁给附近其他民族群众，一些家庭失去土地后靠打工度日。三是嗜酒成癖。许多民族有嗜酒习惯，怒族等家家户户会酿酒，稍有积蓄便去买酒喝，造成"家徒四壁"的赤贫境地，更不用谈扩大再生产了①。四是宗教祭祀习俗影响。有些民族病丧和重大风俗节日都会杀牲畜来表示民族信仰。有的为祈求丰收或庆祝胜利，大规模的杀牲畜使好不容易积累的财富用于宗教活动，而不是用于生产。大规模的祭祀加重了百姓负担。布朗族群众信奉南传佛教"有多少，赊多少"的理念。五是市场意识弱，内生发展动力不足。贫困人口大多为素质贫困，缺乏市场意识和相应的生产知识和技能，难以适应社会经济转型的冲击。有的民族财富积累的意识差，缺乏经济发展的动力和强烈的致富欲望，容易自我满足②。人口较少民族对任何经济转变会有较强的排斥或抵触心理③。部分独龙族聚居村养猪是为了全村共享，"猪越小越好吃"的观念导致家家养猪、越养越穷。一些民族生产生活中存在"分光吃光"的交换式消费习俗，虽然在文化相对论视野中赋予人类学的"夸富宴"文化理解，但这种原始的分配交换关系绝非一个民族适应现代性发展的文化动力。历史上，很多少数民族的对外交换采用以物易物的方式，缺乏商品价值的观念，甚至羞于经商、耻于经商。这些观

---

① 洪朝栋、沈志锦：《云南少数民族地区的现代化发展》，民族出版社2000年版，第45—46页。

② 吕怀玉：《边疆民族地区减贫战略研究——以云南省为例》，博士学位论文，云南大学，2013年。

③ 刘璐琳、舒驰：《人口较少民族经济向现代经济转变的路径分析》，《黑龙江民族丛刊》2007年第6期。

念也随着国家的产品收购和供给，统一的货币流通和公平的市场价格而逐步改变①。云南布朗山地区种茶主要靠外地老板来收，有时村民为了卖掉茶叶尽可能降低价格。老百姓因语言障碍，担心被其他商人欺骗，即使价格再低也想把茶叶卖给固定的外来老板。市场意识薄弱是其难以摆脱贫困的重要因素②。

有时需要从文化生态学视角来认识人口较少民族贫困现状及其复杂成因。独龙族地区高度分散、小型化、相互孤悬的聚落格局是由独龙江连绵的悬崖峭壁、两岸被湍急的江水分割的基本地貌和地形所塑造的。高度分散和小型化的聚落格局，严重制约了独龙族社会的整合，使独龙族形成了地段性的内部差异，也制约了内部的分工和分化。广袤的原始森林、随处可见的溪流提供了天然、潜力巨大的采集渔猎场所，独龙族园艺农业粗放，缺乏精耕细作的环境压力，加上人口增长十分缓慢，长期没有人口流入、文化输入、外部社会的政治经济统摄等重大干扰等，使独龙族得以在该地区发展出一种以技术含量较低的粗放园艺农业（广种薄收的刀耕火种农业）和集采集、狩猎、捕捞于一体的复合型生计，并通过轮歇制和半定居方式作为适应交通不便的地理环境、开发利用环境资源的重要手段。其结果是技术单一、自给自足、随遇而安、分化较小、分工不精细的独龙族社会文化特征的长期维持，以及独龙江流域生态资源的低度开发和持久延传③。

四 信息贫困

长期封闭的地理环境导致人口较少民族信息传播渠道狭窄、信息严重不对称等突出问题，由此形成了信息贫困。一是信息化指标低。2014 年，2119 个人口较少民族聚居村中 35.4% 的行政村未通宽带、7% 的自然村未通电话、5.8% 的自然村未通广播电视、拥有电脑的户数仅为 12.8%。二是信息化利用水平低。人口较少民族聚居区经济结构调整滞后，特色优质

---

① 郝时远：《中国特色解决民族问题之路》，中国社会科学出版社 2016 年版，第 257—258 页。

② 张志远：《多民族聚居地区贫困治理的社会政策视角——以布朗山布朗族为例》，中国社会科学出版社 2015 年版，第 94 页。

③ 杨筑慧：《中国人口较少民族经济社会发展追踪调研报告》，学苑出版社 2016 年版，第 76—77 页。

农产品难以找到销路，导致大量好产品卖不出去好价格。三是农村信息队伍不稳定。本研究问卷调查显示：高达 45.4% 的受访者不清楚"扶持人口较少民族发展统计监测数据"，并存在统计监测数据报送口径不一致、数据精准度不高、报送时间不及时等问题，尤其是乡村两级数据的收集、报送工作进展不力，缺乏对数据的科学分析与运用。调研发现一些人口较少民族聚居区无专职干部负责统计工作，很多干部不具备使用"扶持人口较少民族统计监测系统"的能力，亟须加强培训。

人口较少民族地区的经济差异是区域经济增长在地理上的不平衡，其主要原因包括规模收益递增、要素流动的局限性和政府作用等。人口较少民族地区自然环境较差，资本、人力资源、科学技术等主要生产要素的基础水平低于其他地区。产业结构、产品结构不合理，财政资金十分困难，经济与社会发展缓慢，无法适应激烈的市场竞争，导致其在竞争中处于劣势。竞争不利和政策失衡使人口较少民族地区的资金、人才等生产要素出现"孔雀东南飞"现象[1]。

第六节　民族文化丰富多彩

各地的民族文化及其多样性，已成为自然界生态多样性的基本载体。从其原生性上来看，文化是一定区域的人与自然环境间对话、互动的模式或结构。历史经验反复证明：一个地区的生态恶化常肇始于当地文化的边缘化或遭破坏。文化多样性遭到破坏，往往都是自然生态多样性恶化的前奏[2]。联合国《公民权利与政治权利国际公约》第二十七条规定："在那些存在着种族的、宗教的或语言的少数人的国家中，不得否认这种少数人同他们的集团中的其他成员共同享有自己的文化，信奉和实行自己的宗教或适用自己语言的权利。"这其中包括界定少数人的 ethnic（种族）、religious（宗教）、linguistic（语言）3 个因素。种族、语言、宗教本质是文化现象，是文化的象征和标志，宗教和语言不同意味着文化差异，即文化

---

① 张红梅：《当代中国少数民族经济政策研究——兼论西部大开发战略对民族经济政策的完善与发展》，博士学位论文，中央民族大学，2004 年。

② 明浩：《"民族"与"区域"，相互离不开——对于中央民族工作会议精神的再学习（六）》，《中国民族报》2016 年 6 月 26 日。

差异是界定少数人的关键因素①。

众所周知，文化多样性是人类的宝贵财富。江泽民同志曾指出："多样性是世界存在的本质特征。"② 胡锦涛强调："我们应该维护和尊重世界的多样性。……多样性意味着差异，差异需要交流，交流促进发展。"③ 地域蕴含着民族的归属感，并成为民族生产生活方式、历史文化、风俗习惯和宗教信仰形成的基础④。地理环境的封闭性，生态环境的复杂性和生物品种的多样性，是人口较少民族形成与发展的重要条件。人口较少民族地区多样化的生态环境决定了生计方式多样化，并孕育了五彩缤纷的民族文化⑤。世界上每个民族都有自己独一无二的文化，文化是民族身份的重要标志和特征，是维系一个民族生存、延续的灵魂，是民族发展进步的动力，是民族活力的源泉。因此，了解一个民族必须了解它的文化，发展一个民族必须发展它的文化⑥。

各民族间也存在着广义的文化差异，诸如语言文字、文学艺术、宗教信仰、风俗习惯、社会心理等精神表达，其中也包括承载这些精神价值的器物、工具、民居、服饰等物体载体。人口较少民族文化多姿多彩，特色各异、千差万别，突出表现为多样化的语言、宗教、风俗、服饰、饮食、住房，其文化往往带有宗教性、原始性和复合性⑦。

一　语言使用的多样化

语言文字是文化的载体和重要要素，是民族认同最根本的基础之一。

---

① 耿焰：《少数人差别权利研究——以加拿大为视角》，人民出版社 2011 年版，第 38—42 页。

② 中共中央文献研究室：《江泽民论中国特色社会主义（专题选编）》，中共文献出版社 2002 年版，第 526 页。

③ 胡锦涛：《世界睦邻友好　共同发展繁荣——在莫斯科国际关系学院的演讲》，《人民日报》2003 年 5 月 29 日。

④ 陆平辉、杜博：《民族关系的制度化调整策略分析：详论少数人权利保障策略》，《中南民族大学学报》（人文社会科学版）2006 年第 6 期。

⑤ 朱玉福、伍淑花：《人口较少民族传统文化保护探讨》，《黑龙江民族丛刊》2011 年第 3 期。

⑥ 李成武、李文：《当前我国民族地区社会建设刍议》，《毛泽东邓小平理论研究》2012 年第 9 期。

⑦ 杨武：《中国民族地理学》，中央民族学院出版社 1993 年版，第 329—332、340—344 页。

人口较少民族语言使用的差异较大，具体分为汉藏语系、阿尔泰语系、南亚语系、印欧语系和南岛语系共五大语系（见表 3.14）。此外，有的民族不同的支系分别使用不同的语言，如景颇族使用景颇语和载瓦语两种语言，裕固族使用东部裕固语和西部裕固语两种语言①。

鄂伦春族、俄罗斯族、塔塔尔族、乌孜别克族、塔吉克族、柯尔克孜族、基诺族 7 个民族有本民族的语言，赫哲族、鄂温克族、裕固族、撒拉族、毛南族、高山族、京族、独龙族、德昂族、怒族、普米族、阿昌族、布朗族、门巴族、珞巴族 15 个民族有本民族语言，但没有或不通用本民族文字。一般而言，没有文字，学生上学就要学习汉语或其他民族的语言文字。因此，教育程度越高，学习其他民族语言的机会就越多，操双语的人数也就越多。

表 3.14　　　　　　　　　　人口较少民族的多样化语言

语言文化	民族数量	主要民族
汉藏语系文化	10	珞巴族、独龙族、门巴族、基诺族、怒族、普米族、阿昌族、毛南族、仫佬族、景颇族
阿尔泰语系文化	12	赫哲族、塔塔尔族、鄂伦春族、鄂温克族、乌孜别克族、裕固族、保安族、撒拉族、达斡尔族、柯尔克孜族、锡伯族、土族
南亚语系文化	3	德昂族、京族、布朗族
印欧语系文化	2	俄罗斯族、塔吉克族
南岛语系	1	高山族

（一）　使用本民族语言的差异性

从 20 世纪 80 年代末的抽样调查可知②，26 个人口较少民族（无高山族、俄罗斯族资料）使用本民族语言的人口约 319465 人，占其人口的 31.98%。但不同民族使用本民族语言的人口比例差异较大，可分成 3 种

---

① 何俊芳：《中国少数民族双语研究：历史与现实》，中央民族大学出版社 1998 年版，第 94 页。

② 中国社会科学院民族研究所、加拿大拉瓦尔大学国际语言规划研究中心：《世界的书面语，使用程度和使用方式概况（第 4 卷）（中国部分）第 1、2 册》，拉瓦尔大学出版社 1995 年版，载何俊芳《中国少数民族双语研究：历史与现实》，中央民族大学出版社 1998 年版，第 91—93 页。

类型：一是大多数人使用本民种语言。如表 3.15 所示，独龙族（85.99%）、门巴族（82.14%）、景颇族（65.59%）、布朗族（61.75%）、德昂族（58%）使用本民族语言超过 58%。二是少部分人使用本民族语言，即 17 个民族使用本民族语言的比例低于 50%。三是基本不使用本民族语言。鄂伦春族使用本民族语言的比例仅为 0.7%，赫哲族、塔塔尔族、乌孜别克族已无人使用本民族语言。

表 3.15　　　　　　　部分人口较少民族的语言使用状况[①]　　　　（单位：%）

民族	操本民族语单语的总人数（人）	占总人口比例（%）	本民族操双语的总人数（人）	占总人口比例（%）	利用其他语言的总人数（人）	占总人口比例（%）
珞巴族	581	28.13	819	39.66	665	32.21
赫哲族	0	0	220	14.78	1269	99.99
塔塔尔族	0	0	1032	25.04	3090	74.96
独龙族	3984	85.99	649	14.01	0	0
鄂伦春族	29	0.7	2074	50.55	2000	48.74
门巴族	5110	82.14	1111	17.86	0	0
乌孜别克族	0	0	5013	41.05	7200	58.96
裕固族	1530	14.48	6409	60.65	2629	24.87
保安族	846	9.38	5105	56.62	3066	34
德昂族	7132	58	4591	37.33	574	4.67
基诺族	5836	48.79	6126	51.21	0	0
京族	500	3.82	8.24	62.84	4370	33.34
怒族	6971	30.45	4525	19.76	11400	49.79
鄂温克族	365	2.9	16345	84.73	2398	12.36
普米族	6749	27.85	10829	42.45	7200	29.7
阿昌族	10060	49.23	7516	36.78	2857	13.98

[①] 中国社会科学院民族研究所、加拿大拉瓦尔大学国际语言规划研究中心：《世界的书面语，使用程度和使用方式概况（第 4 卷）（中国部分）第 1、2 册》，拉瓦尔大学出版社 1995 年版，载何俊芳《中国少数民族双语研究：历史与现实》，中央民族大学出版社 1998 年版，第 91—93 页。

续表

民族	操本民族语单语的总人数（人）	占总人口比例（%）	本民族操双语的总人数（人）	占总人口比例（%）	利用其他语言的总人数（人）	占总人口比例（%）
塔吉克族	12501	45.99	10583	39.79	3516	13.22
布朗族	36106	61.75	17215	29.44	5152	8.81
撒拉族	24809	35.88	37826	54.71	6500	9.4
毛南族	10762	28.2	17797	46.64	9600	25.16
景颇族	60979	65.59	31997	34.41	0	0
达斡尔族	19367	20.58	66159	70.28	8600	9.14
柯尔克孜族	37987	33.5	66264	58.44	9135	8.06
锡伯族	7473	8.93	19891	23.77	56319	67.3
仫佬族	35122	38.87	55235	61.13	0	0
土族	24666	15.45	76912	48.18	58054	36.37

（二）语言兼用（双语现象）普遍

人口较少民族的双语现象可从不同角度分类：

1. 从操用语言类型来分类

（1）"民族语·汉语型"双语。这一类型在人口较少民族中或多或少地存在，是人口较少民族双语的主要类型。人口较少民族操汉语的人口约有472251人，占人口的47.54%。一些民族兼用汉语的情况为：达斡尔族（63.08%）、鄂温克族（50.52%）、土族（44.61%）、毛南族（39.18%）、普米族（38.16%）、怒族（13.1%）、珞巴族（7.26%）、门巴族（5.3%）、乌孜别克族（4.99%）、柯尔克孜族（4.94%）、塔塔尔族（4.85%）、塔吉克族（2.59%）[①]。人口较少民族兼用汉语的情况主要分为3类：一是多数人兼用汉语，即兼用人口占本民族总人口的一半以上。如仫佬族、鄂伦春族、京族、保安族、裕固族、达斡尔族、撒拉族、鄂温克族、基诺族等。二是部分人兼用汉语，即兼用人口占本民族总人口的10%—49%。如阿昌族、德昂族、景颇族、布朗族、怒

---

① 何俊芳：《中国少数民族双语研究：历史与现实》，中央民族大学出版社1998年版，第96页。

族、独龙族、普米族、锡伯族、毛南族、土族、赫哲族等。三是少数人兼用汉语，即兼用人口占本民族总人口的 10%以下。如塔吉克族、柯尔克孜族、乌孜别克族、塔塔尔族、门巴族、珞巴族等①。

（2）"汉语·民族语型"双语。该类型在人口较少民族也普遍存在。如不少居住在新疆、西藏、云南等地的汉族干部群众熟练地掌握了当地主体民族的语言。

（3）"民族语·民族语型"双语。各少数民族间彼此相互兼用语言的现象也很普遍，主要是在一些多民族杂居地区，兼用语言的特点是人口较少民族多兼用当地通行的少数民族语言。兼用藏语的有珞巴族、门巴族、土族、撒拉族等民族；兼用傣语的主要是布朗族、德昂族、阿昌族、景颇族、基诺族等民族。这些兼用另一少数民族语言的双语人中，其中有些是既用汉语又兼用另一少数民族语言（汉语为第一兼用语）或是既兼用另一少数民族语言又兼用汉语（汉语为第二兼用语）的多语人②。但独龙族对待外族语的态度基本上是保守型，双语的比例占人口的 14%。一个民族的语言观念是开放型还是保守型取决于多种因素，但最主要因素是该民族是处于开放型还是封闭型的经济生活条件下③。

（4）使用两种或两种以上语言的民族，一部分兼通本民族的另一支系的语言。如景颇族载瓦支系除使用载瓦语外，有的还通晓景颇语；景颇族除使用景颇语外，还兼用载瓦语。

2. 按双语人口占总人口的比例来分类

（1）双语普遍型，即一个民族的双语人口占该民族总人口 50%以上。如鄂温克族（84.73%）、达斡尔族（70.28%）、京族（62.84%）、仫佬族（61.13%）、裕固族（60.65%）、柯尔克孜族（58.44%）、保安族（56.62%）、撒拉族（54.71%）、基诺族（52.12%）。

（2）双语局部型，即双语人口占该民族总人口的比例处于 15%—50%水平的民族。如土族（48.18%）、毛南族（46.64%）、普米族（42.45%）、乌孜别克族（41.05%）、塔吉克族（39.79%）、珞巴族（39.66%）、德昂族

---

① 何俊芳：《中国少数民族双语研究：历史与现实》，中央民族大学出版社 1998 年版，第 98 页。

② 同上。

③ 同上书，第 151 页。

（37.33%）、阿昌族（36.78%）、景颇族（34.41%）、布朗族（29.44%）、塔塔尔族（25.04%）、锡伯族（23.77%）、怒族（19.76%）、门巴族（17.86%）等。

（3）双语起步型，即双语人口占该民族总人口的比例不足15%。这种类型的人口主要是青少年，老年或壮年中懂得另外一种语言的人很少，如独龙族（14.01%）等。

（4）双语萎缩型，即双语发展到高峰期后多数人逐渐放弃本民族语，只掌握第二语言，成为单语者。如赫哲族（14.78%）只有少数人使用双语。

3. 从两个民族间是否使用对方语言分为双向型双语和单向型双语

双向型双语是指两个民族都使用对方民族的语言，如云南怒江州的怒族大多兼用傈僳语，有的傈僳族兼用怒语。单向型双语是指一个民族兼用另一个民族的语言，而另一个民族不兼用这一民族的语言。如德宏州的德昂族大多兼用傣语，而傣族不兼用德昂语①。

（三）语言转用现象明显增多

大部分人口较少民族都有一部分人转用其他民族的语言。其中人口转用其他语言的总人数为205594人，占人口的25.74%。据新疆昌吉回族自治州基层干部反映：随着民族间交流交往交融，木垒县乌孜别克族转用维吾尔族语，吉木萨尔县锡伯族转用汉语。

语言差异不仅影响个人获取利益的能力，也影响到区域经济发展，影响着政府与公众间的信息沟通，增加了政府的治理成本与难度。随着市场经济的深入发展，语言的差异性越来越阻碍人口较少民族与其他民族的交流和文化教育的社会化程度，对人口较少民族的经济交往、商业贸易的制约越来越大。随着现代学校教育、推广通用语言文字、各民族间交往交流交融，人口较少民族的母语正在为主体（强势）语言文字所替代。尤其是低龄人群使用本民族母语越来越少，母语的运用能力明显弱化，部分语言已濒危。一些古籍因民族文字的废弃已成为看不懂的"天书"。2015年8月，著者在新疆奇台县塔塔尔族乡调研发现：该村年轻人基本不会说本民族语言，只有2个在俄罗斯喀山国立大学的留学生会说本民族语言。大

---

① 何俊芳：《中国少数民族双语研究：历史与现实》，中央民族大学出版社1998年版，第99页。

部分家庭成员尤其是长辈与后辈间日常交流已不会用塔塔尔族语。塔塔尔族与哈萨克族的族际通婚率较高，出现了塔塔尔族逐渐哈萨克族化的倾向①。

二　传统节日形式多样

人口较少民族传统节日是中华民族优秀传统文化的重要组成部分。各民族间传统节日差异较大（见表 3.16），各地规定了主要节日的放假办法，提供节日活动场所，并保证节日用品的供应。如阿昌族的火把节、鄂伦春族的古伦木沓节、京族的哈节、毛南族的分龙节等传统节日每年举办一次，得到了较好的保护与传承。

表 3.16　　　　　　　　　人口较少民族丰富的文化传统节日②

民 族	主要节日	时间	民 族	主要节日	时间
阿昌族	火把节	农历六月二十五日	仫佬族	依饭节	农历十月
	会街节	农历九月初十		后生节	农历正月或七月
	泼水节	农历二月二十九日	怒族	鲜花节	农历三月十五日
	撒神	农历七月初一	普米族	大过年	农历正月初七
	尝新节	农历八月十五日		大十五节	农历十二月十五日
保安族	圣纪节	伊斯兰教历三月十二日		尝新节	农历九月
	开斋节	伊斯兰教历九月三十日		转山节	农历七月十五日
	古尔邦节	伊斯兰教历十二月十日	土族	擂台会	农历二月初二
布郎族	开门节	傣历十二月十五日		火神节	农历正月二十九日
	关门节	傣历九月十五日		端阳	农历五月初五
	泼火节	农历二月十九日	乌孜别克族	古尔邦节	伊斯兰教历十二月十日
赫哲族	赫哲年	农历正月初一		开斋节	伊斯兰教历九月三十日
基诺族	打铁节	农历一月		圣纪节	伊斯兰教历三月十二日
	火把节	农历六月	锡伯族	春节	农历十二月二十三日至次年正月初二
京族	哈节	农历六月初十	毛南族	庙节	农历五月
德昂族	泼水节	农历四月十五日		南瓜节	农历九月初九

---

①　2015 年新疆奇台县田野调研资料。

②　《中国少数民族主要节日》，中央人民政府网（http://www.gov.cn/test/2006-04/04/content_ 244453.htm）。

续表

民族	主要节日	时间	民族	主要节日	时间
独龙族	卡崔哇	农历十月中下旬	门巴族	藏历年	藏历正月初一
俄罗斯族	复活节	公历三、四月		望果节	藏历八月间
鄂伦春族	春节	农历正月初一	撒拉族	开斋节	伊斯兰教历九月三十日
鄂温克族	米阔鲁节	农历五月二十二日		圣纪节	伊斯兰教历三月十二日
高山族	新年祭	农历十二月		古尔邦节	伊斯兰教历十二月十日
珞巴族	旭独龙节	藏历二月	塔吉克族	古尔邦节	伊斯兰教历十二月十日
	隆德节	藏历四月		迄脱迄迪尔爱脱节	农历三月间
景颇族	目脑节	农历正月十五日	塔塔尔族	肉孜节	伊斯兰教历九月三十日
柯尔克孜族	圣纪节	伊斯兰教历三月十二日		古尔邦节	伊斯兰教历十二月十日
	开斋节	伊斯兰教历九月三十日		开斋节	伊斯兰教历九月三十日
	古尔邦节	伊斯兰教历十二月十日	裕固族	送年节	农历三月初七
	诺劳孜	农历正月初一		春节	农历正月初五
达斡尔族	春节（阿涅）	农历正月初一		端午节	农历五月初五

三　风俗习惯差异明显

　　风俗习惯的形成是一个长期的历史过程，并通过家庭传承、群体遵循、社会维系而具有稳定性。同时，一个民族的风俗习惯并非一成不变，随着经济的发展和产品交换的扩大，这些在比较效应中发生的"移风易俗"自觉，是各民族交往交流中产生的必然结果，并随着社会发展不断扩大。但是，如果民族之间发生歧视、压迫、强制性的"移风易俗"，则会造成民族间难以消弭的心理积怨，甚至使负面的历史记忆成为强化对现实不满的资源。这如同苏格兰公投事件的归因是18世纪汉诺威王朝对苏格兰人发布"禁群令"一样。这种"移风易俗"属于强迫同化政策，在中国历史上也并非没有，以清王朝建立后强力推行的"剃发留辫"最为典型①。

　　人类社会漫长历史发展中，始终面临着群体文化差异和社会多样性的

---

① 郝时远：《中国特色解决民族问题之路》，中国社会科学出版社2016年版，第255页。

客观事实。诋毁差异、排斥多样的观念和实践在世界也俯拾皆是①。在我国历史上，既存在"化内"之高尚和"化外"之低俗的价值判断，以及歧视、鄙薄"易俗"的社会观念；"修其教不易其俗"的"因俗而治"包容观念和实践，也同样源远流长。我国古人从自然地理的差异视角来看待"五方之民，言语不通，嗜欲不同"的文化差异，认为"俗虽不同，亦皆随地以资其生"②，形成了民间用"靠山吃山，靠水吃水"的俗语来解释不同风俗的传统知识。"五方之民"的"风声气俗"，因"水土不同"而相异，这是我国古代思想中朴实的"地理环境决定论"。不过，它不同于西方古代萌生的、近代成型的"地理环境决定论"，即不同民族所处的自然地理环境，决定了他们的社会文化和政治体制的优劣③。

生态环境是民族性格形成的自然基础，不同的生态环境孕育着不同的民族性格和风俗习惯。俗话说："十里不同风，百里不同俗"，一方水土养一方人，形成了各地特有的风俗和习惯。人口较少民族的饮食、服饰、居住、婚姻、丧葬、节庆、娱乐、礼仪、禁忌等都具有一定的地域差异性。北方草原的苍茫以及气候、降水、地形地貌、植被所提供的生产生活条件，对生息在该环境中不同民族的行为方式和性格特征有基础性影响。大自然的广袤塑造了牧业为主的民族具有豪放、粗狂勇敢、豁达、不拘小节的个性，核算计量观念的意识薄弱。在空旷的草原上，单家单户的放牧生活，人与人的交往相对较少，利益摩擦小，性格和情感的表达更简单、直接、无修饰，是非判断相对直爽，爱憎分明④。民族服饰也因气候差异而不同，如鄂伦春族聚居的大兴安岭地区，天气寒冷，风沙大，形成了穿紧身袍子和靴子，头戴狍皮帽的服饰风格。

南方山区的险峻与阻隔、温暖的气候、充沛的降水、立体式植被所组成的环境，对生活在该环境中的性格锻造明显地区别于北方。因相对狭窄的生存空间和崎岖不平的地形地貌，艰险的山川阻隔，面对个人力量与自

---

① 郝时远：《中国特色解决民族问题之路》，中国社会科学出版社 2016 年版，第 253—254 页。

② 陈浩：《礼记集说》卷三"王制"，"四书五经"中册，第 74 页。

③ 郝时远：《中国特色解决民族问题之路》，中国社会科学出版社 2016 年版，第 253—254 页。

④ 王文长：《民族视角的经济研究》，中国经济出版社 2008 年版，第 64 页。

然界相比的渺小和对艰苦生活的体验，其民族性格更为坚韧顽强、吃苦耐劳、忍耐和细腻；民族间的交往具有明显的约束并相应保守，小社区间的界限较明确①。如阿昌族、德昂族聚居的西南山区，炎热多雨，形成了穿宽大的上衣和裤子，女人穿筒裙或白褶裙甚至穿短裤、赤足的穿着风格。风俗习惯是民族关系和民族问题中十分敏感的问题，历代封建王朝的开明统治者对少数民族的统治均采取"因俗而治"的政策。尊重民族风俗习惯的差异性是扶持人口较少民族发展应一以贯之的原则。

四　宗教文化复杂多样

宗教信仰是我国各族人民精神生活的重要组成部分，渗透于民间文化和生活习俗之中。多民族、多宗教的交集，使同一民族信仰不同的宗教、不同民族信仰同一种宗教、同一民族和不同民族信仰同一种宗教的不同教派等现象较为普遍。一是宗教信仰的多样性。人口较少民族信仰的宗教文化大体可分为 5 类：原始宗教和道教文化区（西南山区）、佛教文化区（青藏高原、滇西南地区）、伊斯兰教文化区（西北地区）、道教文化区（广西）、基督教文化区（西北地区、西南边疆地区）。如表 3.17 所示，11 个民族信仰原始宗教文化、7 个民族信仰佛教文化、6 个民族信仰伊斯兰教文化、2 个民族信仰道教文化、3 个民族信仰基督教文化。即使同一民族内部的宗教信仰也有差异，如部分普米族信仰原始宗教，部分普米族信仰佛教。

二是宗教信仰呈现差异化地域特征。东北地区的鄂伦春族、鄂温克族信仰萨满教；西北地区的乌孜别克族、保安族、塔吉克族、撒拉族、柯尔克孜族等信奉伊斯兰教，其中的跨界民族与中亚、西亚国家有着紧密的经贸联系和文化交往；西藏的珞巴族、云南的基诺族信奉原始宗教；云南的德昂族、阿昌族、布朗族等信奉小乘佛教。我国历史上形成的各民族"大杂居、小聚居"的分布格局使宗教信仰既有以民族为特征的区域性分布，也有多民族杂居地区的多种宗教交织并存的现象。同时，一些民族中还保留着程度不一的自然崇拜、图腾崇拜、祖先崇拜、多神崇拜和萨满教等多种原始宗教形态。

---

① 王文长：《民族视角的经济研究》，中国经济出版社 2008 年版，第 64—65 页。

表 3.17　　　　　　　　　　**人口较少民族宗教信仰情况**

宗教文化	民族数量	主要民族
原始宗教文化	11	珞巴族、高山族、赫哲族、鄂伦春族、鄂温克族、基诺族、怒族、普米族（部分）、达斡尔族、锡伯族、仫佬族
佛教文化	7	门巴族、裕固族、德昂族、普米族（部分）、阿昌族、布朗族、土族
伊斯兰教文化	6	塔塔尔族、乌孜别克族、保安族、塔吉克族、撒拉族、柯尔克孜族
道教文化	2	京族、毛南族
基督教文化	3	独龙族、俄罗斯族、景颇族

三是宗教对生产方式影响差异大。宗教禁忌约束着消费行为和生产行为，对经济结构有一定的限定性。信奉伊斯兰教的柯尔克孜族、塔吉克族、塔塔尔族、乌孜别克族、撒拉族、保安族饮食习惯独特，在与非穆斯林民族的混居村中，牲畜饲养结构往往存在民族差异，由此形成的饲料供给、产品加工产业链也不同。这种差异源于民族禁忌，而并不是资源结构的自然基础。西北伊斯兰教地区民众最担心的是脱离宗教生活或违背宗教禁忌后的孤立无助[1]。鄂伦春族信奉原始宗教，狩猎遵循对幼兽不打、正在交配的野兽不打、怀孕的母兽不打等禁忌。捕获猎物后经常祈求动物原谅，并以动物血肉奉献神灵。鄂伦春族崇拜自然，以己所需为限度，有限猎取自然资源，与大自然和谐相处。

四是宗教塑造了不同的价值标准。宗教信仰所赋予的价值观念、道德意识、行为偏好和选择方式往往成为特定的文化价值标准，对生产生活产生重要影响，也影响着物质资料的分配与消费[2]。伊斯兰教强调积极投入社会政治事务中，积极发展经济，为社会发展多作贡献[3]。佛教、道教主张"出世"，即"清心寡欲，远离尘世"，主张信徒追求来

---

① 朱凤霞：《"反推拉"理论与西部民族地区本土化就业》，《四川行政学院学报》2006年第 1 期。

② 张冬梅：《中央支持民族地区经济政策体系研究》，社会科学文献出版社 2014 年版，第 15 页。

③ 柳建文：《少数民族公民有效政治参与的影响因素及其实现途径——对西部民族地区的一项实证分析》，《宁夏社会科学》2005 年第 1 期。

世的幸福。经济生活中，佛教主张朴素和非暴力，以小财力来追求满意的效果。因此，信奉佛教的民族一般不注意发展生产力，尽量减少能量耗费，使人去适应原来的自然①，一般禁忌滥伐树木、禁止狩猎、禁忌破坏山川和污染水源。

五是传统宗教教育与现代国民教育间的冲突。云南省勐海县布朗山布朗族群众全民信仰小乘佛数，并有"送子为僧"的习俗。当地的佛寺教育对适龄男孩的影响很大，依照传统7—14岁男性均要在佛寺内修行一定时间。只有当过僧侣才被认为是受过教化的，才被社会尊重；若不进佛寺修行，则被人歧视，被认为没有教养、缺乏礼仪，娶妻时也被人看不起。每个家庭无论贫富，都特别重视布朗族男子的入寺为僧这一重要人生经历，均要举行隆重的"升和尚"仪式，营造"出家为僧"崇高和光荣的氛围。布朗族受传统佛寺教育、思想观念等影响，小学基础差，升入初中成绩提高难，因此布朗族义务教育"控辍保学"的压力大，教师除完成教学任务外，还要动员学生返校学习。2001年勐海县政府出台了《关于处理宗教与教育关系的实施意见》，规定适龄儿童必须接受学校教育，未取得高小毕业证书的一律不得入寺升为小沙弥②。政府通过行政手段保障了义务教育的正常秩序，并协调当地佛教协会，让小僧侣白天接受义务教育，课余时间到佛寺学习③。

五　文化保护程度不同

人口较少民族文化资源丰富，28个民族都有国家级非物质文化遗产（见表3.18），类型涉及民间文字、传统音乐、民间舞蹈、传统戏剧、杂技与竞技、民间艺术、传统技艺、民俗8种类型，共80余种。文化与自然从来都是一个整体，一定的自然环境培育了特定的民族文化，民族文化

---

①　周伟林：《障碍与动力：文化经济学研究》，上海文化出版社1989年版，第43—44页。

②　赵瑛：《云南省勐海县布朗山布朗族教育现状及对策研究》，《民族教育研究》2008年第1期。

③　张志远：《多民族聚居地区贫困治理的社会政策视角——以布朗山布朗族为例》，中国社会科学出版社2015年版，第89—90页。

又高度适应自然环境①。但现代化的浪潮中，人口较少民族文化传承面临前所未有的困境，在主体民族的包围下，形成一个个文化孤岛；在周围强势文化的冲击下，保持本民族的文化特色愈加艰难，其文化处于频临消亡、难以维持的困境。有的民族文化保护的举措实、效果得力。如内蒙古开发的人口较少民族校本课程，根河市民族小学的《俄罗斯民间美术、音乐在小学教学中的应用》，莫力达瓦达斡尔族自治旗的民族学校剪纸、民族舞蹈、民族艺术品手工制作、围鹿棋和鄂温克民族学校的《鄂温克语教程》等纳入了地方课程教材，很好地传授了民族历史文化和风俗习惯②。

表 3.18　　　　　　人口较少民族国家级非物质文化遗产名录③

序号	民族	第一批 （2006 年）	第二批 （2008 年）	第三批 （2011 年）	第四批 （2014 年）
1	珞巴族		珞巴族服饰	珞巴族始祖传说	
2	高山族		高山族拉手舞		
3	赫哲族	赫哲族伊玛堪、赫哲族鱼皮制作技艺			赫哲族婚俗
4	塔塔尔族		塔塔尔族撒班节		
5	独龙族	独龙族卡雀哇节			
6	鄂伦春族	鄂伦春族摩苏昆、桦树皮制作技艺、鄂伦春族古伦木沓节	鄂伦春族民歌、鄂伦春族狍皮制作技艺		
7	门巴族	山南门巴戏			拔羌姆
8	乌孜别克族		乌孜别克族埃希来、叶来		
9	裕固族	裕固族民歌	裕固族服饰	裕固族传统婚俗	
10	俄罗斯族		俄罗斯族民居营造技艺	俄罗斯族巴斯克节	
11	保安族	保安族腰刀锻制技艺			

① 南文渊：《城市化——东北地区人口较少民族发展的大趋势》，《大连民族学院学报》2006 年第 2 期。

② 《扶持人口较少民族发展 加快全面建成小康社会步伐》，《内蒙古日报（汉）》2016 年11 月 21 日。

③ 资料来源：根据国家级非物质文化遗产名录整理。

序号	民族	第一批（2006 年）	第二批（2008 年）	第三批（2011 年）	第四批（2014 年）
12	德昂族		达古达楞格莱标、德昂族浇花节		水鼓舞
13	基诺族	基诺大鼓舞			
14	京族	京族哈节		京族独弦琴艺术	
15	怒族	怒族仙女节			怒族达比亚舞
16	鄂温克族		鄂温克族民歌、鄂温克抢枢、鄂温克驯鹿习俗	鄂温克族萨满舞、鄂温克族瑟宾节	鄂温克族服饰
17	普米族		普米族搓蹉		
18	阿昌族	遮帕麻和遮咪麻、阿昌族户撒刀锻制技艺			
19	塔吉克族	塔吉克族鹰舞、塔吉克族引水节和播种节	塔吉克族婚俗	塔吉克族民歌、塔吉克族服饰	
20	布朗族		布朗族民歌、布朗族蜂桶鼓舞		
21	撒拉族	撒拉族婚礼	撒拉族篱笆楼营造技艺、撒拉族服饰		撒拉族民歌、骆驼泉传说
22	毛南族	毛南族肥套	毛南族打猴鼓舞	毛南族花竹帽编织技艺	
23	景颇族	景颇族目瑙纵歌		目瑙斋瓦	
24	达斡尔族	达斡尔族传统曲棍球竞技、达斡尔族乌钦、达斡尔族鲁日格勒舞	达斡尔族民歌	达斡尔族传统婚俗、祭敖包（达斡尔族沃其贝）	达斡尔族服饰
25	柯尔克孜族	玛纳斯	帕米尔柯尔克孜族约隆、柯尔克孜族库姆孜艺术、柯尔克孜族刺绣	柯尔克孜族驯鹰习俗	柯尔克孜族服饰
26	锡伯族	锡伯族西迁节	锡伯族贝伦舞	锡伯族民间故事、锡伯族刺绣、锡伯族传统婚俗、锡伯族喜利妈妈信俗	锡伯族民歌

续表

序号	民族	第一批 （2006 年）	第二批 （2008 年）	第三批 （2011 年）	第四批 （2014 年）
27	仫佬族	仫佬族依饭节			
28	土族	拉仁布与吉门索、土族於菟、土族盘绣、土族纳顿节、土族婚礼	土族轮子秋、土族服饰	安昭	祁家延西

在人口较少民族文化保护传承、发展繁荣的实践上，新疆察布查尔锡伯自治县"弓箭文化"的传承与发展成效显著。锡伯族在新疆不足 4 万人，可是锡伯族的弓箭制作工艺却被列入了国家非遗项目名录，确定了传统技艺的传承人。2012 年，在当地建成的"中华弓箭文化博物馆"使"弓箭文化"超越了某一个"引弓民族"的局限，为中国传统兵家习射、儒家礼射、游猎骑射拓展了中华文化的新视野。古老的"弓箭文化"在当地已成为振奋民族精神的文化动力，而且为现代体育运动中射箭项目的发展创造了万众引弓的社会基础，当地的专业射箭学校为新疆自治区和国家培养和输送了优秀的射箭运动员和教练员①。

由于大多数人口较少民族没有本民族文字，千百年来，人口较少民族文化遗产主要通过口耳相传和口耳传播，容易导致传播知识内容变异与失真，容易造成传播链条的中断，也不利于知识积累和提高，传播范围也极为有限②。代际尤其是口耳的客观实际决定了传承人对遗产保护的重要性。有的民族文化传承面临人亡艺绝的困境。由于受汉文化或区域性主流文化的影响，一些年轻后辈中知晓本民族语言文字的人数急剧减少。2015年 7 月，著者在黑龙江鄂伦春族地区调查发现，中青年鄂伦春人中会唱鄂伦春民歌的只有寥寥数人；具有至高无上地位的"大萨满"相继逝去，没有几个人有意愿和能力接替。2014 年 8 月在京族三岛调研发现：京族歌圩每周都在万尾、巫头举办，但数十名歌圩日参与者年龄已超过 60 岁；唱"哈歌"的"哈妹"已是年逾 70 岁的"哈婆"，每次哈节只好去请越南"哈妹"助阵。京族文字"喃字"使用已有 5 个多世纪，记录着京族

① 郝时远：《中国特色解决民族问题之路》，中国社会科学出版社 2016 年版，第 295—296 页。

② 王铁志：《人口规模带来的特殊问题——以德昂族为例》，《黑龙江民族丛刊》2006 年第 3 期。

民间歌本、经书和族谱，但目前能识读"喃字"的仅剩 10 多个古稀老者。人口较少民族文化传承困境主要体现为：

一是城镇化进程中的现代因素对古老传统产生巨大冲击。现在无处不在的网络文化，即使处在边缘乡村的人口较少民族群众也能够接触到现代文明，信息资讯并不比城市人掌握得少。而这些城镇文化、现代文化等主流文化对传统文化的冲击是致命的，人口较少民族群众尤其是青少年受到现代网络媒体的吸引，民族传统文化守旧性印象让青少年远离了民族传统。致力于民族文化传播的民间人士和本民族老人对本民族文化有深厚感情，并不遗余力地宣传本民族文化，而年轻人更喜欢时尚文化，对此并不热衷①。

二是人口较少民族人口相对较少，使他们在主流文化入侵时只能被动接受。与汉文化等主流文化相比，人口较少民族文化在博弈中明显处于劣势。黑龙江省达斡尔族聚居的齐齐哈尔市梅里斯达斡尔族区卧牛吐镇，达斡尔族人口不占优势。在人口相对少的环境下，构建有利于本民族文化保护和传承的文化环境就很困难，没有良好的民族文化环境则会进一步制约民族文化后续保护和传承，这种不良循环会进一步恶化民族文化传承的氛围②。

三是城镇化进程改变了群众的心态，群众更向往现代化城市生活。这冲淡了民族文化的认同感，淡化了民族文化意识。民族文化保护既要靠政府强有力推动，更需要群众对本民族文化有认同感③。青年人对本民族文化的兴趣逐渐降低，现代生活方式使之义无反顾地投身于进城打工、上学或随父辈迁出民族聚居地，远离了原有文化环境，则进一步降低了民族认同感。

四是年轻人对自己民族语言的掌握越来越少，随着熟悉本民族文化的老艺人离世，掌握在老一代民族艺人手中的民族文化艺术逐渐消失。以达斡尔族乌钦说唱艺术为例，一些青少年仅能够听懂达斡尔语，但发音失去原有标准。现在能说标准达斡尔语的人越来越少，"很多人达语发音不标准……很多小孩都只会听不会说，那学习乌钦就难了。像我们这么大年

---

① 张广才：《城镇化视域下黑龙江人口较少民族文化田野调查与研究——以鄂温克族、达斡尔族、锡伯族、柯尔克孜族为例》，黑龙江大学出版社 2016 年版，第 97 页。

② 同上。

③ 同上。

纪的稍微好点儿，但是有的发音也不行，有的听得挺好，一唱就不是那个味了"[1]。

中国尊重人口较少民族的文化差异，体现着"各美其美、美人之美"的民族关系导向。每个民族的文化都有其独特品质和表达方式。对此，不能以"我族"的文化、习俗和价值观去评判优劣或表达好恶。文化作为一个民族有别于其他民族的独特标识，为本民族所传承、维护、热爱和认同，是自然而然的事情，无可非议且值得尊敬。在中华民族共有精神家园中，人口较少民族文化多样性的斑斓色彩，为中华文化锦上添花、增光添彩、无可替代[2]。国内外的经验也表明："在跨文化交流中，如果不懂得如何尊敬他人及其文化差异，其结果往往使满意度降低。"[3]

第七节　考核指标的多层次性

按照《扶持人口较少民族发展规划（2011—2015 年）》，人口较少民族地区包括人口较少民族聚居村、人口较少民族民族乡、人口较少民族自治县和人口较少民族自治州，并分别对其进行考核评价指标体系。如表3.19 和表 3.20 所示，人口较少民族聚居村和民族乡考核指标的数量、名称、任务值均不一样，说明扶持发展的目标定位不同，扶持的重点在人口较少民族聚居村、人口较少民族民族乡、人口较少民族自治县和人口较少民族自治州之间是有差异的。

一　人口较少民族聚居村的考核指标

人口较少民族聚居行政村的主要考核评价指标为减贫率、农牧民人均纯收入、"五通十有"达标情况及聚居村农牧民人均纯收入整体达标的民族数量。人口较少民族聚居村考核验收指标为 19 项，其中约束性指标 18 项，预期性指标 1 项。

---

① 李飞：《当代达斡尔族说唱艺术传承人现状——以黑龙江齐齐哈尔市乌钦传承人沃玉丽为案例》，《民族艺术》2013 年第 1 期。

② 郝时远：《中国特色解决民族问题之路》，中国社会科学出版社 2016 年版，第 310 页。

③ ［美］拉里·A. 萨默瓦、理查德·E. 波特：《文化模式与传播方式——跨文化交流集》，北京广播学院出版社 2003 年版，第 453 页。

表 3.19　　　　　　　　人口较少民族聚居村考核验收指标及标准①

主要指标	序号	指标名称	单位	2015 年	属性
一减少	1	减贫率	%	≥50	约束性
二达到	2	农牧民人均纯收入	元	≥当地平均水平	约束性
	3	聚居村农牧民人均纯收入整体达到全国平均水平的民族个数	个	14 个左右的民族	约束性
三提升 （五通十有）	4	建制村通沥青（水泥）路率	%	≥80	约束性
	5	户通电率	%	≥85	约束性
	6	自然村广播电视覆盖率	%	≥90	约束性
	7	通宽带率	%	≥95	约束性
	8	自然村通电话率	%	100	约束性
	9	清洁能源使用率	%	≥当地平均水平	预期性
	10	集中式供水覆盖率	%	≈80	约束性
	11	无房或住危房比率	%	≤15	约束性
	12	无卫生厕所农户比率	%	≤15	约束性
	13	高产稳产粮田（草场、经济林地、养殖水面）比率	%	≥当地平均水平	约束性
	14	适龄幼儿能接受学前一年教育的村比率	%	≥85	约束性
	15	村卫生室达标率	%	≥95	约束性
	16	有合格文化室和农家书屋的比率	%	≥85	约束性
	17	有体育健身和民族文化活动场地的比率	%	≥85	约束性
	18	有办公场所的村比率	%	≥85	约束性
	19	农家店覆盖率	%	≥85	约束性

二　人口较少民族民族乡的考核指标

　　人口较少民族民族乡、人口较少民族自治县和人口较少民族自治州，主要考核减贫率、农牧民人均纯收入达标情况和基础设施保障水平、民生保障水平、自我发展能力等方面的情况。人口较少民族民族乡考核验收指标 36 项，人口较少民族自治县 48 项，人口较少民族自治州 48 项，指标分约束性和预期性。限于篇幅，本处只举例人口较少民族民族乡考核验收指标及标准（见表 3.20）。

---

　　① 国家民委 国家发展改革委 财政部 中国人民银行 国务院扶贫办关于印发《扶持人口较少民族发展规划（2011—2015 年）》考核验收办法的通知。

表 3. 20　　　　　　　人口较少民族民族乡考核验收指标及标准①

主要指标		序号	指标名称	单位	2015 年	属性
一减少		1	减贫率	%	≥50	约束性
二达到		2	农牧民人均纯收入	元	≥当地平均水平	约束性
三提升	基础设施保障水平	3	乡镇通沥青（水泥）路率	%	≥98	约束性
		4	建制村通沥青（水泥）路率	%	≥80	约束性
		5	有客运站的乡镇比率	%	≥85	预期性
		6	建制村通班车率	%	≥92	约束性
		7	耕地有效灌溉率	%	≥当地平均水平	预期性
		8	集中式供水覆盖率	%	≈80	约束性
		9	城镇污水集中处理率	%	≥30	预期性
		10	城镇生活垃圾无害化处理率	%	≥70	预期性
		11	户通电率	%	≥85	约束性
		12	自然村广播电视覆盖率	%	≥85	约束性
		13	行政村通宽带率	%	≥95	约束性
		14	自然村通电话率	%	≥85	约束性
		15	有农产品批发市场的乡镇比率	%	100	约束性
三提升	民生保障能力	16	学前一年毛入园率	%	≥85	约束性
		17	九年义务教育巩固率	%	≥93	约束性
		18	高中阶段教育毛入学率	%	≥87	约束性
		19	就业服务和管理目标人群覆盖率	%	100	约束性
		20	新型农村社会养老保险参保率	%	≥85	预期性
		21	新型农村合作医疗参合率	%	≥90	约束性
		22	最低生活保障目标人群覆盖率	%	100	约束性
		23	有敬老院或福利院的乡镇比率	%	≥85	预期性
		24	居民健康档案规范化电子建档率	%	≥75	预期性
		25	乡村（社区）医疗卫生机构达标率	%	≥95	约束性
		26	婴儿死忙率	%	≤12	预期性
		27	孕产妇死亡率	/10 万	≤22	预期性
		28	无房或住危房农户比率	%	≤15	预期性
		29	乡镇综合文化站达标率	%	≥85	预期性
		30	有合格文化室和农家书屋的村比率	%	100	约束性
		31	有人口较少民族标志性文化设施的乡镇比率	%	≥50	预期性
		32	公共体育设施达标率	%	≥85	预期性
		33	示范性乡镇社会工作服务中心覆盖率	%	≥85	预期性
	自我发展能力	34	城镇居民人均可支配收入	元	≥当地平均水平	预期性
		35	人均社会消费品零售总额	元	≥当地平均水平	预期性
		36	技能劳动者比率	%	≥当地平均水平	预期性

---

① 国家民委 国家发展改革委 财政部 中国人民银行 国务院扶贫办关于印发《扶持人口较少民族发展规划（2011—2015 年）》考核验收办法的通知。

　　综上所述，人口较少民族地区各地情况千差万别，资源禀赋、生态环境、地理人口、发展基础、文化观念大不相同，呈现多样性和丰富性的特点。东部与西部、牧区与农区、平原与山区等情况不同，这决定了我们必须在维护多民族大一统的前提下，处理好共同性与差异性的关系，做到尊重差异、包容多样、缩小差距、增进共性，让各民族团结互助、共同发展①。

　　民族间的差异不仅普遍存在于世界各国，而且在各种社会问题中越来越明显。一些不断涌现的经济和社会发展问题，是可以通过实施和调整相应的政策加以调控、缓解甚至彻底解决的。努力缩小各民族间的经济社会发展差距，实现共同发展、共同富裕，这是奠定各民族一律平等的物质基础；充分尊重各民族间的文化差异，实现"各美其美，美美与共"，这是构筑中华民族共有精神家园的文化动力。在中国解决民族问题的政策理念和社会实践中，物质力量和精神力量相辅相成、缺一不可。这就是习近平总书记概括的"两把钥匙"，一把钥匙开启缩小差距之路，一把钥匙开启尊重差异之门。缩小差异之路，在全面小康进程中，正在和将要大幅度地实现各民族共享发展成就的阶段性目标；尊重差异之门，展现着在多样中熔铸一体、在差异中创建和谐的中华文化认同之道，这比缩小差距更艰辛、更复杂，是一项深入民间、植根人心、久久为功的任务②。

　　尊重差异、尊重风俗习惯就是尊重民族政策。尊重差异不是固化差异，尊重差异也不是强化差异，保持民族特性而不是强化特性。随着社会主义市场经济的发展，随着各民族交往交流交融的加深，差异会有所减少。但这种减少不是人为强制的，而是各民族在共同团结奋斗、共同发展中自然产生的，是历史进程，容不得任何急躁和盲动③。

---

　　①　巴特尔：《奋力实现中华民族一家亲 同心共筑中国梦——深入学习贯彻习近平总书记关于民族工作的重要论述》，《求是》2017年第9期。

　　②　郝时远：《中国特色解决民族问题之路》，中国社会科学出版社2016年版，第245页。

　　③　摘自俞正声同志2014年在中央民族工作会议上的总结讲话。

第四章

差别化扶持人口较少民族发展的
依据、类型与评价

习近平总书记反复强调：中国很大，人口多，情况复杂，一个文件解决不了中国的问题，一个办法解决不了中国的问题，一个政策也解决不了中国的问题。这就要坚持马克思主义思想路线，一切从实际出发，实事求是。即马克思主义哲学最精髓的东西：坚持具体问题具体分析。

第一节　差别化扶持的主要依据

民族区域自治的成功经验源于内蒙古自治区的实践，这一实践在理论上遵循了马克思列宁主义关于"我们要求广泛的自治并实行区域自治，自治区域也应当根据民族特征来划分"的基本原则①；同时在实践中立足于我国各民族历史上形成的交错聚居的分布格局，使自治地方形成民族事务和地方事务相结合的自治权益。周恩来指出"根据实际、实事求是实行的民族区域自治是民族因素与区域因素的正确结合，是经济因素与政治因素的正确结合。从人口多的民族到人口少的民族，从大聚居的民族到小聚居的民族充分享受了民族自治权利"②。民族因素与区域因素相结合的这种史无前例的制度创举是中国特色解决民族问题正确道路的重要内容。

---

① 列宁：《向拉脱维亚边疆区社会民主党第四次代表大会提出的纲领草案》，载《列宁全集》（第23卷），人民出版社1990年版，第215页。

② 周恩来：《关于我国民族政策的几个问题》，载中共中央文献研究室、中共新疆维吾尔自治区委员会《新疆工作文献选编（1949—2010年）》，中央文献出版社2010年版，第188页。

辩证来看，目前人口较少民族地区发展的突出问题，如精准扶贫、基础设施改善、基本公共服务水平均等化、生态保护等，大多是一个地区发展的共性矛盾，并非是哪个民族的个性矛盾。分类扶持人口较少民族发展应坚持民族因素与区域因素相结合的原则，把民族因素作为分类扶持的基础，尽可能减少同一区域内不同民族间的政策差异。扶持人口较少民族发展政策本身就是立足于国家统一基础上适应多样性的差别化政策，政策的差别性在区域上体现为只有人口较少民族地区享有政策优惠，政策的差别性在民族因素上体现为人口较少民族享有有别于其他民族的政策优惠。

一　民族因素是分类扶持的基本条件

扶持人口较少民族的对象是全国总人口 30 万人以下的 28 个民族，这些民族是：珞巴族、高山族、赫哲族、塔塔尔族、独龙族、鄂伦春族、门巴族、乌孜别克族、裕固族、俄罗斯族、保安族、德昂族、基诺族、京族、怒族、鄂温克族、普米族、阿昌族、塔吉克族、布朗族、撒拉族、毛南族、景颇族、达斡尔族、柯尔克孜族、锡伯族、仫佬族、土族。国家出台差别化扶持政策主要是针对人口数量少、有特殊性发展困难，且与其他民族发展仍有差距的人口较少民族。虽然差别化扶持政策主要针对戴"帽子"的特定对象，但今后应淡化民族因素，尽量减少同一区域内不同民族间的差异，政策制定应立足于民族平等和民族团结，使各族人民共享扶持成果①。

新中国成立后，党和政府为落实民族平等政策，为一些原来没有文字的民族创造了新文字，该做法的政治意义和心理作用十分显著。但这些既无历史也没有未来新创造的文字，没有任何历史资料和出版物以供阅读，以这种新文字印刷的材料能看懂的人很少，文字的应用性不强②。一些民族语言文字虽有一定历史，如果人口规模太小，形不成学校教育和实际应用的规模，最终会逐渐退出历史舞台。有时语言可以增强一个民族的凝聚

①　《坚持民族因素与区域因素相结合——一论确保民族地区如期全面建成小康社会》，《中国民族报》2015 年 9 月 15 日。

②　马戎：《语言使用与族群关系（民族社会学连载之三）》，《西北民族研究》2004 年第 1 期。

力，但有时也会阻碍和束缚这个民族的发展，这其中存在着辩证关系①。所以，对使用中的语言文字，应从立法和实际使用中确保其合法性，对希望发展本民族语言教育的要求，政府应全力支持；在语言教育中需要考虑其实际应用性和学生未来发展，在儿童入学时允许有选择学习语种的权利，不应采取强制性行政命令来要求必须进入使用本民族语言教学的学校。从社会和经济发展角度看，对人口规模较小、语言使用范围小的民族，学习国家通用语言的效果非常明显；对人口规模较大、民族文化历史悠久的民族而言，民族语言在群众中有较强的应用基础，学习本民族语言对发展民族教育和推动经济意义很大。应高度重视民族语言作为教学语言在学校的应用以及作为交流工作在生活中的使用②。任何使用行政手段推行"国语"的做法都将收到相反的效果③。

二　区域因素是分类扶持的必要载体

民族关系深受不同民族地域观念的影响。扶持人口较少民族发展既指特定的民族，又包括具体的区域因素。不论政策的扶持范围如何变化，人口较少民族聚居区的"区域因素"始终是扶持的必要载体；离开"区域"，"扶持人口较少民族发展政策"就成为空中楼阁，无从谈起。全国2个人口较少民族自治州、16个人口较少民族自治县、71个人口较少民族民族乡、2119个人口较少民族聚居区都不是绝对的、单一民族的聚居区，或多或少都有其他民族聚居。

因此，"聚居"是相对的，而不是纯粹的、单一的。我国少数民族历史上就有大杂居、小聚居的居住传统，绝大部分地区生活着两个以上的民族。既然人口较少民族地区还有其他民族居住，那么扶持人口较少民族发展的优惠性政策就不能由哪个特定民族独享，在扶持人口较少民族政策制定和实施过程中应强调"地域"的重要性，既有利于民族间平等交往，又有利于"社区意识"的形成，还可以平衡人口较少民族在人口、经济等方面的弱势地位。另外，区域导向更有助于避免区域间民族利益的冲突

---

① 马戎：《关于民族研究的几个问题》，《北京大学学报》（哲学社会科学版）2000年第4期。

② 同上。

③ 列宁：《给斯·格·邵武勉的信》，载《列宁全集》（第19卷），人民出版社1989年版，第500页。

和民族矛盾。一般来说，导致民族冲突的一个主要因素是民众的认同感和注意力过分集中在"民族认同"上①。国家政策的首要任务是打破这种单一认同，塑造更为宏观的民族认同，从而达到社会整合。区域认同层次高于民族认同，可以平衡民族认同，淡化族群意识，促进各民族交往交流交融，在微观层面上实现"多元一体"的区域性民族格局。如此，不同民族成员在密切的交往中，主动超越民族身份，把注意力集中在区域发展、社会进步上，从而自发推动社会变迁。这也是形成地域或区域内源发展动力的基础②。

三　坚持民族因素与区域因素相结合

扶持人口较少民族发展是扶持特定民族和扶持特定区域的统一，而民族因素和区域因素是差别化扶持政策的两个组成部分，两者相互联系、相互影响、缺一不可。只有坚持民族因素与区域因素相结合，才能使人口较少民族地区内各族人民共享政策好处。苏联的民族联邦制主要考虑了民族因素，各加盟共和国的国名以各民族来命名（如乌兹别克斯坦、吉尔吉斯斯坦、塔吉克斯坦等），并都十分强调本民族利益。人口少的民族认为政治地位受重视不够，大量派遣俄罗斯族干部到各民族共和国担任要职。经济上大量抽取各人口少的民族聚居区的自然资源来加工并获利，是各民族共和国养活了大城市发展。文化上大力推行大民族主义，压制和排挤少数民族文化，使少数民族精神受到压抑。各民族都不满意的结果最终导致苏联四分五裂，教训可谓十分深刻③。

扶持人口较少民族发展政策是兼顾民族因素和区域因素两方面因素的结果，人口较少民族在全国交错分布，在人口较少民族地区更是交错聚居。在一个人口较少民族地区，经常生活着多个民族。2013 年底，云南省德宏州傣族景颇族自治州人口数量为 106.78 万人，其中有景颇族 1.32万人，占全州总人口的 1.2%；此外还有汉族和 26 个少数民族居住，而且其他民族的人口数量与比例还很大。这说明人口较少民族聚居区是相对集

---

① 于长江：《小民族，大课题》，《北京大学学报》（哲学社会科学版）2001 年第 4 期。

② 杨筑慧：《中国人口较少民族经济社会发展追踪调研报告》，学苑出版社 2016 年版，第109 页。

③ 周健、杨芳芳：《论民族区域自治中的"两个结合"的学理》，《广西师范学院学报》（哲学社会科学版）2016 年第 5 期。

中聚居，而不是纯粹的、单独居住的区域。因此戴"帽子"的政策既要惠及人口较少民族，又要确保人口较少民族聚居区内各兄弟民族共享政策红利，这就要求区域内各民族共享发展、和谐发展。

第二节　差别化扶持的主要类型

现代社会绝大多数共同体在法律上都承认不同民族的平等法律地位，但普遍地忽略了不同少数群体的差别和特殊性，形式上的平等容易掩盖实质上的不平等①。正如 2014 年中央民族工作会议指出的：人口较少民族发展面临着新的阶段性特征，如改革开放和市场经济带来的机遇与调整并存，加快发展势头和发展低水平并存。人口较少民族发展的特殊性困难是指每个民族处于不同发展阶段，发展的内容、表现形式、发展重点各有侧重，相互间的差距甚大，从而使人口较少民族表现出丰富多彩的特性。民族特点实质上是民族间的差异、差别，民族间的差异和差别是民族交往能够进行的必要条件之一，而民族交往是民族存在和延续的过程②。民族地区的特殊性是通过民族特点或民族性体现出来的，这是由少数民族长期社会历史发展形成的③。

不同的人口较少民族地区存在自然和气候差异，由此形成了与自然地理禀赋直接联系的坝区、山地、高原和林地，产生了荒漠化区、高寒山区、石漠化山区等不同类型的地理区域。依据自然禀赋、地理环境和生计方式，本研究将 28 个人口较少民族聚居区划分为 5 种类型（见表 4.1）。

表 4.1　　　　　　　　人口较少民族聚居区的类型划分

序号	类型	主要分布地区	主要聚居的民族
1	东北高寒地区	内蒙古、黑龙江、辽宁	鄂伦春族、鄂温克族、赫哲族、达斡尔族、锡伯族（部分）、俄罗斯族

① 郑玉敏：《作为平等的人受到对待的权利——德沃金的少数人权利治理》，法律出版社 2010 年版，第 11 页。

② 金炳镐：《民族理论通论》，中央民族大学出版社 2007 年版，第 186 页。

③ 李成武、李文：《当前我国民族地区社会建设刍议》，《毛泽东邓小平理论研究》2012 年第 9 期。

续表

序号	类型	主要分布地区	主要聚居的民族
2	西北荒漠化地区	青海、甘肃、新疆、新疆生产建设兵团	土族、撒拉族、裕固族、乌孜别克族、塔塔尔族、锡伯族（部分）、俄罗斯族、达斡尔族、塔吉克族、柯尔克孜族
3	西南边疆高寒山区	云南、西藏	基诺族、独龙族、怒族、景颇族、德昂族、布朗族、阿昌族、普米族、门巴族、珞巴族
4	黔桂石漠化山区	贵州、广西	仫佬族、毛南族
5	南方沿海地区	广西、福建	京族、高山族

一　东北高寒地区

东北高寒地区主要指内蒙古呼伦贝尔市（鄂伦春族、鄂温克族、达斡尔族）、辽宁省和吉林省（锡伯族）、黑龙江省（鄂伦春族、鄂温克族、达斡尔族、赫哲族、俄罗斯族）。该区域位于我国的最北端，与俄罗斯、朝鲜等接壤。区域内主要有大小兴安岭、长白山、完达山等山脉，有黑龙江、松花江、辽河等河流。内蒙古东部和黑龙江西部以高山为主，其他地区以低山丘陵和平原为主。气候属于温带大陆性季风气候，森林覆盖率较高。东北高寒地区的特殊性困难体现在：

一是生计空间受挤压严重。经济转型、社会转轨使鄂伦春族等民族的经济、社会、文化等发生了翻天覆地的变化，并伴随外来人口无序涌入、过度商业开发、资源短缺、环境污染严重等问题。该地区旅游市场的招商引资、旅游规划、基础设施建设，乃至营销运作都难见人口较少民族的身影，多是相关部门和外来开发商唱主角，人口较少民族最多扮演配合民俗展演的角色。近年来，俄罗斯族乡的家庭游受大量外来建筑商、经营者的蜂拥入驻和强势资本的"抢客""垄断"，在"大鱼吃小鱼"的恶性竞争中纷纷淘汰。长期以来，作为典型森林民族的鄂伦春族深受"林权之争"的制约，因为没有林权，鄂伦春人无法享受到资源开发的权益①。内蒙古鄂伦春自治旗拥有 5.9 万平方公里土地，作为地方政府的自治旗仅有 2.2% 的管辖权，其他绝大部分被国有林业局和大兴安岭农场局管辖，自

---

① 朴今海、王春荣：《社会转型视域下东北地区人口较少民族的生存与发展》，《北方民族大学学报》（哲学社会科学版）2018 年第 3 期。

治旗与林业部门的矛盾由来已久①。

二是跨越式转型与传统社会组织的解体造成心理失衡。鄂伦春族、鄂温克族、赫哲族属于"直过民族"，"直过"既是社会形态和经济结构上的跨越，也是文化—心理结构层面的转型。自古以来，东北人口较少民族生活在小而全的传统组织中，在缺乏心理和技术准备情形下，其固有的家缘关系网络、生计方式、经济结构、饮食习惯、宗教信仰等被层层打破，急剧碎片化。由于未经历完整的社会发展阶段，受历史传统影响较深，徘徊于传统生计惯性与新型生计方式间的这些民族在现代城镇生活中倍感迷茫，转型后悬殊的贫富差距引发的心理失衡问题严重，社会竞争中的不公平感、脆弱感，以及面对"权力寻租"的无助感和不信任感，形成了社会弱势心理，并导致恶性循环②。

三是产业提升和增收能力不足。受技术、观念、环境影响，东北人口较少民族地区产业链形成、产业化水平提升的难度较大，经济发展缺乏强有力的产业支撑，经济结构调整步伐较慢。如黑龙江黑河市新生鄂伦春族乡依靠"输血"维持发展，缺乏自身发展的可持续性。内蒙古、黑龙江部分鄂伦春族猎民放下猎枪后面临"一无土地、二无草场、三无生产资料"的窘境，发展差距不断增大。目前，东北人口较少民族群众主要收入来源仍是传统农牧业③。

四是高寒气候使农业成本增高，农业生产效益降低。受高寒天气影响，冬季时间长，农作物生长的无霜期仅 85—90 天，农作物的生长周期短、需耐寒。如黑龙江省黑河市爱辉区位于北纬 49°30′至 50°51′之间，冬季气温常年在零下 25—35℃，农作物品种单一，以小麦、大豆为主，受气候条件影响难以种植水稻、玉米作物。该区域人均耕地面积虽多，如赫哲族和鄂伦春族聚居区人均耕地面积高达 50 亩，但近年来因重养轻用，实施掠夺式经营，肥沃的黑土层不断变薄，导致土地贫瘠，肥力和耕地质量不断下降。

---

① 方征、刘晓春：《鄂伦春自治旗文化产业发展的路径与对策》，《鄂伦春研究》2017 年第 1 期。

② 朴今海、王春荣：《社会转型视域下东北地区人口较少民族的生存与发展》，《北方民族大学学报》（哲学社会科学版）2018 年第 3 期。

③ 闫沙庆、张利国：《新形势下扶持人口较少民族发展差别化政策研究》，《黑龙江民族丛刊》2016 年第 4 期。

　　五是高寒天气对群众生活影响大。为抵御严寒，群众大量使用保温防寒材料，加大了每年的取暖费用。农业生产成本高导致农产品销售价格随之提高，增大了消费支出。因天气寒冷，赫哲族饮食多以鱼、兽为主。调研发现：黑龙江省齐齐哈尔市梅里斯达斡尔族区建档立卡贫困户中80%是因病致贫，大多患有心脑血管疾病（传统的饮食结构和饮食观念所致，而现在的外部环境、空气质量、生活质量大不如前）。高寒气候增加了公路桥梁基础设施和公路的养护成本，同南方城市相比，东北高寒地区公路桥梁建设成本提高26%，使用寿命降低30%以上。

　　六是基础设施建设较为滞后，抵御自然灾害能力低。部分民族人口较少聚居村临江而居，受自然灾害的影响较重，易发生洪涝灾害。2013年松花江、嫩江、黑龙江流域发生水灾，抚远县损毁通乡公路18公里，维修需大量资金，部分民族村内涝严重，土地减产绝产现象频发，急需实施"旱改水"项目。同江市街津口和八岔赫哲族乡90%的土地在黑龙江上的2个岛上，江水上涨就会减产甚至绝产。鄂温克族虽然居住在内地，但受周围大环境影响，往往10年9旱。国家为开发三江平原建设的排涝、泄洪工程导致赫哲族渔民传统捕捞业受到较大影响，原有的生计方式不复存在①。吉林省3个人口较少民族村均沿江而居，因缺少治理资金导致江堤险段得不到维修和维护。每逢雨季，险情时有发生，严重影响当地群众的生产生活②。

二　西北荒漠化地区

　　西北荒漠化地区主要指青海省、甘肃省、新疆维吾尔自治区和新疆生产建设兵团，主要聚居着裕固族、撒拉族、保安族、土族、乌孜别克族、塔塔尔族、达斡尔族、锡伯族、俄罗斯族、塔吉克族、柯尔克孜族等民族。历史上，这些民族居住和生活的地区曾是历史重镇，是"古丝绸之路"沿线的重要节点和贸易中转站，曾经拥有辉煌灿烂的文化。如今，这里是现代新欧亚大陆桥的必经之路和"一带一路"的前沿，对国家的

---

　　① 何群：《环境与小民族生存——鄂伦春文化的变迁》，社会科学文献出版社2006年版，第368页。

　　② 闫沙庆、张利国：《新形势下扶持人口较少民族发展差别化政策研究》，《黑龙江民族丛刊》2016年第4期。

对外开放和经济安全具有重要的战略意义，特殊的地理位置为开发自然、历史和文化旅游资源，发展外向型经济提供了天时地利的优势[①]。这些多边疆民族地区与睦邻国家山水相连、语言相通、文化相同、习俗相近，这为沿线人民沟通交流搭建了桥梁，成为推动"一带一路"建设的有利条件。西北地区特殊的地理位置使其边境小额贸易在进出口总额中占比位居前列，发展边境小额贸易拥有广阔空间。2014 年新疆的边境小额贸易为 142.26 亿美元，占外贸进出口总额的 51.41%，占据半壁江山[②]。西北荒漠化地区的特殊性困难为：

一是干旱缺水，生态脆弱。该区域多为牧区、半牧区，属于温带大陆性干旱半干旱气候，无霜期短，昼夜温差大，年平均降水量少。这里地处干湿交替带、梯度连接带、沙漠边缘带等生态环境过渡带，对环境因子的变动敏感性强，生态环境恢复功能较差，属于典型的生态敏感区。土地沙化和水土流失严重。人口较少民族聚居的 161 个县（市、区）中，有 38 个牧区、半农半牧区县（旗），占比高达 23.6%[③]。塔吉克族聚居的塔什库尔干塔吉克自治县为高原荒漠区，生态环境保护是头等大事。现在，草场沙化程度严重，牧草稀疏，绝大多数草场产草量极低。山羊攀缘能力强，草皮、树根均可作为食物，对植被的破坏力大。农业区干裸土地的风蚀沙化速度加快，许多流动沙丘掩盖农田，直接威胁着塔吉克族聚居的村寨。

二是自然灾害频发，冻灾严重。受地理环境和气候条件影响，该地区干旱、洪涝、冰雹、风沙、低温、雪灾等自然灾害较多。多数地区冬寒季节达 200 天左右，给农牧业生产和居民生活造成不利影响。冬春大于 8 级的大风天数一般在 20—40 天，有时多达 60—100 天。牧区冬春大风常伴随降雪，形成"白毛风"灾。

三是社会不稳定因素较多。如新疆人口较少民族多处于边境地区，涉民族宗教和维稳压力大。当南疆发生暴恐事件时，政府将维护社会稳定和

---

① 李娜：《人口较少民族扶贫开发政策实施研究》，硕士学位论文，中央民族大学，2010 年。

② 《2015 新疆统计年鉴：进出口贸易总额》，新疆维吾尔自治区统计局网（http://www.xjtj.gov.cn/sjcx/tjnj_ 3415/2015xjtjnj/dwjj_ 2015/201603/t20160316_ 492581.html）。

③ 数据来源：2011—2015 年国家民委扶持人口较少民族发展动态监测系统资料。

边疆安全作为主要工作重点，对经济方面的支持和关注受到影响①。

四是固守边防任务重。柯尔克孜族、塔吉克族都是跨境民族，这些民族不仅坚守着自己的家园，还坚守着国家的边疆。2013 年，新疆维吾尔自治区缺乏生存条件需易地搬迁 14969 人，其中因守边不能搬迁的边民7212 人，占比高达 48.18%。

三　西南边疆高寒山区

主要包括云南省（基诺族、独龙族、怒族、景颇族、德昂族、布朗族、阿昌族、普米族）以及西藏自治区山南市、林芝地区和日喀则地区（门巴族、珞巴族）。该地区集民族地区、边境地区、直过地区、高寒地区于一体，贫困面广、贫困程度深，是发展的洼地。其中云南省是我国世居少数民族最多、特有民族最多、跨境民族最多、人口较少民族最多、民族自治地方最多、实行民族区域自治民族最多的省份。西南边疆高寒山区的特殊性困难表现为：

一是从国家视角来看，云南省人口较少民族居住在 6 个边境市州、12个边境县与老挝、缅甸接壤，与境外的跨界民族语言相通、宗教文化相似，社会经济发展相近。因此，这些民族的发展和稳定对维护国家形象、保护边疆稳定具有重要作用。加之边境地区禁毒、防治艾滋病等问题形势严峻，毒品和艾滋病已严重威胁到一些边境民族的生存发展，甚至有的干部呼吁"救救边境群众"。

近年来境外敌对势力通过多种渠道进行渗透和破坏。边境民族地区因为经济发展滞后、文化设施滞后和宣传力度不够，一些人口较少民族地区听不到或听不懂广播、看不到或看不懂国内电视节目，群众思想易产生混乱。西方势力依托宗教加大了对边境地区的渗透。在一些敌对势力的支持下，天主教、基督教等西方宗教加快了对边疆民族聚居区的文化侵袭，利用对边民医疗、养老、教育等领域投入的"援助"，吸纳人口较少民族信教群众，输送西方宗教文化②。如施达基金会、美国亚洲互助基金会、国

---

① 张忠慧：《实施"一带一路"战略助推新疆人口较少民族地区经济发展》，载《中国人类学民族学研究会人口较少民族研究专业委员会第一届学术研讨会论文集》，2018 年。

② 张志远：《多民族聚居地区贫困治理的社会政策视角——以布朗山布朗族为例》，中国社会科学出版社 2015 年版，第 13 页。

际爱心扶贫组织在布朗山开展项目时，不同程度地开展暗传宗教、发展信徒等活动。其中，有的扶贫组织实施乡村医生培训时，曾公开让受训者填表入教而被当地公安部门查获，并勒令其完成项目后不得与地方政府续签新的扶贫合作项目①。

跨境民族的非法流动也带来了复杂的社会问题。同时，国家在计划经济时期实施的对边境民族地区的许多优惠政策，在改革开放和市场经济时期已失去原有效果，而周边越南等国家和地区有针对性地出台优惠政策，吸引我边民到其境内开发定居。部分边境沿线群众未办理正式手续就到境外务工或居住，对我国边境地区的安全与稳定造成一定的影响。

二是从社会发展视角来说，西南边疆地区很多人口较少民族为"直过民族"，社会发育程度不高，经济发展落后，尤其是教育落后，劳动者综合素质低。2010 年全国第六次人口普查时，云南省 8 个人口较少民族人均受教育年限为 6.89 年，低于全国平均水平（8.76 年），平均文盲率为 11.72%。这些民族部分未完成"普六"任务，学生一般只能在本村寨读完初小，能出村到乡镇读完高小、初中的极少。如布朗山乡和独龙江乡没有一所中学，一些村寨连续数年没有中学毕业生。德宏州德昂族中等以上教育的状况不如 80 年代，1990 年以后没有人考上大学，上中专的人数也很少。更严重的是职业技术教育基本处于空白状态，青壮年文盲率仍高居不下。因为教育落后，劳动者的综合素质低下，并严重影响了这些民族干部的成长，干部来源减少，干部数量与人口比例的差距拉大，后继乏人②。

三是从自然地理视角来看，该地区处在金沙江、澜沧江、怒江两岸和边境一线的"三江一线"地区及生物多样性富集的生态保护区。首先，山高谷深，交通不便。大部分地处横断山区南部和滇南山间盆地，高黎贡山、怒山等纵贯其中，怒江、澜沧江等江河穿越其中，河流湍急、落差大。除现代通信外，很多地方因地形陡峻，雨季多雨导致交通十分困难。门巴族、珞巴族聚居在被称为"高原孤岛"的西藏墨脱县，该县山高谷深，交通闭塞，地势复杂，是高寒山区的典型代表；每年有 8 个多月风雪

---

① 张晓琼：《变迁与发展：云南布朗山布朗族社会研究》，民族出版社 2005 年版，第 334 页。

② 云南省民委：《云南省七个人口较少民族脱贫与发展研究》，《民族工作参考资料》2009 年第 7 期。

闭山，交通极其闭塞，门巴族、珞巴族几乎处于与世隔绝的状态，生活极端贫困。其次，海拔高，大部分地区自然条件恶劣，缺乏生产和生活的基本条件。地形和海拔高度是制约本地区生产和居住的主要因素，海拔高，区域基础建设成本随之升高。交通、水电和通信等基础设施建设严重滞后，抵御自然灾害的能力十分有限。最后，本地人口增长较快以及外来人口不断进入深山区非法定居，严重破坏了的森林植被。随着人口增加，不断分出新的家庭，因建房、取火做饭等破坏森林的越来越多，毁林开荒现象屡禁不止，使不少成片的山林逐步减少。森林面积锐减使部分动物无栖息地，加之偷猎野生动物等行为，导致生物多样性不断退化，破坏了赖以生存的生态环境①。

四　黔桂石漠化山区

黔桂石漠化山区指地处黔桂两省的接壤地区，主要包括毛南族聚居的贵州黔南布依族苗族自治州的独山县、平塘县、惠水县和福泉市，黔东南苗族侗族自治州的凯里市、麻江县和黄平县以及广西河池市环江县；仫佬族聚居的广西罗城县、柳城县。黔桂石漠化地区的特殊性困难表现在：

一是土地石漠化，用地紧张。石漠化山区岩石裸露，坡陡土少，土层浅薄、地表蓄水能力差，水土流失极为严重，人地矛盾突出。地表漏水干旱，守着丰富的地下暗河水却难以利用。一些地区土地条件差，不适合开发。如有的村庄仅十几户人，但要改变其生存条件往往要投入上百万元资金修路，扶持成本极高。

二是干旱缺水。自然灾害频繁，旱季干旱缺水，雨季洪涝严重，这与生态环境破坏直接有关。经常"十年九旱"，大旱平均3—5年一遇。水利工程建设滞后，骨干水利工程及配套设施明显落后，小微型水利设施严重缺乏，工程性缺水问题严重。

五　南方沿海地区

南方沿海地区主要指京族聚居的广西东兴市"万尾、巫头、山心"三岛以及高山族聚居的福建漳州市丘陵地带。京族、高山族作为沿海沿边

---

① 刘文光：《布朗族全面建设小康社会面临的问题及对策》，《贵州民族研究》2008 年第3 期。

的少数民族，既享受沿海开放政策，又享受边境贸易优惠政策，多重优惠政策叠加使该地区成为特有的政策富集区域。南方沿海地区的特殊性困难表现为：

一是渔业资源锐减。随着捕捞技术发展和捕捞量的扩大，京族聚居的"京族三岛"海洋渔业资源大幅衰减，京族人拉网、出海的收获量都大量减少，不及原来的两三成。海潮每年都侵袭京族三岛，生存空间面临不断缩小的趋势。由于海鲜市场热销，渔民减产不减收，京族群众对资源枯竭并未表现出忧虑。

二是养殖技术低，利润率上升空间有限。与广东、浙江等海产养殖的发达地区相比，京族群众养殖技术落后，亩产量仅为广东的三分之一。京族的渔业处于产业链低端，京族人出售的海产品大多数为原产品，深加工不多，产品附加值低，收入有限。广东商人来此收购海鲜最多，销售网络较为完善，而京族的内销渠道并未打开，直接向终端市场销售量低，万尾村仅有为数不多的人能把海鲜海货销到南宁[1]。

第三节　差别化扶持的评价[2]

政策评价指依据一定的标准、程序，以受变迁影响的个人、群体、社区和社会部门为关注对象，运用多学科的社会分析、监测及由公众参与方法记录和管理社会效应（包括预期和非预期后果）的一种批判性评价方法，对政策的效益、效率、效果及价值进行综合性分析判断的行为[3]。

一　评价目的与原则

（一）评价目的

1. 科学评价人口较少民族聚居区发展水平。通过量化分析，科学度

---

① 《中国人口较少民族发展研究丛书》编委会：《中国人口较少民族经济和社会发展调查报告》，民族出版社 2007 年版，第 534 页。

② 耿新：《人口较少民族聚居区发展水平指标体系研究——以赫哲族、仫佬族、塔塔尔族和阿昌族为例》，《西南民族大学学报》（人文社会科学版）2015 年第 10 期。

③ 黄建生、高朋、黄晓赢等：《社会评估与民族地区发展——〈云南省扶持人口较少民族发展规划（2006—2010 年）〉实施过程的社会评估》，人民出版社 2013 年版，第 14—15 页。

量人口较少民族聚居区的发展程度和水平。

2. 统计与监测功能。通过建立一套客观科学的评价体系，充分发挥指标体系的预警功能，为扶持人口较少民族发展工作提供综合评价与统计监测服务。

3. 为分类施策提供政策依据。通过准确描述人口较少民族聚居区的发展现状，找出其发展中的短板和瓶颈，厘清不同民族间的发展差距，为国家出台差别化支持政策提供支撑。

（二）评价原则

为使评价指标体系的结果更加真实、客观、可信，人口较少民族聚居区发展水平评价指标构建应基于以下原则：

1. 系统性。为了实现"全面建成小康社会进程中，决不让一个兄弟民族掉队，决不让一个民族地区落伍"的目标，指标体系应全面、综合地反映人口较少民族聚居区经济、社会、生活和生态发展等各方面情况。

2. 可控性。在考虑数据的可得性基础上，做到各级指标内涵清晰、数据来源公开、信息获得方便、计算口径一致、评价结果可信。

3. 重点性。评价指标体系应全面反映人口较少民族聚居区经济发展水平，同时还应注重科技、教育、文化、生活、生态环境与群众等息息相关的民生问题。

4. 因地制宜。人口较少民族经济与文化的民族性应在评价指标体系中有所体现，适度地突出人口较少民族发展中的地方特色，对民族文化、生态特征等指标予以权重倾斜。

5. 以人为本。扶持人口较少民族发展政策的根本宗旨在于提高人口较少民族群众生产生活水平以及传承和发展民族传统文化，使扶持人口较少民族工作成为名副其实的民心工程、德政工程和幸福工程。

二　评价指标体系

通过建立客观的指标体系来衡量和反映区域的发展水平正日渐成为研究热点。由于对发展水平和发展目标的认识不同，评价指标各有特色和侧重；加之评价对象的复杂性、评价内容的全面性等原因，评价区域经济与社会发展一般采用三级或四级指标体系。全面实现小康的背景下，人口较少民族地区发展水平评价体系应结合民族因素与区域因素、发展现状与发展诉求来构建。

（一）构建评价指标

结合《全面建成小康社会统计监测指标体系》《扶持人口较少民族发展规划（2011—2015年）》中提出的发展目标、主要任务和重点工程，基于数据的可得性和可比性，本研究最终采用经济发展、生活质量、社会发展、生态环境4个一级指标、9个二级指标和25个三级指标。

1. 经济发展指标。分类发展是解决人口较少民族各种问题的总钥匙，加快发展应多做打基础、谋长远的事情，多办顺民意、惠民生的实事。本研究认为基础设施建设是人口较少民族聚居区发展的"瓶颈"和"短板"，良好的基础设施是经济发展的助推剂。因此经济发展一级指标下设经济总量和基础设施2个二级指标、8个三级指标。

2. 生活质量指标。生活质量指标由收入分配、社会保障2个二级指标构成，从农民人均纯收入、城镇居民人均可支配收入、贫困发生率、新型农村合作医疗参合率、新型农村社会养老保险参保率5个三级指标来衡量。

3. 社会发展指标。社会发展指标紧扣民生改善的目标，具体包含教育、文化和卫生发展3个维度的10个指标。

4. 生态环境指标。人口较少民族地区是我国的资源富集区、水系源头区、生态屏障区，当前人口较少民族地区生态环境对社会发展的承载力不断减弱，在经济发展与生态建设中常遭遇两难抉择。考虑到"国家民委扶持人口较少民族发展动态监测系统"数据的可得性，下设城镇污水集中处理率、城镇生活垃圾无害化处理率2个指标。

（二）确定指标权重

基于人口较少民族地区发展水平评价指标体系的复杂性和全面性，本研究采用AHP层次分析法确定指标体系的权重。AHP的特点是通过分析复杂决策问题的本质、影响因素及其内在逻辑，运用定量信息使决策过程数学化，从而为多目标或无结构性特征的复杂决策问题提供可行方法，AHP尤其适合决策结果难以直接准确计量的问题。经过与国家民委经济司、有关省（区）民族宗教事务委员会经济处、人口较少民族问题研究专家等多次论证、反复研究和可行性验证，最终确定指标权重（见表4.2）。

表 4.2 　　　　　　　　　人口较少民族地区发展水平评价指标及其权重

一级指标	二级指标	三级指标	单位	权重
经济发展 (0.3)	经济总量 (0.11)	1. 人均 GDP	万元	0.05
		2. 人均地方财政一般预算收入	万元	0.06
	基础设施 (0.16)	3. 自然村通公路率	%	0.04
		4. 户通电率	%	0.03
		5. 自然村通广播电视率	%	0.03
		6. 户集中供水率	%	0.03
		7. 安居房比率	%	0.03
	城镇化 (0.03)	8. 城镇化率	%	0.03
生活质量 (0.29)	收入分配 (0.19)	9. 农民人均纯收入	元	0.07
		10. 城镇居民人均可支配收入	元	0.06
		11. 贫困发生率	%	0.06
	社会保障 (0.1)	12. 新型农村合作医疗参合率	%	0.05
		13. 新型农村社会养老保险参保率	%	0.05
社会发展 (0.37)	教育发展 (0.16)	14. 学前一年毛入园率	%	0.03
		15. 九年义务教育巩固率	%	0.04
		16. 高中阶段教育毛入学率	%	0.04
		17. 受高等教育比率	%	0.05
	文化发展 (0.11)	18. 聚居村体育健身和民族文化活动场地覆盖率	%	0.04
		19. 通宽带率	%	0.02
		20. 聚居村合格文化室和农家书屋覆盖率	%	0.05
	卫生发展 (0.1)	21. 婴儿死亡率	‰	0.03
		22. 每千人执业医师数	个	0.04
		23. 每千人病床数	张	0.03
生态环境 (0.04)	生态环境 (0.04)	24. 城镇污水集中处理率	%	0.02
		25. 城镇生活垃圾无害化处理率	%	0.02

注：贫困发生率、婴儿死亡率为逆向指标。

三　评价模型构建

构建人口较少民族地区发展水平评价模型分为两个步骤：

一是评价指标标准化模型。结合各评价指标当年实际观测值，以当地平均水平（目标值）为标准值对指标进行标准化处理。计算公式：$y_i = \dfrac{x_i}{t_i} \times 100$，其中，$x_i$ 为第 i 个指标的实际观测值；t_i 为第 i 个指标对应的参考标准值。

二是综合指标标准化模型。计算公式：$z_i = \sum \alpha_i \cdot y_i$，$P = \sum \beta_i \cdot z_i$，其中 y_i 为各指标的评价指数，P 为综合指数，α_i、β_i 分别为各对应指标权重，且 $0 \leqslant \alpha_i(\beta_i) \leqslant 1$。

经过上述方法计算出人口较少民族地区发展水平综合评价指数，根据其分值将其分为优秀、良好、合格、不合格 4 种评价类型（见表 4.3）。依据综合评价指数与评价类型间的对应关系，可判定某个具体民族聚居区的发展水平。

表 4.3　人口较少民族地区发展水平评价类型与综合评价指数的对应关系

类型	优秀	良好	合格	不合格
评价指数（P）	85≤P≤100	85<P≤70	70<P≤60	P<60

四　实证检验

（一）样本选择

根据前文将 28 个人口较少民族地区划分的 5 种类型，选择如下 4 个人口较少民族自治县和东兴市作为实证检验的样本县（见表 4.4），共涉及鄂伦春族、撒拉族、独龙族、怒族、仫佬族、京族共 6 个民族。因南方沿海地区类型中只有京族和高山族两个民族，且没有人口较少民族自治县，其聚居地和人口数量分别为广西壮族自治区东兴市（京族为 18624 人）、江西省吉安市峡江县金坪民族乡新民村（京族为 286 人）[1]，故该类型实证检验的样本选择京族人口数量相对聚居的东兴市。

本研究尽量避免用"整体性"和"普遍性"政策概念来回应分类扶持人口较少民族发展的"个体性"与"特殊性"需求。本研究着重分析 5 种类型的人口较少民族聚居区，因为如果发现不了"特殊性"，就变成

---

[1]　数据来源：2011—2015 年国家民委扶持人口较少民族发展动态监测系统资料。

了一般意义上的政策扶持，即失去了本研究的意义。考虑扩大研究样本将各种类型的特殊性扩展到所有民族的普遍性，实现政策全覆盖，将是另外研究的问题。

表 4.4　　　　　　　　　　人口较少民族发展类型实证的样本

序号	类型	实证检验的样本县	主要聚居的人口较少民族
1	东北高寒地区	内蒙古自治区鄂伦春自治旗	鄂伦春族
2	西北荒漠化地区	青海省循化撒拉族自治县	撒拉族
3	西南边疆高寒山区	云南省贡山独龙族怒族自治县	独龙族、怒族
4	黔桂石漠化山区	广西壮族自治区罗城仫佬族自治县	仫佬族
5	南方沿海地区	广西壮族自治区东兴市	京族

（二）数据来源

1. 著者 2014—2016 年赴内蒙古、青海、云南、广西等地的调研数据。

2. 国家民委 2010—2015 年扶持人口较少民族发展动态监测系统数据。

3. 国家和各地区分年度经济和社会发展统计公报。

（三）评价结果

运用前文构建的人口较少民族聚居区发展水平评价指标体系，以 2013 年度数据为标准，计算出 5 种类型人口较少民族聚居区发展水平（见表 4.5）。

表 4.5　　　　　　　　5 种类型人口较少民族聚居区发展水平

	鄂伦春旗	循化县	贡山县	罗城县	东兴市
综合评价指数	72.4	66.5	67.8	68.8	97.2
一、经济发展	70.6	57.4	72.1	55.6	98
（一）经济总量	67.7	22.0	52.9	27.5	100
1. 人均 GDP	33.2	36.2	69.4	31.9	100
2. 人均地方财政一般预算收入	96.4	10.1	39.1	23.8	100
（二）基础设施	67.2	84.9	90.2	79.0	96.2
3. 自然村通公路率	81.5	100	100	100	100
4. 户通电率	100	100	100	100	100

续表

	鄂伦春旗	循化县	贡山县	罗城县	东兴市
5. 自然村通广播电视率	100	100	100	100	100
6. 户集中供水率	24.8	19.3	100	4.9	86.1
7. 安居房比率	24.7	100	47.9	83.3	93.4
（三）城镇化	100	41	46.2	33.3	100
8. 城镇化率	100	41	46.2	33.3	100
二、生活质量	59.2	72.9	64.4	67	98.4
（一）收入分配	66.7	61.7	54.2	58.3	100
9. 农民人均纯收入	84.3	57.6	42.9	66.0	100
10. 城镇居民人均可支配收入	70.5	99.5	66.1	66.3	100
11. 贫困发生率	42.5	28.7	55.5	41.3	100
（二）社会保障	37.4	78.5	69.9	69.6	79.5
12. 新型农村合作医疗参合率	44.9	97.8	100	98.6	100
13. 新型农村社会养老保险参保率	29.8	59.2	39.8	40.6	58.9
三、社会发展	81.1	70.9	68.1	82.9	95.3
（一）教育发展	92.3	72.5	77.9	87.3	100
14. 学前一年毛入园率	96.5	82.4	70.6	100	100
15. 九年义务教育巩固率	88.5	100	75.5	84.4	100
16. 高中阶段教育毛入学率	100	100	58.0	89.7	100
17. 受高等教育比率	87	22.6	100	80	100
（二）文化发展	57.8	65.3	51.0	84.8	95.2
18. 聚居村体育健身和民族文化活动场地覆盖率	47.9	49.2	39.2	72.2	86.9
19. 通宽带率	38.9	67.1	84.2	100	100
20. 聚居村合格文化室和农家书屋覆盖率	73.3	77.5	47.1	88.7	100
（三）卫生发展	88.8	74.5	71.2	73.9	88
21. 婴儿死亡率	100	100	100	100	100
22. 每千人执业医师数	96	100	39.3	92.9	100
23. 每千人病床数	67.5	15	85.0	22.5	60
四、生态环境	100	48.6	57	50	100
24. 城镇污水集中处理率	100	0	100	0	100
25. 城镇生活垃圾无害化处理率	100	97.1	14	100	100

注：（1）此处对贫困发生率、婴儿死亡率 2 个逆向指标标准化，采用其倒数绝对值；（2）为规避个别指标值过大，当其标准化值大于 1 时，则认为目标已实现，标准化值按 100 计算。

（四）结果分析

1. 单项指标评价

本研究采用雷达图对一级指标进行分析，每个民族代表一个圆，在圆上等角度画出各评价对象的半径线，分别表示各评价对象。在各个半径线上取该评价对象的数值，远离圆心代表分值最高，优势最大；反之，得分最低，劣势最大。对已达标的人口较少民族聚居区要继续扶持，巩固提高，"扶上马、送一程"；还未达标的，则要加大扶持力度。

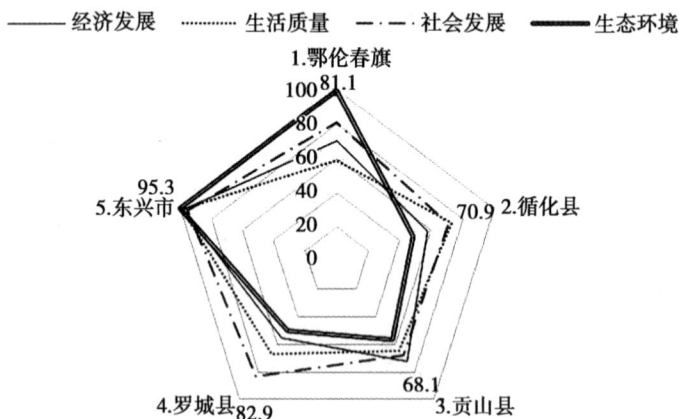

图 4.1　5 种类型人口较少民族聚居区一级指标分布雷达图

（1）经济发展指标。一是人均 GDP 指标。2013 年鄂伦春自治旗人均 GDP 为 22389 元，仅相当于内蒙古自治区水平的 33.2%。这可能与鄂伦春族经济从狩猎向农业转产有较大关系，鄂伦春族群众难以转变其长期的生活习惯和生产技能，加之东北高寒气候对生产的不利影响，导致经济发展水平受到较大程度的制约。二是基础设施指标。2013 年，循化撒拉族自治县 91 个撒拉族聚居村的有效灌溉面积仅 52.53%，13 个村遭受旱灾，6% 的自然村尚未实现村内道路硬化，63.74% 的村未通宽带，9.2% 的农户未建有安居房。

（2）生活质量指标。循化县贫困发生率高达 52%，主要是因为循化县地处青海、甘肃两省交界的边缘地带，信息、经济基础等条件差，加之人多地少，矿产资源贫乏，交通水利等基础设施滞后，发展后劲严重不足。

（3）社会发展指标。一是教育发展指标。循化县撒拉族总体受教育

水平偏低，撒拉族适龄儿童辍学严重，特别是女孩读完初中后就到饭店或
跟父母外出打工，教育普及程度低、适龄人口受教育程度不高。原因在于
读完书的收益有限、收入低，很多学生上完初中与读完高中后的预期打工
收入效益一样，造成了教育的恶性循环。二是文化发展指标。循化县文化
保护力度不够，因资金投入有限，撒拉族博物馆坐落在骆驼泉景区内一个
明代篱笆楼的两层民居里，而非独立运营的博物馆。博物馆面积仅300平
方米，许多珍贵的文物因场地有限而不能放在博物馆中；博物馆既无保卫
也无讲解员，更无监控。此外，撒拉族聚居村体育健身和民族文化活动场
地覆盖率仅41.76%，聚居村合格文化室和农家书屋覆盖率仅65.93%[1]。
三是文化发展指标。2013年，贡山县每千人执业医师数1.1人，仅为全
国平均水平的39.3%；循化县每千人病床数仅0.6，仅为全国平均水平
的15%。

（4）生态环境指标。一是城镇污水垃圾处理率指标。循化县和罗城
县城镇污水垃圾处理率均为0，循化县虽然建设了污水处理厂，但污水处
理厂的运行成本很高，县级财力有限，资金缺口大，难以支付机器运营成
本和人员工资补助。卫生厕所遭遇用水难，排水亟需管网改造配套。二是
生活垃圾无害化处理率指标。2013年，罗城县生活垃圾无害化处理率仅
14%，在5类地区中该指标最低。在许多原本山清水秀的村寨，各种难以
降解的塑料袋、废弃物随处可见，一些农户的房前屋后都是白色垃圾，生
活垃圾大多未处理而就地掩埋。农村生活污水也无序排放，养殖业粪便和
生活垃圾到处堆放，村内污水横流。

2. 综合发展指数

综合发展指数反映一个区域经济发展、生活水平、社会发展和生态环
境总体发展水平，如图4.2所示，5种类型的人口较少民族地区的综合发
展指数可分成"夯基础、促发展、达小康"3类。

（1）夯基础。第一类为经济发展水平较低的3个人口较少民族自治
县，分别为西北高寒地区的循化县（66.5）、西南边疆高寒地区的贡山县
（67.8）、黔桂石漠化山区的罗城县（68.8），均处于合格水平附近。这3
类地区也是5种类型中自然禀赋最差、气候最恶劣、生态最脆弱、发展水
平最低的地区。如2013年贡山县综合发展指数为67.8，农民人均纯收入

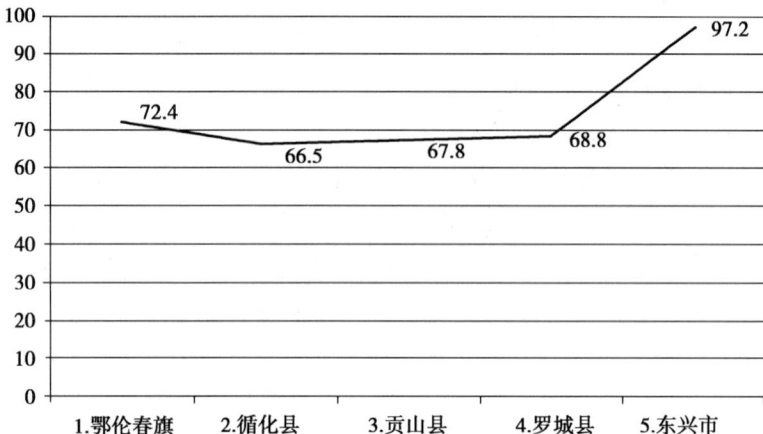

图 4.2　5 种类型人口较少民族聚居区综合发展指数

为 2635 元、城镇居民人均可支配收入为 15359 元，仅相当于本省平均水平的 42.9% 和 66.1%，可见发展水平总体滞后。对这些民族聚居区应以打牢脱贫基础为主要目标。重点加强民生工程和基础设施建设，尽快解决和完善道路、通电、安全饮水和农牧业生产面临的突出问题，着力改善生产生活条件，夯实脱贫基础，合力补齐短板。对一些发展相对滞后的民族，应进行集中帮扶使其整族率先小康。

（2）促发展。第二类为经济发展水平处于良好水平的鄂伦春旗，发展指数为 72.4。对具备发展基础、发展水平良好的民族，应"扶上一程"，促其率先建成小康社会。扶持重点应以加快发展、赶上先进为主要目标。重点培育主导产业、特色产品，加快现代农业建设，着重提高农牧民收入水平，促进经济快速发展；引导农村富余劳动力向非农产业和城镇建设，建设体现乡村田园风光、生态和文化特色的新农村。

（3）达小康。第三类为经济发展水平较好的东兴市（发展指数为 97.2），已率先实现小康。对发展水平高的民族，着重加强文化保护与建设，促进城乡统筹发展。以提前实现小康社会为主要目标。重点转变经济发展方式，培育主导产业，提高产业融合水平，促进城乡产业的对接与互动，加快公共设施和基本公共服务向乡村延伸覆盖，重点扶持人口较少民族聚居村及人口相对集中的自然村，基本公共服务建设延伸至人口较少民族的民族乡、自治县、自治州，让更多的少数民族群众共享改革成果。

第四节　差别化扶持的突出问题

马克思指出矛盾普遍性是指矛盾既存在于一切事物的发展过程之中，也存在于一切事物发展过程的始终。矛盾的共性是无条件的、绝对的，矛盾的个性是有条件的、相对的。共性置于个性之中，没有离开个性的共性，个性包含和体现共性。扶持人口较少民族发展既要研究 28 个民族的一般规律，又要研究每类具体民族的个性困难。由于历史等原因，人口较少民族地区多为我国的边疆地区、贫困地区，是同步建成小康社会的重点、难点和短板。总体上看，人口较少民族地区经济社会发展成就令人鼓舞，但面临的困难和挑战依然突出。

一　人口较少民族发展的突出问题

（一）经济发展水平滞后

一是贫困人口多，贫困率高，贫困程度深。人口较少民族地区自我发展能力不强，横向上与其他地区的发展差距还在拉大。人口较少民族聚居的 161 个县（旗、市）中，国家扶贫开发工作重点县为 61 个，占比 37.9%；集中连片特困县为 77 个，占比 47.8%。2013 年底，规划内的 2119 个行政村内，贫困人口达 77.5 万人，贫困发生率为 26.7%，比全国（8.5%）高 18.2 个百分点，比民族自治地方（17.1%）高 9.6 个百分点，是我国贫困发生率最高和贫困人口最集中的区域，也是我国扶贫攻坚最难啃的硬骨头。2013 年，2119 个人口较少民族聚居村农牧民人均纯收入（5179 元）只相当于全国平均水平（8896 元）的 58.22%，是民族地区平均水平（6579 元）的 78.72%，人口较少民族地区与全国同步建成小康社会的目标任务十分艰巨。

二是经济基础薄弱，产业结构调整难度大。因资源禀赋和社会发展水平的影响，人口较少民族地区经济总体规模低，农村以传统农（牧）业为主，缺乏特色产业支撑，产业结构调整难度大。农村产业机械化程度低、科技含量不高，经营方式简单粗放。抵御自然灾害的能力弱，因灾致贫、因灾返贫现象严重。二、三产业滞后，工业化程度非常低，甚至没有任何工业。即便是经济总体水平发达的赫哲族聚居区也缺乏主导产业，资源型、造血型的工业企业和农林牧加工企业总体发展水平滞后。在扶持发展过程中，基础设施建设与区域产业发展融合不够，经常出现产业发展为基建"让路"和基建标准难以为产业发展服务的矛盾。

表 4.6　　　　　　　　人口较少民族地区经济指标与全国对比情况

指标		2010 年	2011 年	2012 年	2013 年
农牧民人均纯收入	贫困标准（元）	1274	2536	2625	2736
	人口较少民族（元）	3522	4054	4552	5179
	全国（元）	5919	6977	7917	8896
	占比（%）	59.5	58.1	57.5	58.2
贫困人口	人口较少民族（万人）	108.9	158	107.2	77.5
	全国（万人）	2688	12238	9899	8249
	占比（%）	4.1	1.3	1.1	0.9
贫困发生率	人口较少民族地区（%）	35.7	34.8	32.8	26.7
	全国（%）	2.8	12.7	10.2	8.5
	人口较少民族地区比全国高（%）	32.9	22.1	22.6	18.2

三是扶贫资源外部植入性强，缺乏社区发展的视角。扶持的主要标志是资源输入，而发展归根到底要靠人口较少民族自身，因为发展的主体和发展的受益者都是人口较少民族。人口较少民族聚居区的社会组织发展滞后，缺乏新型农村合作经营组织，传统的合作组织逐渐消失或已经不适应当前发展的要求。加之受教育水平低，劳动力的人力资本总体水平较低，敢闯敢拼的发展意识不强，以市场竞争来提升生活水平的能力较弱，素质型贫困凸显①。从劳动力供给看，人口较少民族地区劳动力平均技能水平偏低，影响了劳动生产率的提高。

在精准扶贫精准脱贫背景下，人口较少民族聚居村的贫困广度、贫困深度、贫困程度尤为突出。解决了人口较少民族聚居的 2390 个行政村的脱贫问题，也就基本解决了整个人口较少民族的贫困问题。当前国家民委"扶持"工作要与国家扶贫办系统"扶贫"工作有交叉，即要注意发挥两

---

① 朱玉福：《中国扶持人口较少民族的成就、经验及对策》，《黑龙江民族丛刊》2012 年第 5 期。

种政策不同的效力，实行错位扶持①。以"两个率先"（率先全面建成小康社会、率先基本实现现代化）示范工程来重点突破，提高标准，强化协调落实。

（二）基础设施极其薄弱，社会事业发展严重滞后

人口较少民族聚居的边境地区、偏远山区和峡谷地带的建设成本高，国家安排的重大基础设施建设难以延伸和覆盖到这些地区，道路通达率低、等级低，进而成为人口较少民族发展的"瓶颈"。2014 年末，全国人口较少民族聚居村中，还有 21% 的村未通沥青（水泥）路，3.3% 的村未通电，37.3% 的村未实现集中供水；46.5% 的农户未住进安居房。有的村虽修了通道，但经常出现"晴通雨阻"的状况。目前，有标准卫生室的村仅为 69%；有行医资格证书医生的村仅占 26.2%；有体育健身和民族文化活动场所的村仅为 44.1%；有垃圾集中处理的自然村仅占 27.7%。恶劣的地理环境和落后的基础设施严重制约了人口较少民族与外界的沟通，导致其处于封闭或半封闭状态，对其思维方式、主体意识能力都产生了不利影响。

（三）民族文化传承难

1. 思想文化观念落后。由于经济社会发展长期滞后，一些地方还靠传统的"养牛为耕田、养猪为过年、养鸡为花钱"等自给自足的生产方式，群众缺乏商品观念和市场经济意识。他们安于现状，容易保守，即使受市场经济的冲击，也难以意识到提升自身综合能力以应对激烈的市场竞争中。"平均分配""有肉同吃、有酒同喝"观念比较严重，既不懂得有计划地过日子，也缺乏当家理财的本领，不重视财富的积累和为扩大再生产准备条件。一些民族耻于经商，不愿将多余的产品出售，不愿向外输出多余的劳动力，宁愿守着乡土过日子。如云南"直过区"的德昂族村寨内基本讲本民族语言，有的地方仍由青年头、老年头等来操持"串姑娘""赕佛"等民间事务，还存在一定程度的族内通婚。有的民族对自身贫困并不自觉，保守自处易造成社会文化发展长期停滞或生活极度贫困。普米族将火塘视为家神、祖先象征，从始至终反复不断地举行对火塘（家神、祖先神）的祭祀，以体现家神、祖先神在婚礼中的参与性和重要性。普

---

① 尚大超：《各界人士凝聚智慧，助力赫哲族全面建成小康社会》，《中国民族报》，2017年 6 月 23 日。

米族对危房改造不积极,认为危房改造会取消"火塘"①。

2. 民族文化存续基础不断削弱

一是因传播人数少、受众范围窄导致传统文化知晓度低。文化必须有赖以存在和发展的自然环境、人文生态环境等物质载体,文化存续的基础一旦被削弱或消失,文化将难以存在。随着经济发展,文化赖以生存、延续和发展的资源不断被削弱和丧失。文化存续的前提是形成一定空间范围的聚居社区,而赫哲族、塔塔尔族、乌孜别克族、俄罗斯族、高山族、京族、德昂族、基诺族、阿昌族、门巴族、珞巴族共 11 个民族没有建立民族自治州或自治县,高山族、京族甚至没有建立民族乡,难以享受民族区域自治政策的特殊优惠,无法行使管理本民族事务的自治权,其特殊权益易被忽视甚至伤害②。

二是人口较少民族传统文化受强势文化侵蚀严重。族群交往和跨民族通婚的增加以及年轻人外出务工使民族文化的维系、生产和传承功能持续衰减,民族传统文化危机加深。这种状况使人口较少民族文化趋向孤岛化或消失③。如黑龙江省新生鄂伦春族乡是鄂伦春族猎户移民村,鄂伦春族149 人,占总人口的 13.9%。一些鄂伦春族妇女与达斡尔族、蒙古族、汉族等民族通婚,当地将异族通婚的家庭称为"民族团结户"。森林、河流资源不断丧失,青壮年持续外出学习、务工,导致鄂伦春狩猎文化难以存续和发展。

三是族际通婚加快了民族文化的交往交流交融。族际通婚作为族际社会整合的一个重要指标,是分析研究社会变迁和民族关系的重要切入点,也是了解国家政策对民族社会影响的重要因素。过去一些少数民族为了保持血统的纯洁性,一般实行族内通婚。改革开放后,民族活动范围扩大,族际通婚逐年增加,不少家庭有多个民族成分。1982 年全国人口普查时,不同民族组成的混合家庭占赫哲族家庭总数的 72.12%;1990 年,该比例已升至 76.72%④。据 1994 年赫哲族人口健康素质抽样调查统计,年轻人

---

① 李晓斌、杨丽宏、龚卿:《云南特困民族传统精神文化对文化传承的影响》,《云南师范大学学报》(哲学社会科学版)2006 年第 1 期。

② 周平:《少数民族政治发展论》,《思想战线》1997 年第 1 期。

③ 朱玉福、伍淑花:《人口较少民族传统文化保护探讨》,《黑龙江民族丛刊》2011 年第3 期。

④ 张天路:《中国民族人口的演进》,海洋出版社 1993 年版,第 182、191 页。

同族通婚率仅 5.86%，异族通婚率高达 94.14%，呈明显上升趋势①。牧区族际通婚也呈增长趋势，鄂温克族与蒙古族、达斡尔族、鄂伦春族、朝鲜族、汉族通婚家庭占总户数的 24.39%；鄂伦春族族际通婚占总户数的 32%②。人口较少民族妇女嫁到发达汉族地区的人越来越多。族际通婚生育的子女，智商普遍高于族内通婚，有利于民族团结进步。

(四) 生态保护压力巨大

人口较少民族地区大多处于自然保护区，或处于大江大河的源头，或处于生态保护的核心区域。一系列自然环境保护的法律法规和政策的限制，阻碍了其"靠山吃山"和利用天然资源脱贫的渠道。近年来，随着人口增加，为获得充足的粮食并扩大经济来源，人口较少民族聚居区几乎所有可利用的土地都已被开发，甚至一些坡度较大的山地也被无限制地开垦。如"甘蔗上山"，种蔗面积一年比一年多，山头被一座座削光，生态环境年年恶化，许多村寨山体滑坡，水源枯竭，生存环境恶劣。如梁河县阿昌族聚居区近 50% 的村寨处于滑坡体上，大量田地遭到毁损，人均田地仅 1.5 亩，怒族、独龙族、德昂族、普米族地区也出现类似情形。日趋恶化的生态环境如得不到及时有效的治理，将会严重威胁这些民族的发展甚至生存③。目前，人口较少民族村寨没有处理垃圾的硬件设施，自然环境无法净化这些非传统垃圾。一些村寨出现垃圾围村的现象：塑料袋、饮料瓶、纸箱、玻璃、啤酒瓶等各种现代垃圾成了每个村寨门口的"风景"。这些垃圾在雨季会被流水带到下游田地，从而污染粮食作物和田地。垃圾多了以后，垃圾堆变成了牛、猪、鸡等的"食堂"。它们不去森林里面而是在垃圾堆里找寻食物。垃圾对家畜、家禽的成活率造成了很大影响，并造成一定的经济损失。村民的健康也因吃了这些受到垃圾污染的家禽而受到影响。

此外，发达地区一些人为获取经济利益来到欠发达地区雇用、唆使当地贫困群众砍伐森林、盗猎野生动植物等，一些群众因缺乏法律知识铤而走险，一旦被抓则会受到法律制裁，家庭劳动力减少，加剧了当地一些人

① 何俊芳：《赫哲族的族际通婚——关于同江市街津口赫哲族乡赫哲族族际通婚的典型调查》，《中央民族大学学报》2004 年第 2 期。

② 杨荆楚：《社会主义市场经济与民族关系的几个问题》，《民族研究》1994 年第 5 期。

③ 云南省民委：《云南省七个人口较少民族脱贫与发展研究》，《民族工作参考资料》2009 年第 7 期。

口较少民族家庭的贫困①。

二　扶持人口较少民族发展政策的突出问题

改革开放以来出台的一些政策大多首先在人口较多的发达地区和条件较好的单位试点，证明可行后再推向全国。但这样制定的政策比较适合人口较多地区经济发展的实际，而人口较少民族的特点与特殊性容易被忽视。因为按统计学的正态分布规律，当观察对象达到一定规模时，人口特别少的人群特点易被平均现象所掩盖。在信息时代，人们更多地关注各民族共性，如政治制度一致，经济发展水平差异小，社会交往多用通用语言，平时着装差异不大等，容易忽视隐藏在心灵深处和曲折表现的民族特点。根据社会主义初级阶段的理论分析我国的民族问题，民族特点与特殊性还将长期存在②。

（一）扶持对象的划分不科学

1. 宏观上简单以人口数量划分扶持对象不科学。《扶持人口较少民族发展规划（2005—2010 年）》和《扶持人口较少民族发展规划（2011—2015 年）》制定的扶持标准分别为全国总人口在 10 万以下的 22 个民族、全国总人口在 30 万以下的 28 个民族。这种界定实际上是从政治需求和财力的承受度来确定的，国家有限的财力使得短期内难以对更多的人群进行大规模帮扶，因而未将人口 30 万人以上的民族纳入扶持范围。从经济学看，政策帮扶的标准应为扶持对象的经济发展指标，而非以人口多寡来确定享受政策的次序。那些人口虽超过 30 万人，但经济社会发展落后、处于贫困水平的民族同样急需政策扶持。随着国家财力的增强，拉祜族（全国总人口 31 万人）、纳西族（全国总人口 32.6 万人）、水族（全国总人口 41.2 万人）希望纳入扶持范围的呼声非常强烈。单纯以民族的人口数量来划分扶持对象，从政治学来看，在特定区域内有时难以充分地体现民族平等。随着政策投入逐年加大，受扶持民族的发展速度明显加快，甚至实现了跨越式发展，其发展程度远远超出当地其他民族。差别化政策人为拉开了在同一区域居住的其他民族的生活水平，其他民族感到扶持政策

---

① 张志远：《多民族聚居地区贫困治理的社会政策视角——以布朗山布朗族为例》，中国社会科学出版社 2015 年版，第 94 页。

② 王铁志：《新时期民族政策的理论与实践》，民族出版社 2001 年版，第 308 页。

未能一视同仁，甚至有的干部群众对扶持对象的划分标准产生非议。只有群众高度认可政策的合理性和道义性，政策的满意度和支持率才会更高。

2. 微观上，简单以人口比例划分扶持范围太机械。实践中，划分扶持范围是以人口较少民族的人口数量占本行政村人口的比例来确定的。《扶持人口较少民族发展规划（2005—2010 年）》确定的标准是人口较少民族人口比例大于 30% 为人口较少民族聚居行政村，《扶持人口较少民族发展规划（2011—2015 年）》确定的标准是人口较少民族人口比例大于 20% 为人口较少民族聚居行政村，这意味着人口较少民族的人口比例低于上述比例将无法享受政策待遇。同时，该规定未考虑人口较少民族聚居程度非常高的自然村的情况，如行政村的人口较少民族人口比例达不到上述比例，即使下辖的自然村人口较少民族人口数量再多也不能被纳入扶持范围。

问卷调查显示：受访者对扶持标准（多项选择）认可最多的依次为：按经济发展水平（84.7%）、按区域的地理特征（57.2%）、按是否处于边境地区（50.4%）、其他分类依据（10.3%）。由此看出，受访者不太赞同以人口较少民族人口数量和比例作为划分扶持对象的标准。

（二）扶持方式同质化严重

同质化扶持模式是指对不同的自然地理条件、资源禀赋、生态约束、文化特色和经济社会基础的人口较少民族地区采用相同的扶持方式。经济类型的单线历史进化论认为：狩猎→耕作→畜牧→农耕→农业这 5 种经济类型是递进关系，而非平等并列关系[①]。相当长的一段时期，在扶持发展的路径选择上，过多采取单一的发展进化路线，使有的民族走了弯路。如乱垦草原发展农业造成草原沙漠化，毁林开荒导致水土流失等。

28 个人口较少民族聚居区的资源禀赋差异大、生态脆弱成因各异、文化特色各异，发展中凸显的主要问题不尽相同，呈现出不同的区域发展特点。而以往的扶持发展项目对扶持对象（客体）特殊性考虑不足，机械照搬其他地区的做法，采取措施针对性不强，大多倾向于经济扶贫政策，对民族文化的差异性考虑不够。同质化的扶持方式带来了诸多问题，产生了一些非预期的后果。

---

① 青觉、严庆：《论中国人口较少民族的发展——基于科学发展观的思考》，《中央民族大学学报》（哲学社会科学版）2009 年第 5 期。

实践中常有这样的困惑，政府在一段时期内大规模推广某一特定项目，而这些项目多以失败告终，不仅难以成为群众可持续生计方式，反而浪费了宝贵资源，导致政府公信力下降。如果简单复制其他地方的成熟模式，往往会出现南橘北枳的结果。与森林、草原、耕地生态禀赋相对应的经济类型只能是狩猎、畜牧和农耕，扶持人口较少民族发展应破除同一发展模式的束缚，不能一味追求较高等级的生计方式。应立足于民族文化传统与民族生态禀赋，尊重与特定的自然生态和自然资源相适应的发展规律，因族而异，采用多样化扶持发展模式①。

（三）忽视差异，多采用"一刀切"模式

虽然国家出台和实施了扶持规划和优惠政策，但这 28 个民族并非由此就踏上快速发展的坦途，事情远非如此简单。人口较少民族地域分布广阔、经济社会发展水平各异、文化特色各有不同，这就决定了各民族的发展道路决不能沿单一方向进行。其他地区、其他民族的行之有效的扶持模式，也很难机械地移植到另一个民族中去。以单一的扶持政策来"裁夺"多元的社会现实，可能恰恰是制约人口较少民族发展的根源所在②。具体情况具体分析是马克思主义的理论方法，人口较少民族情况各异，发展水平不均，区域有别，"一刀切"的方式不符合实际。

扶持人口较少民族发展政策是典型的因族扶持，政策扶持对象的范围以民族成分来划分，造成了同一民族不同政策以及同一村寨不同民族间待遇相差较大等情况发生，在民族内部和各民族间产生了心理上的不平衡，有可能引发民族矛盾。但目前许多少数民族村寨的贫困程度并不亚于人口较少民族，但却因为不是扶持对象而被排除在外，这无疑是不公平的。人口较少民族与其他民族多混居或交错而居，相近民族和村寨间发展水平差异不大，彼此间相互了解。随着大量的资金投入和项目建设，受扶持民族从政策中得到好处和实惠，而处于同等发展水平的相邻民族却难以享受政策红利，认为被政府遗忘了。不满情绪可能转向相邻受扶持的民族，并不同程度流露出对扶持政策的不理解。在受访的非人口较少民族中，仅64%的受访者支持该政策，20.3%认为该政策与自己无关，高达 15.7%反

---

① 青觉、严庆：《论中国人口较少民族的发展——基于科学发展观的思考》，《中央民族大学学报》（哲学社会科学版）2009 年第 5 期。

② 李成武、李文：《当前我国民族地区社会建设刍议》，《毛泽东邓小平理论研究》2012 年第 9 期。

对该政策①。这些情绪和想法打破了固有的传统关系，在一定程度上影响了和谐的民族关系。这些因素不仅制约了政策实施效果，还特别要警惕被别有用心的敌对势力所利用，由此影响民族团结和边疆稳定②。

近年来，随着扶持力度逐渐加大，民族间差距不仅没有缩小反而不断加大；经济上的两极分化易导致民族心理的失衡，使民族间缺乏必要的联系、纽带和沟通，缺乏对民族传统、风俗习惯、生活方式等的认知。过分强调经济发展，忽视语言文字、宗教信仰、价值观念等民族传统文化的作用是影响扶持政策效果的重要因素。对民族异质性强的人口较少民族地区大量投入项目资金，并不意味着就能组织起经济有效的生产生活方式。如云南省除个别县以外，均执行国家男 22 岁、女 20 岁法定结婚政策，而人口较少民族早婚现象突出，结婚时未办结婚证的夫妻到达法定婚龄后一般也不会主动补办结婚手续。有的按习俗结婚的夫妻在法律上不能被认定为合法，由此衍生出妇女儿童权益保护、户籍管理、计划生育管理服务等问题③。

不同民族的发展历史、宗教信仰、风俗习惯、思想观念、生产方式千差万别，存在诸多差异。"一刀切"模式限制了政策的绩效发挥，影响了民族关系。扶持人口较少民族发展应充分考虑和尊重这些差异性，注重特色，避免盲目照搬其他地区的做法，真正实现"一族一策"，建立不同的发展模式。只顾发展经济而忽视各民族文化习俗、经济特质和基本利益，只顾"一体"而忽视"多元"的"一刀切"做法不利于民族经济文化的多样性发展，对自然资源和生态环境的负面影响也不容低估。

（四）政策实施在受众间不平衡

有时，同一个人口较少民族因政策划分导致不能享受同等的政策待遇。如"十一五"规划的扶持对象虽明确是 10 万人以下的 22 个少数民族，但地方政府往往又作了具体划分，使得到扶持的民族并不能惠及所有层面，相同民族因居住区域的不同而成为政策的飞地，难以享受到实惠的

---

① 朱玉福：《中国扶持人口较少民族发展的理论与政策实践研究》，民族出版社 2015 年版，第 270—271 页。

② 朱玉福：《中国扶持人口较少民族政策实践程度评价及思考》，《广西民族研究》2011 年第 4 期。

③ 李焱：《云南省人口较少民族人口政策研究》，硕士学位论文，吉林大学，2013 年。

政策，对民族团结产生不利影响①。

1. 聚居区与散居区间政策不平衡

近年来，一些地方存在扶持力度向人口较少民族聚居区倾斜的趋势，对散居区的扶持程度相对较低。散居区的人口较少民族对国家相关政策了解甚少，未享受国家相关政策。理论上，人口较少民族聚居区内的各民族在获得扶持上都享有完全平等的权利。有的毗邻聚居村因分属不同的行政村，在规划以外的就无法享受政策扶持。云南省特别强调扶持人口较少民族，当突发泥石流等自然灾害时，政府对受灾群众的补贴与帮扶往往就划分出不同等次：人口较少民族是第一等次，其他少数民族是第二等次，汉族是第三等次。同村遭受相同灾害的村民经常因为民族差别而受到差异化对待，在体现政府对人口较少民族特殊照顾时，便催生了民族隔阂。按照"谁最困难、谁最需要"的原则确定国家扶持次序，才能更好地发挥政策效果，并能化解民族隔阂。如云南省保山市德昂族、阿昌族、布朗族等散居区，受到的政策实惠比人口较少民族聚居区少，安排的资金项目少，不断呼吁加大扶持力度。

2. 不同民族间政策不平衡

目前实施的扶持人口较少民族发展政策较为简单直接，即强调民族特殊性、区分民族特性，为人口较少民族单设区域资助，将绝大部分基础设施各类等项目集中于此，其他民族无法享有。这一做法客观上催生了民族间的隔阂，在这点上，赫哲族上层人士、精英分子与基层群众的感受截然不同，前者强调更多的政策扶持，而后者则从不同层面反映对这一现状的不安②。

经过一定时期的扶持，京族、赫哲族聚居村的一些经济社会发展指标水平已经非常高，基本达到与汉族行政村相近的水平，已率先实现小康。如果对这些民族的扶持时间过长且不加调整的话，那么该民族的各项发展指标和水平远远超过其他未受到扶持的民族，差异将逐步拉大，进而导致新的、反向的民族之间的差异。如沈阳、大连等锡伯族聚居村，经过"十二五"时期的扶持，已经实现"五通十有"的目标，具备较好的发展

---

① 刘兴全、肖琼、黄莉等：《我国扶持人口较少民族发展政策研究——基于对云南、贵州人口较少民族发展的调研》，《西南民族大学学报》（人文社会科学版）2017年第7期。

② 杨筑慧：《中国人口较少民族经济社会发展追踪调研报告》，学苑出版社2016年版，第98页。

基础与后续动力，缺乏进一步扶持的现实需要。目前，这些地区仍然受到扶持，扶持资金未能充分发挥"雪中送炭"的效应。分类扶持应考虑政策是否达到预期目标；何时、以何种方式实施政策最为有效；如何根据各族实际情况调整现行政策等。从政策过程层面来看，政策安排和制度设计的基本出发点是不同民族间的"异质性"。

3. 同一民族之间政策不平衡

扶持人口较少民族发展政策在实践中是以某个民族整体为扶持对象，忽视了民族内部的差异性。云南省勐海县布朗山曼囡村的5个村组中，曼班（老寨）一队历史较长，保留了很多古茶树。2007年，普洱茶热卖后，曼班一队的古树茶1公斤可以卖到300—400元，家庭收入较高。但其他4个村组只有很少的古茶树，1公斤仅能卖到50—80元，家庭收入比曼班一队低很多。在项目实施期间，并没有注意到这些村寨间的差异性，而是采用"一刀切"方式，整体推进。因而，虽然项目实施使当地人获得了实惠，但却使有些村寨产生了心理不平衡，部分村民认为原本有差异，但各村寨获得相当的扶持本来就是一种不公平，从而影响了各村寨间原本良好的关系[1]。

随着扶持人口较少民族发展政策的不断深入，受到政策扶持的民族和聚居区的发展速度加快，群众生产生活条件得到较大水平的提高。一些未受到扶持的民族感到被政府所忽视，进而对政策的公平性产生怀疑。一些群众往往从人口数量、民族类别上寻求和强化这种差异，找寻政策的诉求依据，有的甚至会采取过激行为，违背了政策初衷，亟须引起政策制定部门的重视[2]。

（五）部分项目不符合实际

扶持政策的制定与推行采用自上而下与政府全权负责的运行机制，将发展的主体客体化，作为治理主体的人口较少民族鲜有机会参与表达和决策。扶持被视为需要"对象化治理"的社会问题，人口较少民族被认为不具备参与项目规划与管理的能力。扶持政策主要靠大量项目来推动，而这些项目往往由各级政府确定，甚至由个别主要领导拍板决定。扶持客体的愿望和需求在项目制定中难以体现。各民族积累的大量适应自然生态环

---

① 杨筑慧：《中国人口较少民族经济社会发展追踪调研报告》，学苑出版社2016年版，第50页。

② 郭建民：《政治学视野下的扶持人口较少民族发展政策研究——以广西环江毛南族自治县为例》，硕士学位论文，中央民族大学，2011年。

境的地方性知识也难以在项目建设中得以吸收和运用。一些项目因与当地群众沟通不充分，盲目上马，项目效果难以达到预期目标。有的项目因缺乏市场信息与供销渠道而造成群众损失，群众对此缺乏热情或不愿承担风险。

在易地搬迁的景洪市基诺山乡巴飘村，搬迁选址规划中没有考虑农村生产、生活的特殊性和村庄的持续发展问题。"地基是机关部队地基，只住人，不管其他"，搬迁后，"我们除了地基什么都没有"，村民们没有一分菜地，只能去买菜吃，一出门就要骑摩托车、开拖拉机，生活成本高；没有一个固定堆柴点，不能养鸡养狗，也没有多的地基，"现在盖新房的地基已经很难找，五年、十年以后就更成问题了，如果现在不解决，十年后我们那块水田肯定保不了，到时候村民就是犯法，也要侵占基本农田了"①。

人口较少民族的扶持项目是一个自上而下的政策。国家制定这一发展规划后，各级政府积极响应号召。但在项目前期的准备和论证阶段，地方政府对被扶持对象的实际情况了解不够深入。这导致了政府一心一意谋发展，却与当地气候与人文环境不适应的矛盾显现。2007年，云南省勐海县扶持项目引导布朗族群众进行一些新兴经济作物的种植，其中主要是云麻。当年布朗山乡共种植云麻1466亩，涉及7个村委会、21个村民小组，由于干旱、水灾、病虫害等原因，导致737亩云麻绝收，能收割的仅729亩，总产量仅7810公斤，扶持项目以失败而告终②。

有些项目与本地自然生态环境不符，一经开发便破坏了其赖以生存的自然生态环境。新中国成立后，国家出于对鄂温克族未来的繁荣而实施的内蒙古根河市敖鲁古雅鄂温克族乡的猎民移民圈养驯鹿项目就是一个失败的典型案例。因长期狩猎和开发林业资源，该乡水害严重，生态环境日益恶化，森林中可猎取的动物锐减，猎民的生活水平难以提高。2002年，根河市政府决定对鄂温克猎民实施生态移民整体搬迁，新移民地建有现代住宅、学校、博物馆、卫生所、养老院等配套设施和占地1.68万平方米

---

① 罗明军：《云南特有七个人口较少民族扶贫绩效调查研究》，中国社会科学出版社2015年版，第139页。

② 杨筑慧：《中国人口较少民族经济社会发展追踪调研报告》，学苑出版社2016年版，第49页。

的 48 间标准化鹿舍，猎民可免费入住。但新定居点缺少驯鹿喜欢吃的地衣，导致驯鹿生长不好，驯鹿圈养成了难题。驯鹿是半野生动物，离开森林后难以适应新环境，圈养驯鹿项目最终以失败而告终①。自下而上、让贫困者主动参与并积极配合是提高政策绩效、实现扶持目标与途径有机统一的必要条件。

（六）政策依赖性突出

扶持人口较少民族发展项目的初衷是帮助人口较少民族经济社会发展，改善其生产生活条件。由于国家投入力度大，并在宣传实施过程中不断强调人口较少民族社会经济的落后和国家帮助其发展的决定，因而有些人认为即使不用劳动，靠着这些政策就能生活。有的村民反映："别说是一年给我们多少钱了，就算是一张一张的车，也应该给我们开来!②"项目带来的社会发展不是群众内生发展的结果，而是外力的强加，这种强加忽略了当地人的感受和反应，因而难以被社会成员消化，进而将自身理解为"受施舍者"，从而产生依赖心理。

政策过度福利化容易压抑民族的自我发展能力。部分人口较少民族群众对长期享受的优惠政策已习以为常，对扶持有关的事情表现出格外关注和敏感。如鄂伦春族理所当然地认为本民族是"主体民族"，而有的"民族团结户"的汉族姑爷称鄂伦春族妻子为"外交部长"，并让自己的妻子向政府申请各种补贴或福利、要求政府解决各类纠纷或困难。内蒙古鄂伦春自治旗规定干部中必须要有一定比例的鄂伦春族，现实中只要受过一定教育并有工作能力的鄂伦春族的干部和职工，基本上都有提拔任用的机会③。对生活上的大包大揽，会使人口较少民族群众过度依赖政策，某种程度上也消磨了其自尊自强的意识。

因此，扶持人口较少民族发展亟须分类指导、按民族因素与区域因素相结合来开展。多样化发展既是对历史经验的反思，也是实现内生发展的要求。制定差别化扶持政策不能大而化之地喊、笼而统之地抓，不能用一

---

① 李俊杰等：《民族经济政策与民族地区发展》，民族出版社 2013 年版，第 206 页。

② 杨筑慧：《中国人口较少民族经济社会发展追踪调研报告》，学苑出版社 2016 年版，第 50—51 页。

③ 何群：《从社会效应看制度安排的必要调整——鄂伦春族个案》，《中央民族大学学报》（哲学社会科学版）2009 年第 2 期。

个尺子量到底、一个标准考全盘，切忌眉毛胡子一把抓①。只有因族举措、因地制宜，坚持一把钥匙开一把锁，根据不同对象的需求分类确定差别化支持政策，才能更好地适应扶持的实际需求。

---

① 徐守盛：《分类指导建小康——关于湖南加快全面建成小康社会的调查与思考》，《湖南日报》2013 年 12 月 19 日。

第五章

差别化政策的价值意蕴与原则

第一节　差别化政策的价值意蕴

借鉴路宪民等对民族优惠政策的定义①，差别化政策是指国家基于某些民族经济社会发展相对滞后，本身又无力实现国家法律赋予的各项权利的现状，在政治、经济、文化、社会等方面所给予的扶持及其优惠政策，集中体现了国家对人口较少民族和人口较少民族地区的帮助和扶持。制定和实施差别化政策，并非简单地对人口较少民族施予社会救济和社会福利，差别化政策本身就有正当性的价值意蕴②。

一　差别化政策的平等价值

各民族一律平等是马克思主义民族观的核心思想，也是马克思观察和处理民族问题的基本原则之一。马克思主义民族平等理论主要包括：第一，不论大小、强弱、发展上的先进或后进，各民族都一律平等，享有同等权利，履行同等义务，拥有同等地位，并无优等、劣等之分，反对一切形式的民族特权、民族压迫和民族歧视。第二，民族平等不仅表现在法律上，还应体现在政治、经济、文化、社会、宗教等社会关系和社会生活的各方面。第三，努力实现各民族事实上的平等，在坚持各民族一律平等的同时，对少数民族的权利施以特别保护，在发展上给予特殊帮助，解决少数民族因现实中的经济社会文化发展水平落后而造成的享受某些权利的制

①　路宪民、杨建新：《正确认识民族优惠政策》，《贵州民族研究》2017 年第 3 期。

②　陈蒙：《民族优惠政策的法理依据探析》，《长安大学学报》（社会学科学版）2014 年第 2 期。

约，使法定平等变为现实的民族平等①。

马克思主义民族平等理论是我国民族政策的根本原则，也是少数民族享有一切平等权利与差别化政策的理论基础和根本原则。本书简要论述差别化政策的主体、内容、评价及其与民族平等的关系。

（1）差别化政策的主体是多民族国家哪个（哪些）民族享有优惠政策。各国情况不尽相同，有的是少数民族享有差别化政策，有的是多数民族享有差别化政策。我国汉族的经济发展水平相对较高，少数民族经济发展水平相对较低，我国实行的是对少数民族的优惠政策。马来西亚占人口少数的华人在经济上处于发达地位，占人口多数的马来族相对不发达，国家实行的是对多数马来族的优惠政策。民族优惠政策实质上是一种不平等的政策，是基于历史遗留问题，对当前民族间存在的事实上不平等的一种补偿。因此，政策的实施可能会损害享受差别化政策的群体与未享受政策的群体之间的关系，并造成相互利益的冲突，从根本上不利于构建和谐的民族关系。

（2）差别化政策的内容是指多民族国家对哪些领域内的相关民族实施优惠。世界上绝大多数国家是多民族国家，各国对差别化政策的具体规定也不尽相同。总体来说，多民族国家大多从政治、经济、教育、就业等领域给予相关民族一定的优惠政策。如在经济上，美国为帮助印第安人发展经济，提高当地人的收入水平，国会专门通过赌博法案，允许在印第安人居住区可以发展赌博业。在教育上，斯里兰卡政府给僧伽罗族的学生一定的额外分，以此来实现与泰米尔族学生的竞争。在就业上，我国国家机关在招录某些公共职位时，仅限招收特定少数民族。

（3）对差别化政策的评价。差别化政策是特定历史条件下的产物，有其存在的必然性。它对于消除民族间历史上存在的"事实上的不平等"，实现各民族在经济、政治、文化等领域真正平等，促进多民族国家民族平等和民族团结产生了重要而深远的影响。但对某些民族实行优惠的差别化政策，一定程度上就是对其他未享受优惠民族的非公平待遇。本质上，民族优惠政策是为补偿历史遗留问题而存在的，是暂时的。随着各民族经济社会发展到同一水平，差别化政策也就失去了其存在的意义。差别化政策与民族平等是辩证统一的关系，既存在矛盾，又相互依存。差别化

---

① 吴仕民：《中国民族理论新编》，中央民族大学出版社 2008 年版，第 23 页。

政策实质上体现了民族间事实上的不平等，从这个角度来看，它与民族平等相矛盾。但从长远看，差别化政策是基于经济、政治、文化、社会差别上的特殊保护，增强特定民族的竞争力，采取必要手段实现民族平等，即平等的结果往往要诉诸一系列不平等的手段，在理论上符合罗尔斯所主张的对弱势群体进行合理补偿的正义原则，是值得肯定的。从民族关系与民族团结发展进程的现实来看，差别化政策客观上起到了缩小各民族间差距，促进民族平等的社会效果①。

二　差别化政策的正义价值

"正义是社会制度的首要价值"②。罗尔斯提出了著名的正义二原则：（1）平等的自由原则，（2）公平的机会平等原则和差别原则。原则上，公民的基本权利和义务遵循平等的自由原则，即一般平等原则。然而，每个人的出发点不同，其享受自由和权利的能力也不尽相同。在自然禀赋、家庭境况、认知能力、所处的社会环境、接受的教育水平和财富拥有量等方面处于劣势的公民并不能很好地把握实现自身权利的机会，平等的自由在其实现过程中便大打折扣。个人条件的差异，使规则预设的平等的自由价值演变为现实中的不平等。为实现现实的平等，罗尔斯引入了正义的第二原则，即在社会生活和经济生活领域来调整财富和收入的分配制度，试图减轻自然偶因和社会机遇的任意影响③。由此，需要突破功利主义满足最大多数人的最大利益，实行公平的机会平等和一定程度的差别对待，在利益分配上尽可能地满足其最大利益。公平的机会平等是"由一系列的机构来保证具有类似动机的人都有受教育和培养的类似机会，保证在于相关的义务和任务相联系的品质和努力的基础上各种职务和地位对所有人都开放"④。差别对待在于实施一些必要的不平等的差别化政策，对社会利益的分配进行适当干预与调节，促进处于最不利地位者享有一定权利，以平衡全体社会成员的利益格局，在全社会实现真正的公平和正义。罗尔斯的正义观蕴含着追求一种对社会的人道正义关怀的深层次的价值理性。没

---

① 韩刚：《中国民族优惠政策研究》，博士学位论文，南开大学，2012 年。

② ［美］罗尔斯：《正义论》，何怀宏译，中国社会科学出版社 2011 年版，第 1 页。

③ 陈蒙：《民族优惠政策的法理依据探析》，《长安大学学报》（社会科学版）2014 年第 2 期。

④ ［美］罗尔斯：《正义论》，何怀宏译，中国社会科学出版社 2011 年版，第 268—269 页。

有差别化，才能实现公平的机会平等。否定差别化，很可能只是"在平等的名义下，实现的反而是不平等、非正义、不公平"① 的后果。

"补偿正义"是"肯定性行动"出台的原因之一，它认为美国历史上实施的奴隶制和种族隔离制度，造成了美国黑人"在社会政治经济活动中处于劣势，在高等教育机构尤其是在选择性大学和专业院校中人数严重不足"。因此需要制定积极的补偿政策，用"补偿正义"理论解释美国实施"肯定性行动"的合理性，将少数族群过去受到的歧视与现实弱势地位联系起来，从而论证现实中民族优惠政策的合理性是非常普遍的一种解释路径。这非常符合认知逻辑，对我国民族差别化政策的解释亦如此。历史上，我国有的少数民族曾长期遭受压迫和歧视。1957 年，周恩来在《关于西北地区的民族工作》讲话中提出，汉族广大群众要有"赔不是、还债"的思想来帮助少数民族发展经济改善少数民族生活，因为历史上汉族曾经"对不起人家"，所以汉族理所应当"多补贴、多支出"一些②。这体现了党和国家对我国历史上包括人口较少民族在内的少数民族遭受压迫和歧视这一历史事实的深刻反省和补偿心理，是我国民族差别化政策出台的内在动机和价值追求。对人口较少民族实行差别化政策，补偿其在历史上遭受的压迫和歧视，与罗尔斯所主张的社会正义原则不谋而合。罗尔斯在论述正义时提出了基本原则："所有社会价值，包括自由和机会、收入和财富、自尊的基础，都要平等的分配，除非这种不平等的分配合乎每个人的利益。"③ 如前所述，人口较少民族间的发展非常不平衡不充分，如果仅仅简单强调对各种社会价值的平等分配，或只强调权利公平、机会公平和规则公平，则根本不可能实现各民族真正意义上的平等。因此，根据各民族经济社会发展实际所处的不同阶段，给处于弱势地位的民族以合理性补偿和特殊性保护，是社会公平正义的内在必然要求。

总体而言，人口较少民族地区发展相对不足，在社会发展中处于不利地位。如果用绝对的公民权利平等取代实质意义上的民族平等，即采取古典主义的立场对少数群体的发展"国家既不应帮助，也不应阻碍，而应

---

① ［法］皮埃尔·勒鲁：《论平等》，王允道译，商务印书馆 1988 年版，第 47 页。

② 周恩来：《关于西北地区的民族工作》，载刘先照等《中国共产党主要领导人论民族问题》，民族出版社 1994 年版，第 48—49 页。

③ ［美］罗尔斯：《正义论》，何怀宏等译，中国社会科学出版社 1998 年版，第 62 页。

由私人领域的个体自由选择"①。这看似正义无私，实则"只不过是不持至善论罢了，它将道德上的至善问题留给社会上各个个人的意志决定来加以发落"②。这很可能造成不断强化的自由主义倾向，"当每个公民各自建立了自己的小社会后，他们就不管大社会而任其自行发展了……久而久之，个人主义也会打击和破坏其他一切美德，最后沦为利己主义"③。这种立场容忍了社会中长期存在的对包括人口较少民族在内的少数民族的结构性歧视，忽视了少数民族地区要求发展的权利诉求。国家实行差别化政策，对人口较少民族地区差别对待和特殊扶持，正是为了促进和满足暂时处于落后水平的人口较少民族的最大利益，从根本上符合正义的价值要求④。

三 差别化政策的秩序价值

秩序指"在自然进程和社会进程中都存在着某种程度的一致性、连续性和确定性"⑤。"社会秩序表示在社会中存在着某种程度的关系的稳定性、进程的连续性、行为的规则性以及财产和心理的安全性。"⑥ 差别化政策对构建和谐民族关系、维系良好的社会秩序具有重要价值。

利益分配和协调是差别化政策实现秩序价值的重要途径。从某种意义上来说，民族是一个利益共同体，民族关系是各民族间的一种利益关系。我国是多民族国家，国家利益与民族利益在本质上是一致的。但国家与民族的利益间、民族与民族的利益间，有时也会发生具体的矛盾冲突。如果允许其中某个或某几个利益绝对化，其他利益就失去了保障。经济利益居于诸多利益的核心层，民族发展在根源上取决于各民族经济利益的划分和

---

① [加] 威尔·金里卡：《少数的权利：民族主义、多元主义和公民》，邓红风译，上海世纪出版集团 2005 年版，第 42 页。

② [英] 安东尼·德·雅赛：《重申自由主义：选择、协议、契约》，陈矛等译，中国社会科学出版社 1997 年版，第 18 页。

③ [法] 托克维尔：《论美国的民主》（下），董果良译，商务印书馆 1998 年版，第 625 页。

④ 雷振扬、陈蒙：《民族优惠政策的价值分析》，《广西民族大学学报》（哲学社会科学版）2014 年第 2 期。

⑤ [美] 博登海默：《法理学：法律哲学与法律方法》，邓正来译，中国政法大学出版社1999 年版，第 219 页。

⑥ 张文显：《法理学》，高等教育出版社、北京大学出版社 2007 年版，第 305 页。

分享是否公平合理。"如果搞两极分化，情况就不同了，民族矛盾、区域间矛盾、阶级矛盾都会发展，相应地中央和地方的矛盾也会发展，就可能出乱子。"①

经济利益分配与协调的不公正、不合理，贫富差距加大，可能导致民族矛盾和摩擦，使民族关系陷入冲突。为此，必须做好国家与民族间、民族与民族间的利益分配和协调，通过规范利益分配和利益协调关系，优化资源配置结构和利益分配机制，公平合理地满足各民族间原本不平衡的利益。国家扶持人口较少民族加快发展，实施差别化政策，努力缩小民族间、地区间的发展差距，在民族互助的基础上实现共同繁荣共同进步，使整个社会逐步呈现出一种橄榄型社会结构。"有助于使社会成员普遍形成一种社会公正、稳定的社会认同感……并积极努力保持稳定、安全的社会局面"②，从而为民族团结和良好秩序奠定坚实基础。只讲绝对平等，取消民族政策差异性的做法，很可能导致两极分化，造成民族关系紧张，对社会秩序产生负面影响。

政治方面的差别化政策，为人口较少民族充分表达政治诉求提供了有效渠道，保证了其参与国家和地方事务治理，拓展了多民族国家的政治包容度，巩固了人口较少民族对多民族国家合法性认同的基础。差别化政策有利于加快人口较少民族地区发展，有利于中华民族各成员在各美其美的基础上，弱化民族间的静止性、褊狭性、封闭性与排外性认同，增强中华民族的核心凝聚力③。

差别化政策是中华民族多元一体格局与权利实现的差序格局相契合的产物。两个格局持续交汇互动，维护和巩固着中华民族总体性存在的社会事实④。随着差别化政策的实施，人口较少民族地区经济社会快速发展，各民族间交往机会逐步增多，经济文化交流日益密切，差异性逐渐减少，共同性不断增强，相互间的了解和认同不断强化。中华民族56个成员的认同感、归属感不断强化，为民族国家的构建奠定了心理和情感基础。

总之，平等、正义、秩序是差别化政策的价值意蕴，是相互联系、相

---

① 邓小平：《邓小平文选》（第三卷），人民出版社1993年版，第364页。

② 吴忠民：《以社会公正奠定社会安全的基础》，《社会学研究》2012年第4期。

③ 雷振扬、陈蒙：《民族优惠政策的价值分析》，《广西民族大学学报》（哲学社会科学版）2014年第2期。

④ 同上。

辅相成的辩证统一体。平等是基础，正义是核心，秩序是保障，共同构成了差别化政策的价值体系，体现了差别化政策的精神实质。但是，价值论的论证并不等于具体的差别化政策会尽善尽美，可以一成不变。随着时代发展与社会进步，差别化政策也要与时俱进，不断创新发展①。

第二节　差别化政策应坚持的原则

推动制定和实施差别化政策，要确保"全面建成小康社会，一个不能少；共同富裕路上，一个不能掉队"，不断夯实中华民族共同体的物质基础②。发展民族经济的政策适用于所有人口较少民族地区，但人口较少民族地区地域辽阔，自然条件、历史因素、地理环境、经济基础千差万别，不在同一起点上。每个民族的生产生活方式、风俗习惯、宗教信仰、经济发展水平各不相同，差异很大。差别化扶持必须从实际出发，区别不同情况、不同地区、不同民族，因族举措、因地制宜、因时施策、分类扶持，防止"一刀切"和"齐步走"，要用差别化政策解决不同民族、不同民族地区的发展问题。

一　因族举措、因地制宜、因时施策是主旨

人口较少民族各自的生态环境特征存在差异，形成了在其特定生态环境中认识资源、获取资源的能力和方式，并建立了与之相适应的生计方式、生活方式、社会组织、文化教育、意识形态和宗教信仰等，这些构成了人口较少民族的差异化与多样性。差异化、多样化决定了要根据不同民族、不同地区、同一民族内部不同的情况实施分类扶持。分类扶持是基于差别化事实，目的不是扩大差别，而是在共同发展的目标上实现同步建成小康社会，实现各民族事实上的平等。无论是修订老政策还是研究实施新政策，都要逐步更多针对特定地区、特殊问题、特别事项，尽可能减少同

---

① 雷振扬、陈蒙：《民族优惠政策的价值分析》，《广西民族大学学报》（哲学社会科学版）2014 年第 2 期。

② 巴特尔：《铸牢中华民族共同体意识 奋力实现伟大复兴中国梦》，《求是》2018 年第13 期。

一地区中各民族之间的公共服务政策差异，让各族人民增强"五个认同"①。

（一）因族举措，发挥民族特色

如前所述，扶持人口较少民族发展政策是根据具体民族的人口数量和比例来确定扶持对象的，是一种典型的因族扶持政策。各民族不同的自然环境、历史渊源、文化内涵都会赋予每个民族不同的个性，形成不同的民族特色。因此，差别化扶持政策应体现民族特色。因族举措对人口较少民族而言尤为重要，其社会发育阶段较低决定了适应现代化的冲击能力弱，扶持政策尤其特别要注意与特殊的族情相契合②。如鄂伦春族聚居在东北高寒地区，扶持鄂伦春经济发展就必须充分考虑其无霜期短、冬季漫长的自然禀赋。"鄂伦春旗南部有一个大杨树镇，我国传统农业的最北的分界线即在那个地方，大杨树以北无霜期不够，不适合从事农业，当地汉族主要从事拉脚之类的副业"③。理论上农业是比狩猎业更稳定的生产方式，强制性发展农业、放弃传统的狩猎方式不适合鄂伦春族的实际，应结合鄂伦春族高寒地区丰富的森林资源、漫长的冬季等特点来实施扶持。

（二）因地制宜，发挥区域优势

因地是指应根据经济方式与地理环境的关系，采用与地理环境相匹配、相和谐的方式。就地理空间而言，人口较少民族地区之间的区位条件和地理环境特征差异大，包括在地理空间中确定经济活动位置、强度起作用的自然、社会经济和技术等。制宜是指根据区位的差异发展"适生经济"，建立与环境相宜的经济结构，该结构使经济运行形成新的生态平衡系统；使经济活动与具体环境特点相结合，并富有地方特色与活力④。如各地地理条件不同，节水治理的重点应有所差异：东北地区应重点推进节水增粮，发展高效节水灌溉；西北荒漠化地区应合理控制灌溉，大力推广滴灌、喷灌等高效节水技术；喀斯特地区以渠道防渗为主，推广节水技术。

---

① 常安：《习近平中华民族共同体建设思想研究》，《马克思主义研究》2018 年第 1 期。

② 张韬：《中国人口较少民族发展问题研究——以鄂伦春族为例》，硕士学位论文，中央民族大学，2010 年。

③ 唐戈：《鄂伦春和鄂温克：从狩猎民到农民的困境》，《满语研究》2008 年第 1 期。

④ 王文长、孟廷燕：《少数民族地区经济发展结构·模式·未来》，民族出版社 1990 年版，第 143 页。

因地制宜地安排经济活动，应根据不同地区的条件、特点和优势，实行合理的地域分工。各地区不同的自然条件和资源是劳动地域分工的基础，不同的经济发展水平、特点和地理位置是地域分工的经济基础。民族经济的不同发展阶段对资源结构的要求是不同的。制定各地普遍适用的发展模式相当困难，因地制宜就要避免单一化、"一刀切"的政策安排与制度设计。制定政策时应注意与区域条件相结合，积极发挥区域优势。靠山吃山，靠水吃水，念好山海经，唱好林草戏，谱好牧羊曲，切实把地区的资源优势转化为发展优势。民族地区经济发展的实践也表明：因地制宜，发展具有市场竞争力的民族特色经济和特色产业是人口较少民族脱贫致富奔小康、缩小差距谋发展的最佳良策[1]。

调研发现，一些人口较少民族聚居村交通、经济、文化、生态较好，已经突破传统意义上的乡村概念，行政上转为"社区"管理。如黑龙江齐齐哈尔市梅里斯区雅尔塞镇哈拉新村是"98特大洪水"冲毁后由全国政协捐资援建的达斡尔新村。近年来，通过引进外部资金，以"公司+村集体+农户"模式成立乡村旅游合作社，成为集民族与遗址文化、湿地文化、民俗体验于一体的达斡尔族文化旅游景区[2]。

人口较少民族地区涉及的多个省区无论是区位条件、资源禀赋、民族构成、地形地貌，还是经济社会发展水平的差异均十分显著，而这些差异即代表着不同地区的比较优势。应针对不同地区的发展问题，有不同的政策响应[3]。而各民族间自然禀赋、社会形态、发展水平、民族文化的差异化和异质性，决定了扶持不能"一刀切"，必须因地制宜差别化扶持。因地制宜的差别化政策实际上要在政策需求与供给、各地区不同的发展要素和发展主体间形成多元、多层次的有机匹配，在更大程度上提高区域政策的精准性、有效性和可操作性，在政策实施中形成良性的传导机制[4]。

---

① 曾豪杰：《少数民族人才资源因族开发战略研究——理论建构及对红河哈尼族人才资源开发的实际分析》，云南大学出版社2011年版，第51页。

② 陈全功：《以乡村振兴推动新时代人口较少民族发展》，载《中国人类学民族学研究会人口较少民族研究专业委员会第一届学术研讨会论文集》，2018年。

③ 《差别化举措将激发边境地区比较优势》，新华网（http：//www.xinhuanet.com//politics/2017-06/08/c_129627664.htm），2017年6月8日。

④ 李寅：《振兴边境　富裕边民——专家解读〈兴边富民行动"十三五"规划〉》，《中国民族报》2017年6月9日。

人口较少民族的大多数问题是生态保护、精准扶贫、边境建设、基本公共服务等区域性的共性问题，并不是哪个民族的独有问题，这些都需要制定区域性政策加以解决，开展因地施策、因类施策，来解决人口较少民族聚居区内突出的共性问题。今后应更多地强调差别化的区域性政策，而不是笼统的扶持人口较少民族发展政策。

（三）因时施策，抢抓发展机遇

因时施策指根据人口较少民族的不同发展阶段、不同时期的优势、特点和发展困难，灵活地实施与之相适应的政策，建立"适时体制"，实现政策和发展机遇相对接①。历史与现实相结合，即立足于我国统一的多民族国家的历史和现实，既要考虑民族的聚居性及其传统生活区域，又要从各民族人口分布、民族关系等因素出发，确定扶持重点。

发展机遇是民族实体以外的偶然因素，不是由民族自身所决定的。对28个民族而言，国家政策和外部机遇在很大程度上能加快其发展进程。一是因时施策必须分阶段援助。对"十一五""十二五""十三五"不同时期列入扶持范围的民族在帮扶重点上应体现差别，扶持伊始要以输血为主（资金、物质援助为主），基础设施建好后应以造血为主（技术、人才援助为主）。前期已获得扶持的民族，今后扶持重点应进一步提升基础设施和服务设施的建设水平，加大产业结构调整，做大产业规模，加快群众持续增收的步伐。对新增加列入扶持的民族，应重点抓好基础设施和民生工程建设，整合少数民族发展资金和扶贫资金，着力培育特色优势产业做大做强。二是因时施策、动态扶持，建立退出机制。通过考核验收，将那些经过一段时期的扶持，不再需要继续给予支持的民族和人口较少民族聚居村退出扶持范围，适时增加其他需要扶持的对象。

实际上，在国家治理上，推行整齐划一的政策容易，实行因地制宜、因族举措、因时制宜的难度较大。这需要准确理解法律规定的统一原则和实事求是地掌握当地的各种条件，需要在地方治理的建设过程中逐步探索和解决。

二　外介式与内生式相结合是前提

"外介式"指各级政府、非政府组织对人口较少民族发展的扶持；

---

① 王文长、孟廷燕：《少数民族地区经济发展结构·模式·未来》，民族出版社1990年版，第144页。

"内生式"指人口较少民族群众内部自我生长、发展起来的自我发展能力。"外介式"与"内生式"相结合是指政策实施过程中优化整合外部资源与突出贫困群体自我发展能力相结合的一系列政策措施的总和①。从过去单一政府为主体转向政府、市场、家庭、非政府组织等协调发展的扶持格局，把加大中央支持和激发人口较少民族地区内生动力相结合，不断增强人口较少民族群众自我发展能力。

（一）中央要"使劲"，继续加大支持力度

缪尔达尔（1957）的"累计因果论"认为市场力的作用倾向是扩大差距，而不是缩小地区间差距。阿玛蒂亚·森指出"市场的整体成就深深地依赖于政治和社会安排"，"需要有适当的公共政策（学校教育、医疗保健、土地改革等）来提供基本教育、普及初级医疗设施，使对于某些经济活动（如农业）至关重要的资源（如土地）可以利用"②。人口较少民族地区市场经济发育程度相对较低，体制机制不完善，市场经济机制很难使其从国家整体经济增长中获得更多收益，过度依靠市场机制的调节反而会加大人口较少民族与其他民族的差距，因此必须充分发挥政府的主导作用。

一是加大资金投入力度。新中国成立后，特别是国家实施两轮专项规划后，人口较少民族地区的生活发展水平得到空前提高与进步，人口较少民族的自我发展能力虽有所增强，但与全国相比仍存在较大的"能力缺口"，自主发展的能力和机制还较差，仅凭本民族的努力和市场的自发力量，几乎不可能实现跨越式发展③。由于国家财力所限，一些地区投入的扶持资金规模有限，项目建设的标准不高、等级较低，致使一些项目的使用寿命缩短，难以支撑起持续、稳定的发展需求。因此，政府应更多地关注公平目标，对靠自身无法解决发展问题的民族，必须加大资金扶持力度。与"十一五""十二五"规划相比，《"十三五"促进民族地区和人口较少民族发展规划》着眼于全国各族人民同步迈入全面小康的战略目

---

① 张志远：《多民族聚居地区贫困治理的社会政策视角——以布朗山布朗族为例》，中国社会科学出版社 2015 年版，第 178 页。

② ［印］阿玛蒂亚·森：《以自由看待发展》，任赜、于真译，中国人民大学出版社 2011 年版，第 135 页。

③ 王允武、王杰：《人口较少民族权益及其法律保障研究》，《西南民族大学学报》（人文社会科学版）2011 年第 2 期。

标任务，提出了到 2020 年人口较少民族聚居行政村实现"一达到、二退出、三保障"，基本实现"四通八达"，实现人口较少民族地区发展更加协调、生活更加富裕、环境更加美好、社会更加和谐的目标。可见扶持的任务增多、标准更高、领域更大、需要突破的难点更多。不论是"十二五"扶持过的民族还是新增加的民族，实现"十三五"规划的目标，扶持任务繁重而艰巨，急需中央进一步加大资金投入力度。

二是加强资金整合力度。扶持人口较少民族资金虽然总量有限，但资金分割为若干块，资金归入多部门管理。部门协作不畅，政策资金整合效力不高，是制约资金扶持效果的因素之一。多头管理、部门协作不畅在一定程度上导致了重复投资、资金效率不高等问题。扶持人口较少民族发展是一项系统工程，需要多部门参与其中，加强部门协作。应按照"国家扶持，省负总责，地县落实，整村推进"要求，健全部级联席会议制度，明确中央各部委和地方各级部门的职责，强化组织领导和责任分工，加强指导协调和督促检查。从项目规划、设计、资金安排到基本建设、发展能力建设等方面，加强部门间的协调与合作，共同争取项目和资金，落实好项目建设任务。应发挥好"扶持人口较少民族发展专项资金"四两拨千斤的作用，逐步建立政府、人口较少民族群众、社会组织等多主体、多渠道的扶持发展资金，统筹使用各项资金，提高资金综合利用效率。县一级政府应把"扶持人口较少民族发展专项资金"、相关涉农资金和社会帮扶资金捆绑集中使用，加强资金监管，严防"跑冒滴漏"。

三是适时加大扶持范围。实现公平与效率相统一是解决当前民族问题的最优的选择①。扶持人口较少民族发展政策不是政府的短期行为，而是一项不断延续和创新的政策，并纳入国家的民族政策体系中。扶持人口较少民族发展政策的对象范围也要相应扩大，对全国总人口 30 万—50 万的民族给予适度扶持，并适当将人口较少民族比例低于 20% 的人口较少民族聚居行政村和人口较少民族聚居自然村纳入扶持范围。

（二）发达地区要"鼓励"，做好对口支援工作

截至 2014 年，人口较少民族聚居村中有对口帮扶单位的村为 1699个，占 80.2%，比 2010 年提高了 9.2 个百分点；有 1671 个村派有驻村蹲

---

① 张冬梅：《中央支持民族地区经济政策体系研究》，社会科学文献出版社 2014 年版，第32 页。

点帮扶干部，占 79.0%，提高了 12 个百分点①。中央和国家机关、国有企事业单位、军队系统应加大对人口较少民族的帮扶力度。采取合作开发资源、推进产业转移、吸收劳动力就业等多种形式。加大对人口较少民族的东西部扶贫协作、定点扶贫、劳务协作对接扶贫、百县万村扶贫、科技扶贫、光彩事业等支持力度，广泛开展"村企共建扶贫工程"。大力实施扶贫志愿者行动计划和社会工作专业人才服务少数民族扶贫计划。

（三）人口较少民族要"加劲"，增强内生发展动力

1993 年，费孝通先生在调研四川凉山等落后民族地区后提出了"外助内应"战略，即国家主导的外部支持体系和社区能力。前者指加大支持力度，扩展资源整合，提升贫困治理能力等；后者指建立本地区与外部支持相结合的有效平台，动员地方积极因素，在政府支持下不断提升能力、改善处境②。

1. 处理好主体与客体的关系

随着国家扶贫政策从"输血式"到"造血式"、从"救济式"到"开发式"等阶段的演变，扶持人口较少民族发展政策也随之变化。目前，自上而下的援助方式与政府全权负责的扶持观念与框架并未得到彻底改变，随着时间推移，为人口较少民族服务并真心实意帮助其发展的主观愿望，逐渐变成一种同情心的主观愿望和同情施舍的心理负担，客观上将发展的主体（即人口较少民族）置于客体位置。各级政府不自觉地变成了慷慨的施与者、拯救者和永无止境的投资者，肩负起扶持的主体责任，扶持对象成了被动的受众与施舍接受者。由于长期的无偿帮扶使部分群众形成了对政府的严重依赖心理。国家在无偿援助和全权负责时，人口较少民族自我发展能力的培养、自强主体意识的提升没有得到与物质帮助同等程度的关注与重视。对"抱着金碗讨饭吃"现象的深层原因鲜有分析，更多的是对群众素质不高与传统观念的指责与抱怨，甚至影响到人口较少民族发展的信心和相应的投入问题③。

起源于 20 世纪 50—60 年代的参与式扶持理论，强调尊重差异和平等协商，主张在外力扶持下，通过各成员积极、主动地参与，实现可持续和

① 数据来源：2011—2015 年国家民委扶持人口较少民族发展动态监测系统资料。

② 向德平、黄承伟：《中国反贫困发展报告》，华中科技大学出版社 2013 年版，第 39 页。

③ 张晓琼：《人口较少民族实施分类发展指导政策研究——以云南布朗族为例》，民族出版社 2011 年版，第 96 页。

有效益的发展，并使成员共享发展的成果①。该理论以实现贫困户的需求和权利为出发点和归属，强调尊重贫困农民的积极性和创造性。扶持目的是让群众以主人翁的身份与地位参与规划制定、项目建设、管理和监督的全过程，充分尊重其发展意愿和发展权利，充分调动自我发展的积极性、主动性和创造性，使人口较少民族唱主角、当主体，变"要我发展"为"我要发展"。扶持对象与项目制定者、实施者与监管者间的沟通与对话时，能有充分表达自我意愿的机会。人口较少民族对扶持工作的参与程度是影响政策效果的一个重要变量，扶持项目如果忽视了公众的愿望和意见，既会增加拖延、抵制等相关成本，也可能导致整个项目的效率低下。

内因是事物发展的根据，外因是事物发展的外部条件。政策具有强烈的外在性，是一种外力主导下的发展行动。对扶持对象而言，是一种外在的、改变自身的力量。这种力量的改变程度，取决于扶持主体的态度与认知能力。当外界扶持资源与扶持主体的需求一致时，扶持行动便会为受助主体所认可，就能获得扶持主体的积极配合，效果会更突出。当两者不一致时，扶持行为难以被受助主体理解与配合，甚至导致两者间的对立。理想状态是使两者的需求保持一致，使发展主体有自觉投身于扶持行动的动力。最好的方式就是赋权于扶持主体，使之在扶持过程中拥有相应的地位和权利。即项目的决策、设计、实施和验收的过程中让当地群众能充分参与并发表相关意见和建议，这样才能真正地让政策符合当地的实际情况，并发挥好政策的最大效果②。

2. 处理好"输血"与"造血"的关系

国家帮扶、社会帮助是扶持人口较少民族发展的外在动力，而广大干部群众自力更生、艰苦奋斗的自我发展精神才是内生发展的动力。破解人口较少民族自我发展能力不足的难题，必须处理好"输血"与"造血"的关系。"输血"是必要的，但不会是永远的；最终目的"输血"不是，而是通过"输血"逐步培养"造血"能力，实现自我发展。争取国家支持固然重要，更关键的是不断增强自身的发展能力。人口较少民族群众既是差别化政策的受益主体，也是政策的实施主体。扶持发展固然离不开外

---

① 吕怀玉：《边疆民族地区减贫战略研究——以云南省为例》，博士学位论文，云南大学，2013 年。

② 刘苏荣：《论扶持人口较少民族政策在实施中面临的问题——基于对我国 4 个人口较少民族自治县的调查》，《西南民族大学学报》（人文社会科学版）2015 年第 1 期。

部的项目、资金、技术，但根本还要依靠人口较少民族的自力更生和艰苦奋斗。正如习近平总书记强调的"只要有信心，黄土变成金"，应教育引导人口较少民族群众坚定战胜贫穷、改变落后面貌的信心和决心，克服"等、靠、要"的依赖思想，依靠自己勤劳的双手，创造幸福美好的新生活①。如独龙江乡村公路建设工程中，百余名独龙族青年民兵自发组织起来，参与到乡村公路建设中，不仅为工程建设提供了宝贵的劳动力资源，而且也增加了收入，学到了技能。

3. 处理好发展理念的差异

因民族文化背景和社会环境的差异，不同的主体对发展的认识存在一定偏差，这容易造成对生活模式、价值标准和幸福观有不同理解。由于支援者坚持的理念、观点以及评判标准时常与人口较少民族发生冲突，经常出现对外援发展的不适应或不认可。部分人口较少民族群众对脱贫与发展的态度相当消极，甚至麻木。政府应反复宣讲、成功示范、树立榜样，最深切地打动这些贫困户，帮助他们改变旧的观念意识，树立自强自立、艰苦奋斗的精神，把外界帮扶与自身努力相结合②。应充分考虑被扶持对象的民族个性，尊重其传统文化，充分借鉴先进的发展模式以确定扶持计划和发展方向。

尊重民族发展规律，尊重人口较少民族的意愿，是人口较少民族发展过程中必须遵循的原则。应激发他们的热情和创造精神，变"国家的事"为"自己的事"。云南梁河县九保阿昌族乡丙盖村委会那峦自然村，采取"每户两方石料，每个劳动力八个工，国家补助水泥，家家投工投劳建设硬板路"的方法，自力更生，用财政4万元补助金，修建了一条价值17万元的水泥路。该方式降低了项目建设成本，也使群众树立了建成美好家园的信心与决心，提高了主动发展的水平和技能，真正实现"想发展、谋发展、能发展"。陇川县户撒阿昌族项保平村委会帮傲村民小组长段兴木说，"国家扶持一分钱，我们要做出三分钱的事情"，该村靠上级扶持的40多万元，发动群众投工投劳，大大改观了村容村貌，成为新农村建设的"领头雁"③。

①　杨朝中、黄涛：《精准扶贫应处理好四个关系》，《湖北日报》2016年1月7日。

②　雷振扬：《中国特色民族政策的完善与创新研究》，民族出版社2009年版，第156页。

③　闵伟轩：《扶持人口较少民族发展工作成效卓越》，国家民委网站（http://www.mzb.com.cn/servlet/Report? node=98694&language=1），2009年7月10日。

三 坚定文化自信是关键

习近平总书记指出：要坚持道路自信、理论自信、制度自信、文化自信，这对于促进人口较少民族的发展，沿着中国特色解决民族问题的道路继续前进，具有重要意义。文化自信，从根本上说是对文化本质的信念和信心，是一个国家、一个民族安身立命的根基。在讨论扶持人口较少民族发展政策时，强调坚定文化自信对各民族的发展进步至关重要。

生物在演化进程中都要保持其基因特性的多元化，避免走"特化"道路，以免环境变化而难以适应。古代很多生物种属都因为"过分适应"而走上体质特化的死胡同，最终走上灭绝的道路[1]。中华民族大家庭之所以活跃着各具特色的 56 个民族，是因为每个民族都拥有本民族个性化的文化、发展历程与发展优势。扶持人口较少民族发展的重点是经济建设，但决不能忽视民族文化对经济的影响。单纯从经济因素找寻发展滞后的成因，很容易陷入贫困恶性循环论的旋涡中[2]。

结构演化二重性与制度约束多重性相对应，突出地表现为民族经济在融入开放过程、接受开放经济的制度规范时，仍维系着与族群传统的制度关系，经济结构演化受现代化与传统制度规范的双重约束。这种结构二重性意味着应注重现代化与传统文化相协调[3]。人口较少民族文化的价值和优势并未引起足够重视，有的文化原生形态可能与现代化不适合，但经过"创造性转换"后文化的次生形态可能会促进现代化[4]。

纵观历史，各国对少数文化主要遵循 3 种模式：（1）"统一模式"，即要求少数民族群体及其成员逐渐放弃自我文化，接受多数文化群体的语言、信仰、习俗，臣服于多数群体的文化。该模式的实质是同化政策，明示或暗示多数人的文化是进步的、高水准的，是衡量人类一切文明的标准和尺度，不承认文化平等。（2）"熔炉模式"，即在政府不干预的前提下，不同的文化融合成新的文化，多数群体的文化在融合过程中扮演着主导作

---

[1] 《中国文化与新世纪的社会学人类学——费孝通、李亦园对话录》，《北京大学学报》（哲学社会科学版）1998 年第 6 期。

[2] 张冬梅：《基于民族文化的民族经济发展研究》，《中央民族大学学报》（哲学社会科学版）2009 年第 6 期。

[3] 王文长：《民族视角的经济研究》，中国经济出版社 2008 年版，第 198 页。

[4] 何群：《关于人口较少民族生存前景的研究》，《中国民族》2009 年第 7 期。

用。但"熔炉模式"未明确文化之间的平等地位，其以多数人的主流文化为基础的融合也间接表明了同化的实质，只是比"统一模式"更为隐蔽。如美国的"熔炉模式"是将各种文化融化在以盎格鲁文化为主料的"大锅"里，这成为"熔炉模式"被诟病之处。（3）"马赛克模式"实质是多元文化主义，承认不同文化的平等价值，并确立包括少数人在内的所有文化群体在文化上的平等地位①。

（一）树立文化自觉与自信的意识

随着全球化进程不断加快，人口较少民族面临着强大外来文化冲击和文化趋同的危机。同时受主流文化、西方文化和市场经济的影响，部分人口较少民族对本民族文化缺乏自信、尊重和文化认同，了解本民族文化的意愿越来越淡薄。外来强势文化冲击导致人口较少民族处于弱势地位，民族文化不断遭遇被整合、变异、衰退，甚至丧失的可能②。"实现现代化要保留少数民族的传统文化，首先要救人，没有人就没有文化"③。社会需要文化多元化，而不是文化的一体化或单一化。因此，必须树立文化自觉与自信的意识。一是要全面认识人口较少民族传统文化。必须认识到民族传统文化为人类文明进步作出了不可磨灭的重大贡献，是建设中华民族共有精神家园的保障。同时，也要看到传统文化的时代局限性，有些内容已不适应现代文明的需求。必须取其精华、去其糟粕，保持民族性、体现时代性④。二是要注重民族传统文化的代际传承，尤其是青年一代要主动了解本民族的传统文化。年青一代一踏上社会便处于市场经济之中，他们中多数上学后就业，或很早就直接进城务工，或在乡镇从事工商、旅游、贸易活动。他们对祖辈世世代代赖以生存的森林、江河等自然环境和相应的文化传统已相当陌生，对故乡环境感情上已相当淡漠，进城务工表明他

---

① 耿焰：《少数人差别权利研究——以加拿大为视角》，人民出版社 2011 年版，第 15—16 页。

② 王铁志：《人口较少民族的现代化——以德昂族经济和社会发展为例》，《黑龙江民族丛刊》2005 年第 6 期。

③ 费孝通：《反思、对话、文化自觉》，《北京大学学报》（哲学社会科学版）1997 年第 3 期。

④ 《树立文化自觉与自信的理念——访北京大学中文系教授董学文》，《光明日报》2011 年 10 月 12 日。

们已在努力认同城市生活①。因此，生活在城镇的年青一代应通过学校教育、大众传媒来重新认识和利用本民族的文化资源。三是注重多种传承方式的协调。应注重发挥民间传承、学校传承、数字化技术传承、开发利用传承、文化场馆传承等多种传承方式的特点和优点。一些地方建立的家庭博物馆藏有各种传统生产、生活用具及文物，既可吸引外来人旅游观光，也可以让本民族青少年认识和了解民族文化②。

（二）注意从民族文化中汲取营养

习近平总书记在 2014 年中央民族工作会议上强调：要在全社会、在各民族中大力培育和践行以爱国主义为核心的民族精神，建设各民族共有精神家园。在这个过程中，要注意从少数民族文化中汲取营养。比如，有的民族文化强调自然、爱惜生灵，热爱生活、勤劳俭朴，各族相亲、敬重长者，热情好客、守望相助，讲求道义、勇敢无畏，信守承诺、非义不取，自尊自爱、重情重礼等。这些重要观点，对人口较少民族在内的少数民族文化作了高度概括，体现了中国共产党人对少数民族的深厚感情和博大胸怀，是习近平新时代关于民族工作重要论述的重要内容③。

要从理念上正确把握当代市场经济的特点，充分挖掘和发挥少数民族的"个性"价值。市场经济也是个性化的经济，而民族文化以其稀有性而凸显个性化价值。过去曾被看作原始、落后的东西，如今会变成宝贵财富，不仅能彰显民族文化的魅力，更能为各民族带来实惠，并实实在在地提升民族自信，激活发展的内在潜力④。要重视地方性知识，积极发掘地方性知识中的"文化视角"和"生态智慧"。

把握好民族特色的度是关键。不但要保持民族传统特色，还要创新民族当代特色，传承传统文化要注重传承民族文化的精神内涵和文化精髓，如黑龙江佳木斯市成立台湾黑金公司积极将赫哲族文化创造性转化、创新性发展。

---

① 南文渊：《城市化——东北地区人口较少民族发展的大趋势》，《大连民族学院学报》2006 年第 2 期。

② 同上。

③ 毛公宁：《关于扶持人口较少民族发展的几点思考》，载《中国人类学民族学研究会人口较少民族研究专业委员会第一届学术研讨会论文集》，2018 年。

④ 《把握市场经济特点　发挥民族地区优势》，《中国民族报》2015 年 1 月 27 日。

（三）实现文化的资源要素转换

"经济体系总是沉浸于文化环境的汪洋大海中，在这种文化环境中，每个人都遵守自己所属群体的规则、习俗和行为模式，尽管未必完全为这些东西所决定"①。因此，民族经济发展常常受到文化的影响与制约，每个民族的经济发展与现代化都不能离开本身的文化传统和赖以生存的自然地理禀赋。文化是资源，也是要素。在推进供给侧结构性改革时，弘扬民族文化显得尤其重要。应明显改善落后地区的供给结构、产品质量、产业形态、经济效益，促进经济走上快车道。应促进文化与产业间的深度融合，让文化成为资本，成为产品打入市场的优质符号，成为提升产品竞争力的内在要素②。民族文化旅游是一种高层次的文化旅游，它可以满足游客"求新、求异、求乐、求知"的心理需求，除参观、参与、体验当地民众的民俗文化、信仰文化、生产民俗与生活民俗外，旅游者还可以参观、参与、体验到当地民众的现实生活内容。通过内源式发展把人文资源和自然资源资本化，打造生态文化，引进先进文化创意公司、旅游营销公司，发掘边地文化、民族文化、生态文化，打造民族文化生态区。

各民族在特色差异较大的经济基础上，呈现出个性特点鲜明的生产生活方式、市场组织形式和经济运行状态，并表现出民族文化的价值观、伦理道德、风俗习惯、意识形态等非正式制度。人口较少民族特色在于"民族性"，应体现民族文化的差异性和特殊性③。民族经济与民族文化相互影响，经济是物质基础，对文化的影响是基础性和决定性的；民族文化是上层建筑，对经济的影响具有反应性。分类扶持人口较少民族发展不能忽视民族的特点，应考虑民族文化对经济的影响。"任何类型的经济，如果要求一种与该伦理道德相违背的民族精神，那么这种经济就不会发展"④。

事实上，经济发展与文化保护并不冲突和矛盾，文化保护与发展能为

---

① ［法］弗朗索瓦·佩鲁：《新发展观》，张宁、丰子义译，华夏出版社 1987 年版，第 165 页。

② 李忠斌：《民族地区精准扶贫的"村寨模式"研究——基于 10 个特色村寨的调研》，《西南民族大学学报》（人文社会科学版）2017 年第 1 期。

③ 廖杨：《族群与社会文化互动》，《贵州民族研究》2004 年第 3 期。

④ ［德］马克斯·韦伯：《新教伦理与资本主义精神》，陕西师范大学出版社 2007 年版，第 174 页。

经济发展提供智力支撑，丰富多彩、特色鲜明的民族文化可以成为开发利用的资源。李健（2010）、董学荣等（2009）学者提出建立人口较少民族文化保护区（生态保护区）来挽救民族传统文化，如建立"鄂伦春文化保护区"[①]、"基诺山国家森林公园"[②] 等，就是为人口较少民族保留一定范围的传统领地，让生活在其中的民族保持原有的生产和生活方式，在日常生活中传承民族文化，实现扶持人口较少民族可持续发展与生态环境保护的统一。

四　发展特色经济是重点

民族经济的特色禀赋指民族经济受资源环境和文化特质的约束呈现出的特有素质。特色禀赋是民族经济的本体特征，内在于民族经济中。这种特色禀赋只有在开放条件下经过比较，才能呈现出来，并应有外在市场需求的认同[③]。各民族地理大尺度的"民族—区域"与"区域—资源"的对应和相互间的差异性十分突出，而细分的"民族—区域—资源"与经济发展分异的对称性，虽没有大尺度的南北分异鲜明，但仍具有普遍性。"因族举措""一族一策"正源于这种对称性的内在约束，即一个细分的"民族—地域—资源"对称形成了相适应的经济发展约束。

特色经济即富有民族特色的经济，能鲜明体现不同民族、不同区域的差异和比较优势，使之转化为有差异优势的产品和产业，形成市场竞争优势，并带来丰厚的利益。28 个民族得天独厚的地理、气候、资源、文化等优势，具有发展特色经济的独特条件。发展特色经济是人口较少民族加快发展的必由之路，是提高群众收入水平的重要渠道。

（一）准确定位特色产业

与区位环境多样性相对应的结构类型复杂性，表现为因地制宜。区位环境的具体资源结构是塑造民族经济的条件，区位环境的多样性为发展特色经济提供了有利条件和自然基础[④]。特色经济、独特的自然地理环境和民族传统文化是决定特色经济的重要因素，即有什么样的资源禀赋和民族

---

① 李健：《对建立鄂伦春族文化保护区的设想》，《黑龙江民族丛刊》2010 年第 5 期。

② 董学荣、罗维萍：《民族文化保护的悖论与超越——以基诺族文化保护为例》，《黑龙江民族丛刊》2009 年第 4 期。

③ 王文长：《民族视角的经济研究》，中国经济出版社 2008 年版，第 385 页。

④ 同上书，第 198 页。

文化，就有与之相应的经济活动和产品。"靠山吃山、靠水吃水"是对民族特色经济最好的诠释。28个人口较少民族的资源禀赋和特色经济见表5.1：

表5.1 **28个人口较少民族资源禀赋及特色经济**[①]

序号	民族	资源禀赋	特色经济
1	珞巴族	野生动植物、生态资源、民俗文化、农林经济作物、药材	生态、民俗旅游业、特色农业、经济林业、生物产业
2	高山族	特色农业、民俗文化	特色优势农业、民俗旅游业
3	赫哲族	渔业资源和民族文化、鱼皮工艺品	特色农业、渔业、民俗旅游业、鱼皮工艺
4	塔塔尔族	草场、民俗文化	畜牧业、民俗旅游业、传统商业
5	独龙族	水电、种养殖业、民俗文化资源	生态、民俗旅游业和生物产业
6	鄂伦春族	民族文化、林果	民族文化旅游业、农产品加工业
7	门巴族	野生动植物、民俗生态资源、热带水果、药材	林果业、生态民俗旅游业、生物产业
8	乌孜别克族	传统工艺品、民族文化	传统手工业、民族文化旅游业
9	裕固族	草场、矿产、生物资源、民族文化	畜牧业、矿业、民族文化旅游
10	俄罗斯族	民俗文化、人力资源	民俗家庭游乡村游、传统食品加工业
11	保安族	民俗文化、工艺品	传统商业、民族工艺、民俗旅游业
12	德昂族	森林、热带经济林果、民俗文化	经济林业、绿色产业、民俗生态旅游业
13	基诺族	民俗文化、森林、野生动植物	民族旅游业、绿色产业
14	京族	海洋养殖、民俗文化	渔业、民俗旅游业、边境贸易
15	怒族	水电、森林、民俗文化	传统种养业、水力发电、民俗生态旅游业
16	鄂温克族	草场、民俗文化、森林、动植物	民族文化旅游业、畜牧业、生物产业
17	普米族	森林、牲畜、民族文化	畜牧业、民族生态旅游业
18	阿昌族	野生动植物、民族文化	传统种养业、民俗生态旅游业
19	塔吉克族	草场、水资源、地热、民族文化	畜牧业、民俗生态旅游业

① 资料来源：朱玉福：《中国扶持人口较少民族发展的理论与政策实践研究》，民族出版社2015年版，第119—120页，并结合调研资料整理。

续表

序号	民族	资源禀赋	特色经济
20	布朗族	野生动植物、经济林果、中草药、民族文化	生态农业、民俗生态旅游业
21	撒拉族	草地、森林、牲畜	特色种植、养加工业、黄河石艺加工、生物产业、民俗生态旅游业
22	毛南族	农作物、矿产资源、民俗文化	畜牧养殖业、矿业、民俗旅游业
23	景颇族	中草药、橡胶、养殖、烟草种植、民族文化	民族旅游业、边境贸易、特色种养殖业
24	达斡尔族	民族文化、种植	民族旅游业、特色种植业
25	柯尔克孜族	民族文化、畜牧业、石油	民族旅游、边境旅游、畜牧加工业
26	锡伯族	特色养殖业、刺绣	家庭民俗游、畜牧加工业
27	仫佬族	野生毛葡萄、绿茶、民俗文化	农产品加工业、民族旅游
28	土族	八眉猪和肉驴等、民俗文化游	特色养殖、民族旅游业

（二）实施特色经济"五个一"工程

一是"一族一业"工程。集中打造一批标准化的特色优势产业基地，实施"一族一业"工程，即扶持一个人口较少民族建成一个优势农产品产业带。

二是"一乡一园"工程。完善特色农产品物流体系，实施"一乡一园"工程，扶持一个人口较少民族乡镇建成一个农产品物流园区。

三是"一县一社"工程。培育发展带动力强的示范性农民专业合作社，实施"一县一社"工程，即扶持一个人口较少民族聚居县建成一个合作社，鼓励合作社参与农超对接、农校对接、农企对接。鼓励发展农产品连锁经营、产销直挂、网上交易和定点配送服务等现代营销方式，引导优质、有品牌的农产品直接进入市场，减少流通环节，提高流通效率。

四是"一县一企"工程。培育和引进一批农业产业化龙头企业，实施"一县一企"工程，即扶持一个人口较少民族聚居县建成一个重点民族企业。

五是"一区一品"工程。培育特色农产品品牌，精心打造绿色生态食品品牌、畜牧业品牌，着力打造优势产业和名牌产品，实施"一区一品"。即扶持一个人口较少民族聚居区培育一个特色农产品品牌，重点培育一些发展潜力明显、生产数量较大的特色农产品，采取各种措施使之快速成长为名牌产品①。

---

①　李波：《人口较少民族地区产业发展现状与对策建议》，载国家民委经济发展司、中南民族大学《扶持人口民族发展研讨会论文集》，2015 年。

第六章

差别化政策的选择重点

发展差距问题的研究主要有两种分析视角：一是中央视角，即主张发展差距主要是中央政策的结果，正是由于中央政策的地区性倾斜，导致了地区间的发展差距[①]。新中国成立以来，我国区域发展差距的演变反映了中央政府的主导作用，几次区域发展战略的调整都是中央政策的重大转变的结果。二是地方视角，即认为地区发展差距主要源自地区间的自然条件差距、经济基础差距和地方政府的发展态度和政策能力[②]。这两种分析分别抓住了问题的不同要点，国家的区域发展首先取决于中央的态度和政策，在政策环境相同的情况下，区域的发展取决于地方政府的积极性和能力[③]。

列宁指出：社会主义国家的民族问题主要是消灭民族间事实上的不平等。只有用不平等的原则才能消除各民族经济、文化事实上的不平等。列宁所讲的不平等的原则就是要采取特殊的政策[④]。民族作为社会的重要组成部分，并伴随着社会发展而变化，民族的发展状况对社会的发展与进步的影响十分显著。民族发展包括一个民族在经济、文化、社会等方面的发展，也包括一个民族整体的发展[⑤]。人口较少民族地区原始积累差、底子

[①] 胡鞍钢等：《中国地区差距报告》，辽宁人民出版社 1995 年版；王绍光等：《中国：不平衡发展的政治经济学》，中国轻工业出版社 2001 年版；魏后凯等：《中国地区发展——经济增长、制度变迁与地区差距》，经济管理出版社 1997 年版。

[②] 周克瑜：《走向市场经济——中国行政区与经济区的关系及其整合》，复旦大学出版社 1999 年版，第 43 页。

[③] 杨龙：《我国的区域发展与区域政治研究》，《学习与探索》2003 年第 4 期。

[④] 罗黎明：《全面实现小康 一个民族都不能少》，国家民委网站（http：//www.seac.gov.cn/art/2015/5/26/art_ 4603_ 228886. html），2015 年 5 月 26 日。

[⑤] 吴仕民：《中国民族理论新编》，中央民族大学出版社 2008 年版，第 61 页。

薄，内生发展能力弱，只有采取差别化政策引领和驱动，资源优势才能转化为经济优势，比较优势才能转化为发展优势。差别化政策是支持人口较少民族发展的第一推动力，是不可或缺的"第一级火箭助推器"。优惠性差别化政策是建立在人口较少民族发展滞后、发展水平低的基础上，以国家方式给予合理补偿，用政策和法律来保障实质上的平等，是人口较少民族人权在特定历史时期的真实表现。差别化政策是"输血"和"造血"的辩证统一，优惠则是普惠政策基础上的叠加。

支持人口较少民族地区发展是经济问题，更是政治问题，是事关民族团结的大事。因此，既要讲政治大局、讲感情，又要多拿真金白银；既要在项目和政策上帮助其发展经济，又要促进其社会事业提高；既要按时按量完成目标任务，又要积极稳妥地谋划长期扶持。既要继续发挥党和政府的主导作用，也要整合各方面对口扶持的资源。人口较少民族及其聚居区间的差异性和多样性，既是突出特点，也可能成为优势。扶持人口较少民族发展应根据民族的差异性、区域的异质性、发展的阶段性、要素的协调性来确定扶持重点。对具有特殊历史和传统文化的人口较少民族而言，差别化扶持政策既要以《"十三五"促进民族地区和人口较少民族发展规划》为主线，又要充分考虑各民族的生态环境、历史习俗、文化传统、宗教信仰等。

根据前文所述，5类人口较少民族地区分布在祖国的东北、西北、西南地区，类型有坝区、山地、高原、林地，5类区域的气候、资源等要素组合呈现不同的生产力系统，进而决定了对5类地区的扶持重点和政策导向应有所差异。

第一节　扶持东北高寒地区的差别化政策

东北高寒地区土地资源较为广阔，人口密度较小，城镇化水平高，边境地区的森林、河流等资源存量较高，人口较少民族群众收入水平相对较高，具有率先迈入小康社会的能力与潜力。

一　打造对俄沿边开放新高地

作为北方草原丝绸之路经济带，鄂伦春族、鄂温克族、赫哲族聚居区与俄罗斯山水相连，东北亚的合作会因历史上草原丝绸之路的复兴而得以拓展。要加强与俄罗斯资源禀赋的互补性，通过中俄对外通道建设，积极与俄罗斯亚欧大通道相联，振兴东北沿边地区。内蒙古人口较少民族聚居的呼伦贝尔市可以打造成向北开放新引擎。

应加快中俄两国合作建设的黑龙江大桥、跨江空中索道项目的施工进度，提升对俄合作交通通道的开放水平；充分利用好中俄东线天然气管道穿越黑龙江的契机，有力提升人口较少民族聚居区能源利用效率。积极发展中俄边境贸易，黑龙江省黑河市、同江市、抚远县都是边境县（市），是对俄的国家级口岸，应积极发展对俄跨境电商贸易，建设中俄跨境旅游合作区和边境旅游试验区，双方互免旅游签证，旅游人员自由往来，货物自由流通，货币自由换汇，车辆自由通行，辐射带动双方边境旅游产业发展。

二 加强跨界民族文化交流

文化资源的整合与创新是文化产业发展的命脉。鄂伦春族、鄂温克族、赫哲族在俄罗斯境内都有本民族分布，分别称为埃文基人、埃文克人和那乃人。发展民族文化产业，仅挖掘本地资源远远不够，应积极利用跨界民族文化交流的独特优势，进一步增进中俄文化交流、演出互访、教育交流等领域的合作。要形成利益共同体，共同开发文化资源。从历史、自然以及当前各种人文奇观中发掘出具有深厚底蕴和文化内涵的产品，开发附加值高的民族工艺品，形成双向、互赢的文化市场。要善于培养懂技术、会创新、善经营、能走出去的国际化人才[①]。

三 打造特色民族文化旅游区

一是设立"鄂伦春狩猎文化保护区"。鄂伦春族是我国唯一的狩猎民族，但目前民族文化濒临消亡，民族传统技艺亟待抢救。国家可以在有条件的地方设立狩猎文化保护区，划定部分山脉、山谷、河流或湖泊作为鄂伦春猎民狩猎场，对猎民和护林员进行培训并备案，定季定时发放猎枪。采用封闭与开放相结合、放养与定时限量狩猎相结合的方式，在保护区内还原鄂伦春狩猎文化，并适时申报国家森林公园。

---

① 尚大超：《各界人士凝聚智慧，助力赫哲族全面建成小康社会》，《中国民族报》2017 年 6 月 23 日。

二是设立"鄂温克驯鹿自然保护区"。内蒙古根河市敖鲁古雅鄂温克族乡的林地之争在一定程度上制约了鄂温克族驯鹿产业的规模发展。从当地"生态移民工程"可以看出：鄂温克族的传统文化保护与传承，必须与该民族的意愿和生态环境相结合。因此，要尊重驯鹿放养的生态环境，依托境内现有山林放养点并适当扩大放养范围，建立"鄂温克驯鹿自然保护区"，有规模地发展驯鹿放牧业，给鄂温克族驯鹿文化保护与传承提供必要空间。依托国家生态保护区大兴安岭生态功能区，打造中国冷极冰雪节、敖鲁古雅使鹿冰雪节等旅游品牌。立足独具特色的民俗资源、得天独厚的生态资源以及自然"冷"资源，重点推出森林生态资源、民俗旅游（敖鲁古雅）、冰雪旅游等特色旅游产品，建好行、住、食、游、购、娱等旅游接待设施。

四 加快传统产业结构升级

要积极发挥沿边开放的优势，用开放引领经济发展；充分利用本地区人口密度低、自然资源富饶的条件，推进农业规模化产业化发展。一是加大大型农机具的更新水平，加强耕作新技术推广力度，充分发挥机械化在农业生产中的作用。二是扩大种养殖业规模和水平。加大鄂伦春族、达斡尔族网箱养鱼基地建设力度，扶持鄂伦春族规模化种植木耳和中草药等。三是大力发展民族旅游业。办好中俄界江旅游节，大力发展鄂伦春族生态观光游、赫哲族民俗风情游。健全旅游服务体系，提高服务质量和水平。大力开发民族特色手工艺品(鄂伦春族桦皮工艺品、赫哲族鱼皮工艺品和鱼骨装饰品等)，发展家庭"牧户游"，繁荣旅游市场建设，使旅游业逐步发展成为人口较少民族发家致富的产业。四是大力促进农副产品加工业发展。提高大豆、木耳、肉牛、生猪、蔬菜、水产品、山产品等农副产品的精深加工，建设恒温保鲜库，使之成为北方蔬菜的集散地。五是加强配套基础设施建设。鄂伦春族、鄂温克族、达斡尔族、俄罗斯族聚居在大小兴安岭等农牧交错地区，应建好小型水利工程，保护好森林植被，实行保护性耕作措施。

五 改善居民饮食结构

黑龙江省齐齐哈尔市梅里斯达斡尔乡80%的贫困户为因病致贫，大多患有心脑血管疾病，多因传统的饮食结构和饮食观念所致。黑龙江鄂伦春族的饮食结构以肉为主食，偶尔食用野菜，微量元素摄入少。因此，必须提高生活水平，改变不健康的饮食习惯。有针对性地开发微量元素肥料，在食物中增加微量元素含量；调节人口较少民族群众的食物品种，适当增加海产品等①。

第二节　扶持西北荒漠化地区的差别化政策

一　打造中部陆上丝绸之路经济带

积极发挥西北人口较少民族聚居区独特的区位优势和向西开放重要窗口作用，塔吉克族、柯尔克孜族等跨界民族具有地缘优势和语言优势，与中亚西亚的国际交流有巨大的区位优势和辐射效应。柯尔克孜族、塔塔尔族、乌孜别克族等与中亚和西亚各国相邻相伴，通过中亚至欧洲的陆路通道的距离较短，加之沿线经济合作的潜力大，这些将有力地促进该地区改革开放的水平。应充分利用地处"丝绸之路经济带"核心区的便利和优势，加快向西开放力度，加强与上述国家在资源、劳动力等领域的合作水平。

应利用"一带一路"倡议，加强交通、科技、通信等领域的基础设施建设。中亚地区轻工业发展滞后，纺织品、生活用品、医药等轻工产品仍需大量进口，我国西北地区清洁能源产量丰富，科研技术成果、高端装备制造先进。新疆的化工业和纺织业发达，与中亚各国有较强的互补性。根据撒拉族全民信仰伊斯兰教、民风淳朴、善于经商的特点，以及与穆斯林国家文化相近、习俗相通的比较优势，应积极开拓国际穆斯林市场，大力培育和扶持发展以清真食品、民族用品、旅游产品、农畜产品为牵引的现代民族工业。国家对民族特需品和民族贸易的专项照顾，针对边民生产生活需要而开展的特色边境贸易，都应成为扶持的着力点。与接壤国家的边境城镇间的贸易、边民互市贸易，应给予优惠和便利。对民贸企业的增值税、企业所得税进行减免，扩大出口关税返还力度。

---

① 姜德华、张耀光、杨柳等：《中国的贫困地区类型与开发》，旅游教育出版社1989年版，第28—29页。

二　培育农产品特色品牌

一是确立白色产业棉花、绿色产业香梨与红色产业枸杞为特色产业的三大品牌。跟踪中亚农贸市场需求，调整农产品产业结构。二是加快建设"一带一路"沿线国家农业龙头企业交流机制和后台服务产业，发挥好龙头企业示范引导作用。三是加强与"一带一路"沿线国家的金融合作，为特色品牌走出去提供良好的金融合作环境。四是扶持企业不断引进先进技术对农产品的生产和加工过程进行升级。

三　加大荒漠化防治力度

西北人口较少民族地区在国家区域经济分工中的地位正在从为国家提供资源型初级产品转变为向国家提供生态公共产品。必须建立有利于保护生态环境的合理的成本效益计算与资源配置的政策体系，在保证自身生态环境平衡的需要和按照市场化机制建立有偿使用生态资源机制基础上，从主要获益地区的收益中提取一定比例的补偿性，转移给生态保护和建设地区[1]。改进传统的沟、畦灌水技术，大力推广现代节水灌溉技术，提高土地利用率。持续推进天然林保护、退耕还林等重点生态工程，鼓励 PPT模式，最大限度调动全社会参与荒漠化防治的积极性。

四　大力发展现代化畜牧业

西北荒漠化地区应以畜牧业为主，做好"草文章"，集约发展现代畜牧业，在发展畜牧业的基础上再发展现代化畜产品和乳制品加工等。提高畜牧业的技术含量与规模化水平，应鼓励和引导企业积极开发沙业和草业，建立生态产业。撒拉族、土族、保安族等聚居区应把淤地作为水土流失的治理重点，以治沟骨干工程为重点建好坝系。

五　积极发展清洁能源

西北广大地区常年风速稳定，风能资源丰富，具备发展风能的独特优

---

① 张红梅：《当代中国少数民族经济政策研究——兼论西部大开发战略对民族经济政策的完善与发展》，博士学位论文，中央民族大学，2004 年。

势，宜大力发展风能、太阳能和光能。此外，大面积的粮食种植带来丰富的秸秆等生物质原料，具有生物质发电的良好基础，应积极发展生物质能。推进农作物秸秆综合利用，减少焚烧带来的浪费与环境污染，增加能源供给。

六　加大守土固边扶持力度

柯尔克孜族、塔吉克族群众自古以来就有守边护边光荣传统，形成了"毡房就是一座固定的哨所，每一名牧民就是一位流动的哨兵"的格局。应为边民特别是守边户建设高标准的住宅，完善配套设施，提升守边装备水平，加快发展特色经济。使边民安心生产生活和守边固边，增强边民凝聚力、向心力和自豪感。更加强化边民贴边生产，提高边民补贴标准。探索和建立边境居民特别是守边户的土地和草地使用权、承包经营权的特殊传承机制，建好边境农牧场，充实边境一线力量[①]。此外，应加强对暴恐势力的打击力度，维护西北地区边疆安全。

第三节　扶持西南边疆高寒地区的差别化政策

一　打造南方陆上丝绸之路经济带

习近平总书记指出："云南的优势在区位、出路在开放。"西南地区的优势在"边"，困难也在"边"。该区域紧邻人多地少、经济增长速度较快的东南亚国家，应在改革创新中推动孟中缅经济走廊和中国—中南半岛国际经济合作走廊建设；处理好与邻国的关系，对接各国的发展战略和规划，共商、共建、共享经济走廊。随着亚洲基础设施投资银行的建立，基础设施互联互通的速度将进一步加快。应在沿边开放中倒逼改革，聚焦跨国通道建设和区域对外开放，使云南面向"三亚"（东南亚、南亚、西亚）、肩挑"两洋"（太平洋、印度洋），构筑西南"开放高地"。使西藏成为建设南亚大通道，对接孟中印缅经济走廊。支持德昂族发挥区位的两大传统优势：一是与缅甸接壤，鼓励边民互市，通商便利；二是发挥转口

---

① 周民良：《兴边富民行动应向政策覆盖空白区与薄弱区倾斜》，《中国民族报》2015 年 1 月 23 日。

贸易"腿长"的优势，促进与东南亚和南亚次大陆的贸易往来。

　　积极开发西南边疆丰富的植物资源，发展现代旅游和现代生物医药产业，结合我国民族医药发展的实际，实现双边专业技术人才合作培养、共同开发。发挥我国高校和职业教育在培养技术型人才方面的优势，既积极吸引留学生来华学习生活，更要通过开办孔子学院在东南亚国家培养专业人才。

二　逐步提高农业生产水平

　　独龙族、怒族等直过民族聚居区交通闭塞，居住条件险恶，"刀耕火种"耕作方式仍在一些地区有影响。不能期望这些地区短期内实现农业的机械化、现代化，应积极引进农业机械，实施集约经营、精耕细作[1]。

　　应提升对中低产田的治理和改造力度，合作开发利用好跨境水利资源；加快改造茅草房和危旧房进度；积极促进劳动力转移就业、设置守边岗位等来降低农业劳动力的比例[2]。德昂族、布朗族、景颇族、独龙族等聚居区应搞好坡改梯、退耕还林和灌排兼备的坡面水系工程。重点加强水库建设，将大中小微水利工程和蓄引堤相结合，提高水资源的调配能力。

三　积极发展生物质能

　　西南高寒地区开发利用清洁能源的潜力较好，如德昂族、景颇族地区拥有优越的气候条件（气温适宜厌氧发酵）和丰富的沼气资源（人畜粪便和秸秆充足），农民建沼气池的主动性高，具有发展户用沼气的独特优势。该地区森林覆盖率高，加之地下埋藏了丰富的矿物资源，开发价值巨大，因此林区民族应重点发展"林经济"。山区农村居民居住分散，太阳能利用条件较好，可积极发展太阳能、节能节柴灶，解决边远乡村生活用电难的问题。

四　加大文化对外的影响力和辐射力

　　西南高寒地区接壤的缅甸、越南、印度等地，经济条件比我国差，近

---

　　① 王文长、孟廷燕：《少数民族地区经济发展结构·模式·未来》，民族出版社1990年版，第23页。

　　② 周民良：《寻求兴边富民政策的区域突破口》，《中国民族报》2015年5月1日。

年来，一些人贩子或跨国婚姻机构从越南、缅甸等地跨境"嫁"到西南内地的年轻女性不断增多，部分跨境非法"婚姻"在内地引起的社会问题不断增加。因此，应加大打击拐卖人口犯罪力度，从法律角度引导并开放内地与周边国家未婚青年之间的交往，发展民间的由婚姻关系建立起来的"亲戚"人脉，以此推动"一带一路"沿线国家周边贸易和技能人才的良性互动，在跨境民族中建立内地与周边国家民众间紧密的联系①。

应利用区位优势和跨界民族文化优势，加强民间交流，积极引导人口较少民族到缅甸等地务工，通过劳动力输出增加收入。对长期奋战在基层一线的边疆干部，在工资待遇上实施差别化的岗位补贴政策，提高艰苦边远地区的津贴标准，改善其生活条件。

第四节　扶持黔桂石漠化山区的差别化政策

一　加大生态保护力度

毛南族、仫佬族聚居的喀斯特岩溶地貌区属生态敏感和脆弱地区，应种植高效生态林果产业、恢复林草植被，妥善解决人地矛盾。积极实施退耕还林还草、天然林保护、防护林建设、坡耕地综合整治、水生态治理等生态保护修复工程，在项目和资金安排上进一步倾斜，加大生态补偿力度，创造更多就业岗位。

二　加大水利扶贫力度

实施农村饮水安全巩固提升工程，推动小型农田水利、"五小水利"工程建设向本地区倾斜。加大抗旱水源、水土流失综合治理、灌区续建配套与节水改造建设。根据水资源状况和水利设施基础，针对缺水类型，因地制宜确定建设内容和重点工程。应充分考虑水资源条件，节水与开源并重。加强水资源高效利用，加强自然降水的采集、储存，加强节水灌溉；合理建设跨流域、跨区域调水工程，加快抗旱应急用水源建设。用好市场化融资手段，既建好大型骨干水利工程，又支持地方搞好支渠、塘坝、小

---

① 吴正彪：《加强民族文化交流 促进"一带一路"建设》，《中国民族报》2016年5月20日。

水库等水利设施。

三　加大易地搬迁力度

黔桂石漠化山区作为限制开发区与禁止开发区，群众立足环境资源开发的脱贫空间受到压缩。最佳方式是搬迁到生态环境较好的地区，给生态环境差的区域营造恢复期。做到"挪穷窝"与"换穷业"并举、安居与乐业并重、搬迁与脱贫同步。建好新建住房和配套设施，提升公共服务供给水平，通过少数民族特色村寨和工业园区来提供就业岗位，实现有业可就、稳定脱贫。

第五节　扶持南方沿海地区的差别化政策

在海洋强国战略背景下，没有海洋意识，就无法谈及海洋与海洋文化。培育海洋意识是宣传海洋文化、完成海洋强国梦想最基础、最关键的一环①。

一　大力发展海洋经济

应围绕京族传统渔文化开发出"一条龙"式的浅海生态休闲旅游项目。积极发挥京族和高山族的海洋优势，扶持京族提高浅海捕捞、养殖和海产品加工的技术，整合文化资源，大力发展海洋旅游、海洋博览等产业。立足京族金滩美丽的海景、独具魅力的民俗风情，统筹国内国际两类资源，形成国内民族文化旅游与国际旅游相促进的旅游产业。

二　大力发展边境贸易

广西是21世纪"海上丝绸之路"的重要节点，拥有中国—东盟博览会等现有合作机制。京族聚居的东兴市是中国与东南亚唯一陆海相连的口岸城市，与越南芒街仅一河之隔，是广西与越南商贸、旅游、人文交流的重要窗口。应积极提升边贸水平，充分发挥边境区位优势，促进边民互市贸易转型升级，大力发展服务贸易、知识产权和技术贸易，促进边境贸易

---

① 张秋萍：《京族传统渔文化的调适危机与当代意义》，《中国民族报》2018年3月10日。

多元化和多功能化①。

三　积极发展对台经济

高山族主要聚居在福建省，与台湾高山族同胞山水同脉、文化同源、血脉相连。与台湾民间交流往来频繁，应架起两岸群众交流先行的天然桥梁。因此，扶持高山族经济发展工作是民族工作，也是对台工作②。应充分利用好先行先试的政策，深化两岸产业合作，扩大双向投资，不断改善投资环境，促进两岸经济合作的规模更大、领域更宽、层次更高。大力扶持海峡两岸（福建·华安）民族生态茶叶基地项目发展，加大"山胞"铁观音、花卉、蜜柚、毛竹等主导产业的支持力度。

四　加大非遗文化保护

京族、高山族可望率先建成小康社会，应重视挖掘并发展传统文化。独特的京族服饰、节俗等艺术形式，增添了浓重的海洋文化色彩。要大力扶持华安县高山族拉手舞（第二批国家级非遗名录）、京族独弦琴艺术（第三批国家级非遗名录）的传承与发展。

逐步缩小发展差距，是增进各民族共性，促进民族团结的重要保证。近年来人口较少民族地区发展速度高于全国平均水平，也高于东部地区，但总体上依然处于落后水平。人口较少民族地区与全国的绝对差距仍在进一步加大，但一定时期内保持相对较快的发展速度是可能的，因此缩小绝对差距是可以实现的。人口较少民族地区的经济发展有许多有利条件：国家一直大力扶持人口较少民族发展，这为提高其基本公共服务水平以及经济的长远发展、人民生活水平的改善都创造了良好条件。人口较少民族地区基础设施的建设力度和中央财政支持力度空前，也远高于沿海发达地区，这为其改善投资环境提供了可能；"一带一路"战略的实施带来了新的发展机遇，使人口较少民族地区由改革开放的末梢成为前沿③。

---

① 李澜：《人口较少民族经济发展模式转型研究——以广西壮族自治区京族经济发展模式为例》，《学术论坛》2007 年第 5 期。

② 王美香：《福建：真心诚意、实实在在地扶持高山族发展》，《中国民族》2005 年第 11 期。

③ 摘自俞正声 2014 年在中央民族工作会议上的总结讲话。

　　总的来说，人口较少民族全面实现小康的任务非常艰巨，有的地方发展差距不断扩大，呈现出民族性与区域性相交织的特点。因此，国家采用差别化政策来扶持人口较少民族加快发展是必要的。今后，在不同的区域可以实施差别化的政策，但应尽量减少同一区域内不同民族间的政策差异，统筹民族因素与区域因素，让各族人民共享发展的成果①。

---

①　《坚持民族因素与区域因素相结合———一论确保民族地区如期全面建成小康社会》，《中国民族报》2015 年 9 月 15 日。

结　　论

一　研究结论

本著作在深入 5 种类型人口较少民族地区广泛调研的基础上，提出了分类扶持人口较少民族发展的依据、类型和差别化政策。主要研究结论为：

1. 差别化政策是个概念，是根据各民族的"族情"确定的扶持政策。分类扶持是一个思路，是一个有关人口较少民族发展的思路，即结合经济和社会发展的实际情况来因地制宜、因族举措、分类指导确定发展政策。分类扶持是一个模式，新中国成立后，我国对人口较少民族地区的发展策略主要是实行"大一统""一刀切"政策，该模式的不足之处已开始日益显现。本研究认为需要差别化支持政策来弥补扶持人口较少民族发展的不足之处。

2. 扶持人口较少民族发展是中国特色民族理论的重要组成部分之一，是马克思主义中国化的最新成果，有效地指导了人口较少民族地区经济社会发展，具有深远的历史意义和现实指导作用。这意味着各民族不论人口多少、历史长短、居住地域大小，经济社会发展程度高低，语言文字、风俗习惯和宗教信仰是否相同，他们都是中华民族大家庭的一员，都具有同等的地位，依法拥有共同繁荣发展的权利。

3. 国家和各地采取差别化的帮扶政策，集中力量助力人口较少民族地区实现跨越式发展，对全面建成小康社会、实现各民族共同繁荣发展进步、实现中华民族伟大复兴都具有十分重要的意义。国家扶持人口较少民族发展真正实现了"小民族大政策""小民族大扶持""小民族大发展"，充分证明了对人口较少民族地区的分类扶持政策符合人心、顺应民意。

4. 政策实施过程中，出现了扶持"一刀切"、同质化等弊端，某种程度上影响了民族关系，因此必须实施分类指导。分类扶持人口较少民族发展既是现实需要，也符合广大人口较少民族群众的迫切要求，出台差别化政策是分类指导的落脚点。支持人口较少民族地区发展是一项庞大综合的系统工程，是政策创新甚至制度创新的动态过程，更是中央政府与人口较少民族地区政府长期动态的博弈过程。

5. 把"激发人口较少民族的内生发展动力"作为制定和实施差别化政策的重要考量，充分调动政府、产业与民众的积极性，不断提高人口较少民族地区的政府公共服务能力、产业核心竞争力及民众就业能力，从而提高人口较少民族地区自我发展能力。

6. 强化部门协作，整合政策资源。新中国成立以来，我国在人口较少民族地区实施了扶贫开发、西部大开发、兴边富民行动、扶持人口较少民族政策等差别化政策。这些政策既有专项扶持人口较少民族发展政策，还有扶贫政策、惠农政策等综合政策，但政策间各自为政，合力不强，政策间脱节、部门间协作欠缺，从而削弱了政策的实施效果。下一步，应强化各级各类政策的有效整合和协调，充分发挥政策的集聚效应，形成强大的政策合力。

7. 差别既是特征，也是目的，更是达到目的的方式。差别化扶持人口较少民族发展就是保持其文化的差异性，而不是文化的统一。我国各民族间既有特殊性，又有共同性。由于我国地域辽阔，28 个民族的发展不平衡，民族差别至今仍明显存在。这些差别在不同民族、不同地区间表现不一，有时在文化、生态环境上的特点比较突出，有些差异细微。不论从国内还是国外处理民族问题的经验看，忽视民族特殊性就容易导致工作失误，甚至犯严重错误。当然，民族特殊性也不能夸大，如果夸大到一切都要自搞一套，就不利于民族间的交往交流交融，也不利于民族团结和国家统一。不论是忽视还是夸大民族间的共性，或忽视还是夸大民族间的特殊性，都不能正确解决民族问题①。

二　待进一步深化之处

由于知识水平的局限，加之个人能力有限，本研究尚有进一步深化与

① 王铁志：《关于我国民族政策发展历史经验的理论思考》，《中央民族大学学报》（社会科学版）1999 年第 6 期。

完善之处：

1. 人口较少民族 28 个民族内部差异很大，即使同一民族的内部也有一定的差别，因此划分人口较少民族地区的 5 种类型只是理论上和实践上的一种尝试。对每种人口较少民族的地区的特殊困难与差别化政策的归纳以及分析得出的结论可能存在以偏概全之嫌。下一步，应深入调研更多的人口较少民族地区，将类型分得更细致，使研究更加深入。

2. 目前对人口较少民族的类型划分主要依据区域自然禀赋和民族文化特点，该分类依据是否科学合理需要后续进行深入研究和验证。

3. 限于数据的可得性，现有研究偏重于定性分析，定量分析人口较少民族之间的发展差异性有待进一步深化和加强。

4. 对 5 类人口较少民族地区发展类型的评价，虽构建了评价指标体系，并实证检验了其发展的水平。但指标是否合理、权重是否科学，是否应增加主成分分析和因子分析等方法，也是下一步应着力解决的问题。

附 录

扶持人口较少民族发展政策调查问卷

为全面掌握《扶持人口较少民族发展规划（2011—2015年）》实施现状，掌握人口较少民族发展存在的主要问题，从而提出政策优化建议，请您协助填写以下调查问卷。此调查结果仅用于统计分析，不会泄露个人隐私！您只需对知道或了解的问题客观填写即可，请在您认为正确的选项下打"√"。

调查时间：_____   调研区域：____省（区）____县___乡___村

第一部分　基本情况

1. 性别：①男　②女　　民族：_____　　年龄：____
2. 您的工作：

①政府民族工作部门　②政府非民族工作部门　③教育行业　④工业与建筑业　⑤商贸服务业　⑥个体经营　⑦农业生产、农牧民　⑧学生（大学生、研究生、博士）

3. 您的学历：①博士　②硕士　③本科或大专　④高中　⑤初中⑥小学及以下
4. 您对现行扶持政策了解程度：①很了解　②一般了解　③不了解

了解政策的途径：①政府文件　②干部开会介绍　③媒体　④其他

5. 您及家人是否享受过扶持政策：①是　　②否

如享受过，具体为：①升学加分　②公务员招考　③干部提升④职称晋级　⑤计划生育　⑥产业帮扶　⑦其他____

第二部分　政策认知

6. 您认为扶持政策是否构成了完整的政策体系：①是　　②否

☆ **政策制定过程：**

7. 您对扶持政策制定程序和过程是否了解：①是　　②否

8. 您认为扶持政策制定中责任部门的归属是否合理：①是　　②否

9. 您认为扶持政策制定程序是否合理：①是　　②否

10. 您认为今后扶持政策覆盖对象（范围）：

①保持现在规模　②应该加大　③太大了导致资金摊薄　④不清楚

11. 您认为扶持政策制定过程中设定的目标是否合理：①是　　②否

12. 您认为基层干部和群众是否参与到政策制定中来：①是　　②否③不清楚

13. 您认为扶持政策制定过程中的障碍主要有（可多选）：

①国家政治原则　②政府部门内部分歧　③民族地区接受性　④行政程序制约　⑤不同民族间相互攀比　⑥不同地区间相互攀比　⑦其他____

☆ **政策执行过程：**

14. 您对政策实施效果是否满意：

①非常满意　　②一般　　③不满意　　④不清楚

15. 您认为政府推动政策执行主要采取的手段（多选并排序）：____

①行政手段　②法律手段　③经济手段　④教育手段　⑤其他____

16. 您认为政府在执行政策过程中是否公平公正：①是　　②否

17. 您认为政策实施程序是否合理：①是　　②否

如认为不合理，其原因是：_____

18. 您认为上报的人口较少民族统计监测数据是否科学合理：

①科学　　②不科学　　③说不清楚

☆ **政策评估过程：**

19. 您觉得是否有必要对扶持政策进行动态评估：①是　　②否

20. 您认为政府对扶持政策是否进行了有效评估：①是　　②否

21. 您认为政府对扶持政策评估程序是否合理：①是　　②否

22. 您认为对扶持政策评估的指标体系是否合理：①是　　②否

　　如填"否"，主要原因是：_____

23. 您认为对扶持政策评估的方法和方式是否科学：①是　　②否

　　如填"否"，主要原因是：_____

24. 您认为扶持政策的评估结论是否真实可信：

①真实可行　　②大部分可信　　③不可信　　④完全不可信

☆**分类指导：**

25. 您认为现有政策是否体现了分类指导、因族举措：

①没体现 ②已体现 ③不清楚

26. 您认为是否有必要实施差别化政策：

①很有必要 ②有必要 ③没必要 ④不清楚

27. 您认为分类扶持的主要依据是：（可多选）

①按所处区域的地理特征 ②按经济发展水平 ③按是否处于边境地

区 ④其他分类依据

第三部分 政策满意度

政策评价	非常满意	满意	一般	不满意	非常不满意
1. 财政税收政策					
2. 金融服务政策					
3. 产业扶持政策					
4. 干部人才政策					
5. 教育培训政策					
6. 扶贫开发政策					
7. 生态保护政策					
8. 文化卫生政策					
9. 社会保障政策					

参考文献

一　学术著作

[加拿大] 威尔·金利卡：《多元文化的公民身份——一种自由主义的少数群体权力理论》，马莉等译，中央民族大学出版社 2009 年版。

[印度] 阿玛蒂亚·森：《以自由看待发展》，任赜、于真译，中国人民大学出版社 2011 年版。

[美国] 德沃金：《认真对待权利》，信春鹰、吴玉章译，北京大百科全书出版社 2002 年版。

[苏格兰] 亚当·斯密：《国民财富的性质和原因的研究》（上卷），商务印书馆 1972 年版。

[瑞士] 丽狄娅·R. 巴斯塔·弗莱纳：《少数人的权利》（上），李林、李西霞译，社会科学文献出版社 2010 年版。

[美] 塞缪尔·亨廷顿：《难以抉择——发展中国家的政治参与》，汪晓秦、关志华、项继权译，华夏出版社 1989 年版。

陈达云、郑长德：《中国少数民族地区的经济发展：实证分析与对策研究》，民族出版社 2006 年版。

段超、李俊杰：《武陵山片区扶贫与民生发展报告》，湖北人民出版社 2014 年版。

段超、沈道权：《武陵山片区特色产业发展报告》，湖北人民出版社 2012 年版。

费孝通：《费孝通文集》（第 15 卷），群言出版社 2001 年版。

费孝通：《中华民族多元一体格局》，中央民族学院出版社 1989 年版。

共济：《全国连片特困地区区域发展与扶贫攻坚规划研究》，人民出版社 2013 年版。

郭熙保:《发展经济学经典论著选》,中国经济出版社 1998 年版。

国家民族事务委员会经济发展司:《中国人口较少民族发展报告(2015)》,民族出版社 2018 年版。

国务院发展研究中心课题组:《主体功能区形成机制和分类管理政策研究》,中国发展出版社 2008 年版。

郝时远:《中国特色解决民族问题之路》,中国社会科学出版社 2016 年版。

何群:《环境与小民族生存——鄂伦春文化的变迁》,社会科学文献出版社 2006 年版。

何群:《土著民族与小民族生存发展问题研究》,中央民族大学出版社 2006 年版。

洪朝栋、沈志锦:《云南少数民族地区的现代化发展》,民族出版社 2000 年版。

胡宁生:《公共部门绩效评估》,复旦大学出版社 2008 年版。

胡宁生:《公共政策学——公共政策的整体透视》,中央编译出版社 2007 年版。

黄建生、高朋、黄晓赢等:《社会评估与民族地区发展——〈云南省扶持人口较少民族发展规划(2006—2010 年)〉实施过程的社会评估》,人民出版社 2013 年版。

罗明军:《云南特有七个人口较少民族扶贫绩效调查研究》,中国社会科学出版社 2015 年版。

刘兴全等:《北方人口较少民族全面建设小康社会实证研究》,经济科学出版社 2012 年版。

姜德华、张耀光、杨柳等:《中国的贫困地区类型与开发》,旅游教育出版社 1989 年版。

金炳镐:《民族理论通论》,中央民族大学出版社 2007 年版。

金炳镐:《新中国民族政策 60 年》,中央民族大学出版社 2009 年版。

雷振扬:《社会转型期民族政策专题研究》,民族出版社 2014 年版。

雷振扬:《中国特色民族政策的完善与创新研究》,民族出版社 2009 年版。

李刚:《中国少数民族贫困地区县域经济发展模式研究》,中国社会科学出版社 2015 年版。

李俊杰:《腹地与软肋:土家苗瑶走廊经济协同发展研究》,中国社会科学出版社 2011 年版。

李俊杰等:《民族经济政策与民族地区发展》,民族出版社 2013 年版。

李若青、毕跃光、杨文顺:《中国特色民族理论政策与实践》,云南大学出版社 2012 年版。

李若青:《云南扶持人口较少民族发展政策实践研究》,中国社会科学出版社 2013 年版。

李学保:《跨界民族问题与边疆治理研究》,中央民族大学出版社 2015 年版。

李忠斌:《人口较少民族人力资源开发战略研究》,湖北科学技术出版社 2012 年版。

李资源、孔定芳、詹全友等:《共同发展 共同繁荣——新中国成立以来党的民族工作理论与实践研究》,广西人民出版社 2015 年版。

林耀华:《民族学通论》,中央民族学院出版社 1990 年版。

林毅夫:《新结构经济学——反思经济发展与政策的理论框架》,北京大学出版社 2012 年版。

刘艳芳等:《经济地理学——原理、方法与应用》,科学出版社 2006 年版。

柳建文:《"分层分类"与"异质异构"——中国西部大开发的政治经济调控》,民族出版社 2009 年版。

马戎:《西藏的人口与社会》,同心出版社 1996 年版。

马戎:《民族社会学——社会学的族群关系研究》,北京大学出版社 2016 年版。

倪国良:《现代化中的经济和文化关系》,甘肃人民出版社 1998 年版。

彭飞:《新经济地理学论纲——原理、方法及应用》,中国言实出版社 2009 年版。

青觉、严庆、沈桂萍:《现阶段中国民族政策及其实践环境研究》,社会科学文献出版社 2011 年版。

荣仕星:《中国民族地区公共政策研究》,人民出版社 2009 年版。

唐鸣：《社会初级阶段的民族矛盾研究》，中国社会科学出版社 2002 年版。

王建民、张海洋、贾仲益：《厚德载物——人口较少民族文化保护与发展》，中央民族大学出版社 2010 年版。

王浦劬：《政治学基础》，北京大学出版社 1993 年版。

王铁志：《德昂族经济发展与社会变迁》，民族出版社 2007 年版。

王文长、孟廷燕：《少数民族地区经济发展结构·模式·未来》，民族出版社 1990 年版。

王文长：《民族视角的经济研究》，中国经济出版社 2008 年版。

王文长：《中国经济发展的 B 面——经济发展与民族利益的整合》，民族出版社 1997 年版。

王延中等：《民族发展蓝皮书：中国民族发展报告（2017）》，社会科学文献出版社 2017 年版。

魏后凯：《现代区域经济学》，经济管理出版社 2006 年版。

吴仕民：《中国民族理论新编》，中央民族大学出版社 2008 年版。

吴双全：《少数人权利的国际保护》，中国社会科学出版社 2010 年版。

向德平、程玲等：《连片开发模式与少数民族社区发展》，民族出版社 2013 年版。

向德平、黄承伟：《中国反贫困发展报告》，华中科技大学出版社 2013 年版。

熊芳：《微型金融机构社会扶贫功能研究——基于少数民族地区的数据和经验》，科学出版社 2014 年版。

徐进：《整村推进扶贫思路与方法研究》，中国财政经济出版社 2008 年版。

杨堃：《民族学概论》，中国社会科学出版社 1984 年版。

杨莉：《民族区域自治地方经济发展研究》，经济科学出版社 2009 年版。

杨龙：《中国区域经济发展的政治分析》，黑龙江人民出版社 2004 年版。

杨筑慧：《中国人口较少民族经济社会发展追踪调研报告》，学苑出版社 2016 年版。

游俊、冷志明、丁建军：《中国连片特困区发展报告（2014—2015）》，社会科学文献出版社 2015 年版。

张冬梅：《中国民族地区经济政策的演变与调整》，中国经济出版社 2010 年版。

张冬梅：《中央支持民族地区经济政策体系研究》，社会科学文献出版社 2014 年版。

张广才：《城镇化视域下黑龙江人口较少民族文化田野调查与研究——以鄂温克族、达斡尔族、锡伯族、柯尔克孜族为例》，黑龙江大学出版社 2016 年版。

张红梅：《当代中国少数民族经济政策研究》，宗教文化出版社 2007 年版。

张建新：《中国化马克思主义民族理论》，云南教育出版社 2008 年版。

张天路：《民族人口学》，中国人口出版社 1989 年版。

张晓琼：《人口较少民族实施分类发展指导政策研究——以云南布朗族为例》，民族出版社 2011 年版。

张志远：《多民族聚居地区贫困治理的社会政策视角——以布朗山布朗族为例》，中国社会科学出版社 2015 年版。

郑长德：《空间经济学与中国区域发展：理论与实证研究》，经济科学出版社 2014 年版。

郑长德：《中国少数民族地区的后发赶超与转型发展》，经济科学出版社 2014 年版。

郑志龙、丁辉侠、韩恒等：《政府扶贫开发绩效评估研究》，中国社会科学出版社 2012 年版。

中国社会科学院民族研究所：《马克思恩格斯论民族问题》，民族出版社 1987 年版。

周明生、吴正林：《科学发展观在发达地区与欠发达地区差别化实施研究——以江苏苏南、苏北为例》，中国社会科学出版社 2012 年版。

周平：《民族政治学》，高等教育出版社 2003 年版。

朱玉福：《中国扶持人口较少民族发展的理论与政策实践研究》，民族出版社 2015 年版。

曾豪杰：《少数民族人才资源因族开发战略研究——理论建构及对红

河哈尼族人才资源开发的实际分析》，云南大学出版社 2011 年版。

左常升、何晓军、李小云等：《国际减贫理论与前沿问题 2013》，中国农业出版社 2013 年版。

《中国人口较少民族发展研究丛书》编委会：《中国人口较少民族经济和社会发展调查报告》，民族出版社 2007 年版。

Albert O，Hirschman，The Strategy of Economic Development，New Haven：Yale University Press，1958.

Alexander Gerschenkron，Economic Backwardness in Historical Perspective，Cambridge：Harvard University Press，1962.

John，Taylor & Bell，Martin，Population Mobility and Indigenous People in Australia and North America，London & New York：Routledge，2004.

二　学术论文

艾沙江·艾力、瓦尔斯江·阿布力孜：《新疆贫困地区经济发展因素综合分析》，《经济地理》2007 年第 3 期。

柏振忠、段超：《少数民族事业发展综合评价监测体系研究——以广西壮族自治区的实证为例》，《民族研究》2012 年第 6 期。

蔡红燕、熊云：《政策扶持背景下我国人口较少民族地区发展现状及对策研究——以云南省保山市人口较少民族地区经济社会发展为例》，《商丘职业技术学院学报》2011 年第 4 期。

蔡红燕：《论人口较少民族地区政策扶持实效中出现的新问题——以云南省保山市布朗族、阿昌族与德昂族为例》，《保山学院学报》2012 年第 2 期。

陈纪：《西方族群关系研究的相关理论综述》，《湖北民族学院学报》（哲学社会科学版）2014 年第 1 期。

陈景辉、朱瑞雪：《"兴边富民"行动与人口较少民族发展——基于新生鄂伦春族乡的调查》，《大连民族学院学报》2012 年第 4 期。

陈全功、程蹊：《关于减贫的可持续性问题的探讨》，《湖北社会科学》2015 年第 9 期。

陈全功、程蹊：《空间贫困及其政策含义》，《贵州社会科学》2010 年第 8 期。

成艾华、雷振扬：《自治县经济发展的差异性与分类指导研究》，《民族研究》2007 年第 2 期。

丁煌：《我国现阶段政策执行阻滞及其防治对策的制度分析》，《政治学研究》2002 年第 1 期。

丁莉、起建凌、卢迎春：《人口较少民族地区反贫困研究——以怒江州贡山县独龙江乡为例》，《全国商情》2014 年第 31 期。

丁文广、于娟、卜红梅：《甘肃省能源资源禀赋与贫困关系的量化研究》，《经济地理》2007 年第 6 期。

杜社会：《少数民族优惠政策制度分析与模式比较——对 "中国民族政策何处去" 的回应》，《西南民族大学学报》（人文社会科学版）2014 年第 7 期。

方明：《人口较少民族的扶贫与发展——以布朗族（莽人）为个案》，《黑龙江民族丛刊》2012 年第 1 期。

费孝通：《民族生存与发展——在中国第六届社会学人类学高级研讨班开幕式上的即兴讲演》，《西北民族研究》2002 年第 1 期。

郭存海：《拉美扶贫新思维值得借鉴》，《人民论坛》2008 年第 1 期。

郭家骥：《全面建设小康社会与云南民族地区的分类指导》，《云南社会科学》2003 年第 1 期。

龚志祥：《民族政策系统分类探讨》，《云南民族大学学报》（哲学社会科学版）2007 年第 4 期。

哈丽云、孟戈：《新疆扶持人口较少民族发展的实践与思考》，《实事求是》2014 年第 4 期。

韩斌：《从 "五位一体" 视角对人口较少民族发展的思考——以云南为例》，《中国集体经济》2013 年第 7 期。

韩斌：《人口较少民族自我发展能力现状与提升路径》，《学术探索》2014 年第 3 期。

韩彦东：《人口较少民族贫困原因及扶贫开发对策研究》，《贵州民族研究》2005 年第 6 期。

何爱平：《不同时期贫困问题的经济学理论阐释及现代启示》，《福建论坛》（人文社会科学版）2011 年第 7 期。

何群：《从社会效应看制度安排的必要调整——鄂伦春族个案》，《中央民族大学学报》（哲学社会科学版）2009 年第 2 期。

何群：《关于人口较少民族生存前景的研究》，《中国民族》2009 年第 7 期。

何群：《人口较少民族生存发展问题探索——以鄂伦春猎民为例》，《内蒙古工业大学学报》（社会科学版）2002 年第 2 期。

何晓清：《国家扶持人口较少民族的政策导向研究——以内蒙古鄂伦春自治旗鄂伦春族为例》，《新西部（下旬刊）》2011 年第 9 期。

何志鹏、孟凡生：《人口较少民族发展政策与管理机制研究》，《黑龙江民族丛刊》2013 年第 2 期。

黑龙江省民委经济处：《关于人口较少民族发展情况的调研报告》，《黑龙江民族丛刊》2003 年第 4 期。

洪美松：《上海市帮扶人口较少民族德昂族发展的情况》，《上海市社会主义学院学报》2009 年第 5 期。

胡清惠、阿南：《内蒙古人口较少民族扶持政策实施效果调查——以鄂温克族自治旗为例》，《内蒙古财经大学学报》2014 年第 5 期。

黄娟：《从现实生存到文化生存——试论人口较少民族现代化问题的研究范式》，《西南民族大学学报》（人文社会科学版）2010 年第 11 期。

黄润柏：《毛南族聚居区新农村建设面临的现实难题与对策》，《广西民族研究》2009 年第 1 期。

雷振扬、陈蒙：《民族优惠政策的价值分析》，《广西民族大学学报》（哲学社会科学版）2014 年第 2 期。

雷振扬：《关于建立健全民族政策评估制度的思考》，《民族研究》2013 年第 5 期。

李安山：《小民族、社会科学与人类文化》，《广西民族大学学报》（哲学社会科学版）2006 年第 5 期。

李成武：《人口较少民族应实施分类发展政策》，《今日民族》2014 年第 3 期。

李澜：《人口较少民族经济发展模式转型研究——以广西壮族自治区京族经济发展模式为例》，《学术论坛》2007 年第 5 期。

李晶：《对扶持人口较少民族发展政策的比较研究》，《内蒙古财经学院学报》（综合版）2010 年第 4 期。

李晶：《人口较少民族发展道路探析——以鄂温克民族为例》，《青海民族研究》2007 年第 1 期。

李俊杰、董成云：《扶持人口较少民族涉农政策研究——以云南省宁蒗县普米族为例》，《青海民族大学学报》（社会科学版）2014 年第 3 期。

　　李岚：《当代中国人口较少民族经济发展中的制度创新》，《西南民族大学学报》（人文社会科学版）2004 年第 2 期。

　　李岚：《人口较少民族经济发展中的制度变迁》，《中南民族大学学报》（人文社会科学版）2004 年第 3 期。

　　李岚：《影响我国人口较少民族经济发展的原因分析》，《黑龙江民族丛刊》2004 年第 1 期。

　　李韧、黄自能：《云南人口较少民族阿昌族生活质量调查分析》，《学术探索》2014 年第 7 期。

　　李若青：《人口较少民族发展政策及其经济因素》，《经济问题探索》2008 年第 11 期。

　　李若青：《云南扶持人口较少民族发展政策的实践启示》，《云南行政学院学报》2011 年第 3 期。

　　李晓斌、杨晓兰：《扶持人口较少民族政策实践的效果及存在的问题——以云南德昂族为例》，《中央民族大学学报》（哲学社会科学版）2010 年第 6 期。

　　李学保：《建国以来党和政府解决跨界民族问题的政策实践与经验启示》，《社会主义研究》2011 年第 2 期。

　　李英勤、梁珊：《生态脆弱地区人口较少民族发展问题研究——以贵州毛南族为例》，《凯里学院学报》2011 年第 5 期。

　　李英勤：《贵州毛南族地区现代农业发展的问题及对策》，《安徽农业科学》2011 年第 7 期。

　　李英勤：《贵州人口较少民族区域发展、扶贫开发与生态建设良性互动机制探析》，《凯里学院学报》2013 年第 4 期。

　　李英勤：《欠发达民族地区农业现代化发展问题初探——以贵州毛南族地区为例》，《当代经济》2011 年第 21 期。

　　李英勤：《西部地区实现跨越式发展的制约因素及其对策——以贵州省为例》，《学术论坛》2006 年第 6 期。

　　李正亭：《少数民族优惠性差别待遇政策比较分析》，《思想战线》2005 年第 3 期。

　　李志平：《人口较少民族政策下的景颇族人口经济发展思考——基于人口经济学视角分析》，《产业与科技论坛》2011 年第 18 期。

李志平：《我国人口较少民族扶持发展政策及实践探索——兼论景颇族人口较少民族发展试验区的构建》，《淮海工学院学报》（社会科学版）2012 年第 12 期。

李忠斌、郑甘甜：《少数民族特色村寨评价指标体系研究》，《广西民族研究》2013 年第 3 期。

李忠斌：《论民族教育投资与民族地区人力资源深度开发》，《黑龙江民族丛刊》2006 年第 4 期。

廖杨：《族群与社会文化互动》，《贵州民族研究》2004 年第 3 期。

刘建文：《建立我国小民族学刍议》，《青海社会科学》1990 年第 3 期。

刘璐琳、舒驰：《人口较少民族经济向现代经济转变的路径分析》，《黑龙江民族丛刊》2007 年第 6 期。

刘萍、王学仁：《甘肃省扶持人口较少民族发展的对策探讨》，《兰州教育学院学报》2005 年第 4 期。

刘树芬、苏骅：《门巴族人口的地域分布和发展过程浅析》，《城市地理》2014 年第 20 期。

刘苏荣：《扶持人口较少民族专项项目评析——基于对云南省兰坪县的调查》，《贵州民族研究》2014 年第 2 期。

刘苏荣：《论扶持人口较少民族政策在实施中面临的问题——基于对我国 4 个人口较少民族自治县的调查》，《西南民族大学学报》（人文社会科学版）2015 年第 1 期。

刘苏荣：《人口较少民族聚居地区农村最低生活保障分析——基于对我国 3 个人口较少民族自治县的调查》，《贵州民族研究》2015 年第 6 期。

刘苏荣：《人口较少民族聚居地区县域经济的困境及对策——基于对环江、罗城、兰坪、贡山民族自治县的调查》，《改革与战略》2016 年第 3 期。

刘苏荣：《论人口较少民族聚居地区新型城镇化的基本策略——以云南省贡山自治县为例》，《贵州民族研究》2016 年第 8 期。

刘兴全、肖琼、智凌燕等：《成就、问题与思路：北方人口较少民族全面建设小康社会实证分析——对保安族、裕固族、鄂伦春族、鄂温克族和赫哲族的调查研究》，《新疆大学学报》（哲学·人文社会科学版）2011 年第 4 期。

路宪民、杨建新：《正确认识民族优惠政策》，《贵州民族研究》2007
年第 3 期。

栾爱峰、秉浩：《新中国民族经济政策 60 年——纪念新中国成立 60
周年民族政策系列研究之五》，《黑龙江民族丛刊》2009 年第 5 期。

马俊毅、席康乾：《论"族格"——试探民族平等与民族自治、民族
自决的哲学基础》，《民族研究》2007 年第 1 期。

欧元明：《第二轮扶持人口较少民族发展规划中期成效与思考》，《中
南民族大学学报》（人文社会科学版）2015 年第 4 期。

起建凌、李永勤、李永前等：《人口较少民族地区发展优势分析——
以云南省阿昌族地区为例》，《云南农业大学学报》2009 年第 2 期。

青觉、严庆：《论中国人口较少民族的发展——基于科学发展观的思
考》，《中央民族大学学报》（哲学社会科学版）2009 年第 5 期。

青觉、严庆：《优化与创新：科学发展观对民族政策的时代要求》，
《中南民族大学学报》（人文社会科学版）2008 年第 6 期。

曲玮、涂勤、牛叔文：《贫困与地理环境关系的相关研究述评》，《甘
肃社会科学》2010 年第 1 期。

任廷贵：《坚持区别对待分类指导原则，支持少数民族地区加速经济
发展》，《广西农村金融研究》1987 年第 1 期。

尚宏伟：《我国全面建成小康社会评价指标体系研究》，《发展研究》
2014 年第 9 期。

沈道权：《从局部贫困到全面小康——民族地区小康建设的思考》，
《黑龙江民族丛刊》2004 年第 2 期。

石亚洲、沈桂萍：《我国少数民族政治政策与少数民族政治参与》，
《黑龙江民族丛刊》2003 年第 2 期。

舒展：《积极推进东北人口较少民族全面发展》，《黑龙江民族丛刊》
2006 年第 5 期。

谭万霞：《人口较少民族权益保障之立法思考》，《广西民族研究》
2011 年第 3 期。

唐戈：《鄂伦春和鄂温克：从狩猎民到农民的困境》，《满语研究》
2008 年第 1 期。

汪三贵、郭子豪：《论中国的精准扶贫》，《贵州社会科学》2015 年
第 5 期。

汪三贵、张伟宾、陈虹妃等:《少数民族贫困变动趋势、原因及对策》,《贵州社会科学》2012 年第 12 期。

汪晓文、何明辉、李玉洁:《基于空间贫困视角的扶贫模式再选择——以甘肃为例》,《甘肃社会科学》2012 年第 6 期。

王传发:《我国少数民族优惠性差别待遇与反向歧视分析》,《广西民族研究》2011 年第 4 期。

王德强、王峰:《云南人口较少民族发展转型研究:特征、影响因素及实证分析》,《西南民族大学学报》(人文社会科学版) 2015 年第 9 期。

王刚、于安毅:《我国人口较少民族非物质文化遗产法律保护之困境及应对》,《青海民族大学学报》(社会科学版) 2014 年第 3 期。

王建民、张海洋、贾仲益:《中国人口较少民族文化发展与保护调研报告》,《民族工作研究》2007 年第 3 期。

王铁志:《人口分布和文化孤岛现象——以德昂族为例》,《黑龙江民族丛刊》2007 年第 1 期。

王铁志:《人口规模带来的特殊问题——以德昂族为例》,《黑龙江民族丛刊》2006 年第 3 期。

王铁志:《人口较少民族的现代化——以德昂族经济和社会发展为例》,《黑龙江民族丛刊》2005 年第 6 期。

王铁志:《人口较少民族研究的意义》,《黑龙江民族丛刊》2005 年第 5 期。

王希恩:《中国民族识别的依据》,《民族研究》2010 年第 5 期。

王允武、王杰:《人口较少民族权益及其法律保障研究》,《西南民族大学学报》(人文社会科学版) 2011 年第 2 期。

温军:《中国民族经济政策的形成、演变与评价》,《民族研究》1998 年第 6 期。

温军:《中国少数民族经济政策稳定性评估 (1949—2002 年) 》(上),《开发研究》2004 年第 3 期。

温军:《中国少数民族经济政策稳定性评估 (1949—2002 年) 》(下),《开发研究》2004 年第 4 期。

沃岭生、何志鹏、崔龙:《黑龙江省人口较少民族发展状况的调查与思考》,《黑龙江民族丛刊》2009 年第 5 期。

吴海鹰、马夫:《我国人口较少民族的贫困与扶贫开发》,《云南社会科学》2005 年第 1 期。

吴瑶：《黑龙江鄂伦春族人口发展状况及对策研究》，《北方民族大学学报》（哲学社会科学版）2014 年第 4 期。

相华：《鄂伦春族文化发展中的困惑与思考》，《黑龙江民族丛刊》2010 年第 3 期。

熊锡元：《民族平等——马克思主义民族纲领的基石》，《民族研究》1997 年第 4 期。

薛成莉：《人口较少民族的生存与发展现状分析——以和田地区皮山县垴阿巴提塔吉克民族为例》，《中共伊犁州委党校学报》2014 年第 2 期。

翁泽仁：《现代俄罗斯人口较少民族的发展状况探析》，《世界民族》2016 年第 6 期。

吴春宝、青觉：《西藏人口较少民族的就业结构及区域迁移动向分析——以门巴族为例》，《青海民族研究》2015 年第 4 期。

严庆、青觉：《浅谈我国的少数民族政治参与》，《西南民族大学学报》（人文社会科学版）2008 年第 5 期。

严庆、张宝成：《民主政治参与刍议》，《贵州民族研究》2008 年第 3 期。

闫丽娟、何瑞：《"丝绸之路经济带"战略下西部民族地区文化产业发展研究——以甘青人口较少民族为例》，《贵州民族研究》2016 年第 9 期。

杨建荣、李明辉、赵亚玲：《云南扶持人口较少民族教育政策实施成效调查及发展对策研究》，《学园》2015 年第 20 期。

杨军：《京族经济发展模式变迁及启示》，《桂海论丛》2009 年第 1 期。

杨军昌、华骅：《贵州毛南族人口与社会发展问题试论》，《西南民族大学学报》（人文社会科学版）2014 年第 2 期。

杨利锋：《扶持林芝地区人口较少民族的战略思考》，《西藏发展论坛》2013 年第 2 期。

杨九迎：《人口较少民族教育问题与教育扶贫——以云南为例》，《学术探索》2016 年第 8 期。

杨淑玉：《关于赫哲族全面建成小康社会的多维审视》，《边疆经济与文化》2014 年第 4 期。

杨须爱：《"人口较少民族"的扶贫开发与富民惠民——对新世纪以来裕固族聚居区扶贫开发实践的回顾及反思》，《兰州学刊》2014 年第 10 期。

姚丽娟、郗春媛：《近十年我国人口较少民族研究述评（1999—2008 年）——基于 CNKI 期刊的统计分析》，《中央民族大学学报》（哲学社会科学版）2010 年第 5 期。

于长江：《小民族，大课题——以赫哲族为例》，《北京大学学报》（哲学社会科学版）2001 年第 1 期。

于春梅、侯思薇、吴丹：《人口较少民族口传文化保护与传承发展探析——以达斡尔族为例》，《黑龙江民族丛刊》2015 年第 2 期。

于春洋、苏洪波：《关于人口较少民族经济发展问题的政治学思考》，《重庆社会主义学院学报》2009 年第 1 期。

余梓东：《中国民族政策实施环境及优化对策》，《人民论坛·学术前沿》2012 年第 6 期。

袁雅丽：《建国以来党的民族经济政策在青海的实践》，《青海民族学院学报》（社会科学版）2006 年第 4 期。

张晨煜：《人口较少民族社会发展态势研究——以 6 个民族村寨为例》，《西川警官学院学报》2015 年第 1 期。

张冬梅：《基于民族文化的民族经济发展研究》，《中央民族大学学报》（哲学社会科学版）2009 年第 6 期。

张凤艳、张湛、岗仓：《实现中国民族和谐的经济政策及其调整》，《青海民族研究》2005 年第 4 期。

张国平：《关于人口较少民族研究中一些问题的思考》，《法制与社会》2012 年第 12 期。

张立辉：《中国人口较少民族的发展与全面小康社会建设》，《西南民族大学学报》（人文社会科学版）2004 年第 10 期。

张丽君、董益铭、韩石：《西部民族地区空间贫困陷阱分析》，《民族研究》2015 年第 1 期。

张晓琼：《建国初期中国共产党分类指导少数民族地区民主改革略论——以云南为个案的历史考察》，《满族研究》2011 年第 2 期。

张阳、李永勤、黄亚勤：《云南省兰坪县河西乡普米族贫困问题研究》，《云南农业大学学报》2009 年第 2 期。

张银花、阿娜尔:《扶持人口较少民族发展政策的持续及完善——内蒙古自治区扶持人口较少民族发展政策的实践成效调研》,《内蒙古农业大学学报》(社会科学版) 2010 年第 4 期。

赵新国、毛燕:《云南扶持人口较少民族工作的实践及其成效考察》,《云南民族大学学报》(哲学社会科学版) 2012 年第 5 期。

赵瑛:《云南省勐海县布朗山布朗族教育现状及对策研究》,《民族教育研究》2008 年第 1 期。

赵永珍:《肃南裕固族自治县经济发展现状调查研究》,《城市地理》2014 年第 14 期。

赵跃龙、刘燕华:《中国脆弱生态环境分布及其与贫困的关系》,《人文地理》1996 年第 2 期。

周健、杨芳芳:《论民族区域自治中的"两个结合"的学理》,《广西师范学院学报》(哲学社会科学版) 2016 年第 5 期。

朱凌飞、曹舒蕾、杨丽:《人类学视野中人口较少民族人口发展问题研究——以箐花村普米族为例》,《西南边疆民族研究》2013 年第 11 期。

朱玉福、伍淑花:《人口较少民族传统文化保护探讨》,《黑龙江民族丛刊》2011 年第 3 期。

朱玉福、伍淑花:《人口较少民族政治参与探讨》,《黑龙江民族丛刊》2010 年第 2 期。

朱玉福、周成平:《人口较少民族教育事业发展研究》,《民族教育研究》2010 年第 4 期。

朱玉福:《扶持人口较少民族的意义》,《广西民族研究》2007 年第 1 期。

朱玉福:《改革开放 30 年来我国民族地区扶贫开发的成就、措施及经验》,《广西民族研究》2008 年第 4 期。

朱玉福:《人口较少民族地区学校教育传承民族文化研究》,《民族教育研究》2011 年第 5 期。

朱玉福:《人口较少民族特色经济研究》,《广西民族研究》2008 年第 2 期。

朱玉福:《中国扶持人口较少民族政策实践程度评价及思考》,《广西民族研究》2011 年第 4 期。

朱玉福:《中国扶持人口较少民族的成就、经验及对策》,《黑龙江民族丛刊》2012 年第 5 期。

朱玉福、伍淑花：《人口较少民族受教育状况转变情况——基于"六普"和"五普"的比较分析》，《民族教育研究》2015 年第 4 期。

朱玉福、伍淑花：《找准路子是人口较少民族发展的关键——以内蒙古边境小镇恩和俄罗斯族民俗家庭游为例》，《广西民族研究》2016 年第 2 期。

朱玉福、王军旗、伍淑花：《可持续发展视角下的人口较少民族经济发展模式研究》，《贵州民族研究》2016 年第 7 期。

Albert Park, Wang Sangui, Wu Guobao, "Regional Poverty Targeting in China", *Journal of Public Economy*, Vol. 1, 1998.

Harrington, C, "American Indian Entrepreneurship: a Case for Sustainability", *Journal of Leadership*, *Management and Organizational Studies*, Vol. 1, 2012.

Krugman, R. P, "Increasing Returns and Economic Geography", *Journal of Political Economy*, Vol. 3, 1991.

Starks, S., "Understanding Government Affirmative Action and Metro Broadcasting, Inc. v. FCC", *Duke Law Journal*, Vol. 4, 1992.

三　学位论文

毕彩华：《云南省扶持潞西市三台山德昂族乡脱贫发展政策研究》，硕士学位论文，云南民族大学，2011 年。

单德朋：《民族地区贫困的测度与减贫因素的实证研究》，博士学位论文，西南民族大学，2013 年。

郭建民：《政治学视野下的扶持人口较少民族发展政策研究——以广西环江毛南族自治县为例》，硕士学位论文，中央民族大学，2011 年。

韩彦东：《基于可持续发展的人口较少民族地区扶贫开发政策研究》，博士学位论文，中国人民大学，2008 年。

贾玉超：《永胜县散杂居普米族发展研究》，硕士学位论文，云南民族大学，2010 年。

李娜：《人口较少民族扶贫开发政策实施研究》，硕士学位论文，中央民族大学，2010 年。

李若青：《云南扶持人口较少民族发展政策的实践对策研究》，硕士学位论文，云南大学，2011年。

李焱：《云南省人口较少民族人口政策研究》，硕士学位论文，吉林大学，2013年。

刘宁：《我国不同类型地区现代林业的差别化政策研究》，博士学位论文，中国林业科学研究院，2010年。

刘扬：《云南人口较少民族扶贫问题研究》，硕士学位论文，昆明理工大学，2012年。

吕怀玉：《边疆民族地区减贫战略研究——以云南省为例》，博士学位论文，云南大学，2013年。

马晓妍：《中国西部土地利用差别化政策研究》，硕士学位论文，长安大学，2013年。

马秀英：《中国民族经济政策研究》，硕士学位论文，中央民族大学，2004年。

莫丽敏：《扶持人口较少民族发展政策研究》，硕士学位论文，广西民族大学，2004年。

普永生：《当代中国人口较少民族经济发展研究》，博士学位论文，中央民族大学，2004年。

苏晓芳：《黄土丘陵沟壑区空间贫困及其分异机制研究——以宁夏海原县为例》，硕士学位论文，宁夏大学，2009年。

谭冬梅：《扶持人口较少民族发展的政策及其实践研究——以广西毛南族为例》，硕士学位论文，广西民族大学，2012年。

王晓飞：《中国人口较少民族的贫困问题及扶持政策研究——以独龙族为例》，硕士学位论文，中央民族大学，2012年。

郗春媛：《人口较少民族社会文化变迁研究——以云南布朗族为例》，博士学位论文，中央民族大学，2011年。

冼祥芳：《我国人口较少民族扶持政策研究——以怒江州贡山县独龙族为例》，硕士学位论文，云南财经大学，2015年。

袁春艳：《人口较少民族教育发展研究——以莽人为例》，博士学位论文，西南大学，2012。

张红梅：《当代中国少数民族经济政策研究——兼论西部大开发战略对民族经济政策的完善与发展》，博士学位论文，中央民族大学，2004年。

张韬：《中国人口较少民族发展问题研究——以鄂伦春族为例》，硕士学位论文，中央民族大学，2010年。

张元卉：《人口较少民族文化传承的教育人类学研究——以鄂伦春族文化传承研究为个案》，博士学位论文，中央民族大学，2009年。

四 报刊文献

陈发明：《全国人大代表、国务院扶贫办主任刘永富：扶贫资金不能撒"胡椒面"》，《经济日报》2015年3月11日。

《从学术调研到国家行动》，《中国民族报》2010年12月3日。

李睿劼、张世辉：《让少数民族文化"活"起来》，《中国民族报》2006年3月17日。

李忠斌：《文化脱贫怎样做到"精准"?》，《中国民族报》2016年4月11日。

刘晓春：《狩猎文化生态保护区：期待成为鄂伦春人最实惠的落脚点》，《中国民族报》2009年3月6日。

刘永富：《以精准发力提高脱贫攻坚成效》，《人民日报》2015年1月11日。

焦明忠：《大力发展高寒地区现代农业，不断加快沿边城市发展步伐》，《黑龙江日报》2012年9月17日。

牛锐：《人口较少民族：如何实现更好更快发展》，《中国民族报》2010年6月4日。

潘红祥：《民族地区生态文明建设的制度路径》，《光明日报》2013年9月4日。

王云芳、黎橙橙：《"一带一路"战略的民族性内涵解读》，《中国民族报》2016年3月11日。

王正伟：《奋力开创全面建成小康社会决胜阶段民族工作新篇章》，《中国民族报》2016年1月8日。

辛华：《云南将对贫困地区实行分类指导》，《云南经济日报》2006年6月13日。

杨玉文：《民族地区经济发展模式与特征》，《中国民族报》2015年2月27日。

袁达建、郭嘉：《共筑发展之路，同撑和谐蓝天——中央和地方扶持人口较少民族发展工作纪实》，《人民日报》2009 年 7 月 11 日。

　　张丽华：《实施对贫困团场的差别化政策》，《兵团日报》2012 年 4 月 11 日。

　　张天路、张小戎：《从生存到发展——人口较少民族的人口进步与问题分析》，《中国民族报》2004 年 1 月 30 日。

　　周民良：《寻求兴边富民政策的区域突破口》，《中国民族报》2015 年 5 月 1 日。

　　朱玉福：《扶持人口较少民族发展：期待理论与实践的突破》，《中国民族报》2011 年 11 月 11 日。

　　朱玉福：《人口较少民族如何找准路子加快发展——以内蒙古额尔古纳市恩和乡发展俄罗斯民俗家庭游为例》，《中国民族报》2016 年 10 月 14 日。

后　记

本书为国家社会科学基金项目"支持人口较少民族地区发展的差别化政策研究"（项目编号 15BMZ004）和湖北省社会科学基金一般项目（后期资助）的结题成果。

首先要感谢李俊杰教授不嫌我的愚钝将我招为中国少数民族经济专业博士生，并帮我打开了"差别化政策"这扇大门。在攻读博士学位期间，李老师以其渊博的知识和敏锐的视角指导我迅速将研究方向聚焦到差别化扶持人口较少民族发展政策，并悉心帮我收集资料、推敲论文题目、修改论文框架，对论文进行理论拔高与提升。在成果的修改过程中，李老师高度负责，每每在关键点、关键时给我以醍醐灌顶的指点，对我的疑惑总是给予肯定性答复，使我受益匪浅。李老师生活中平易近人、学术上精益求精，工作中一直积极引导帮助我。李老师的身上也总是充满着正能量，某种程度上他成为了我人生追求的目标，"虽不能至，然心向往之"。

感谢在本书写作过程中指导过我的段超教授、雷振扬教授、李忠斌教授、张跃平教授、陈祖海教授、陈全功教授、李吉和教授、许宪隆教授、柏贵喜教授、田敏教授，老师们不同风格的教学极大地开拓了我的学术视野。感谢潘泽江教授、龚志祥教授、李安辉教授、崔榕教授、李然教授、欧元明博士、陈蒙博士等对我的指导和帮助。感谢中国人民大学孙久文教授、南开大学高永久教授、西藏民族大学朱玉福教授、云南民族大学李若青教授、佳木斯大学崔秀兰教授、西南民族大学郑长德教授、中国科学院赵作权教授的指点和启发。

为完成研究，我曾多次到人口较少民族地区开展田野调查，得到了许多领导和朋友的无私帮助和支持。在此由衷地感谢以下朋友：国家民委经济发展司冯常海副司长、兰步锦副巡视员、范振军处长、袁彦处长、沈红波副处长、陈刚科长；黑龙江省民委经济处刘烈军处长、李彦龙科长，黑河市爱辉区民宗局吴良俊局长、吴卫卫副局长、腾梅主任，黑河市爱辉区新生鄂伦春族乡吴学英乡长、秦立强副乡长，黑河市爱辉区坤河达斡尔族满族乡谢丽琴主任，佳木斯郊区民宗局宋国华副局长；新疆维吾尔自治区民宗委经济发展处木妮拉·阿不列提副处长，木垒县民宗局祁万有主任，吉木萨尔县民宗局傅晓梅副局长，克孜勒苏尔克孜州林业局副局长阿克坦·阿不都拉木提、民宗局李文杰科长，喀什地区民宗局闫永超科长、塔什库尔干县民宗局刘洋书记；青海省民宗委经济发展处孙勇副处长、循化县发改委韩光辉主任；云南省施甸县木老元布朗族彝族乡蒋成礼乡长。他们或帮忙推荐联系，或主动为我带路，或协助组织调查问卷填写，在与他们打交道的过程中，我真诚地感受到民族工作部门干部的热情与无私，没有他们的真诚帮助，本研究的资料收集和田野调研是不可能完成的。在研究过程中，我有幸结识了许多志同道合的朋友，忘不了张嘉斐师兄同我赴天山南北调研，尤其是在喀什地区度过的惊心动魄的日子；忘不了黑龙江晨报王承旺记者为圆"民族梦"，五次用镜头记录下各族群众的生活，把56个民族的民俗民风展示给全世界。感谢中国社会科学出版社的宫京蕾编辑。

在研究最辛苦也是最艰难的日子里，最应该感谢的是我的家人。妻子承担了很多家务，任劳任怨；在我备考最艰难时她怀孕在身，甜甜出生后她主动承担起孩子的衣食住行等烦琐的家务，女儿已长成为漂亮、活泼的小姑娘，在学校快乐地读书。如今儿子2岁多，每天回到家，他便围拢过来。每想到这，虽觉日子辛苦，也不由地感到其实这就是最简单、最实在的幸福。感谢家人在我生活和求学路上给予的无私帮助，亲情的力量一直是我不断奋斗的坚强后盾。

耿　新

2019 年 8 月